职业培训师、培训管理者和培训机构最高效实践的指南

培训效果评估及转化实务

唐丽颖　编著

搭建培训效果评估及转化框架体系

精耕15个培训效果评估及转化流程

专挖17个培训效果评估及转化关键点

细品26个培训效果评估及转化执行工具

中国劳动社会保障出版社

图书在版编目(CIP)数据

培训效果评估及转化实务/唐丽颖编著. —北京：中国劳动社会保障出版社，2014
(弗布克企业培训管理实务系列丛书)
ISBN 978-7-5167-0703-6

Ⅰ.①培… Ⅱ.①唐… Ⅲ.①企业管理-职工培训-效果-评价 Ⅳ.①F272.92

中国版本图书馆 CIP 数据核字(2014)第 160474 号

内容提要

本书在梳理培训效果评估及转化与培训开发管理关系的基础上，对培训效果评估及转化提出了“为什么”“是什么”“怎么做”的问题，从培训效果评估及转化流程和具体操作事项的角度，详细介绍了培训效果信息的收集、培训评估标准的设计、培训效果的跟踪与监控、培训效果评估方法的选择、培训效果评估报告的撰写、培训成果的转化六大方面的操作方法及配套应用工具。

其中，明确界定培训效果评估及转化是培训与开发的成果落地；精细、务实地提出培训效果评估及转化过程中各具体操作事项的工作标准，方便读者高效运用，达成培训效果评估及转化工作标准化、流程化和规范化操作的目标。

本书适合企业管理人员、从事人力资源管理领域培训开发管理工作的人员、企业培训管理者、职业培训师、管理咨询人员和培训机构使用。

中国劳动社会保障出版社出版发行
(北京市惠新东街 1 号　邮政编码：100029)

*

保定市中画美凯印刷有限公司印刷装订　　新华书店经销
787 毫米×1092 毫米　16 开本　13.5 印张　285 千字
2014 年 8 月第 1 版　　2014 年 8 月第 1 次印刷
定价：36.00 元

读者服务部电话：(010) 64929211/64921644/84643933
发行部电话：(010) 64961894
出版社网址：http://www.class.com.cn

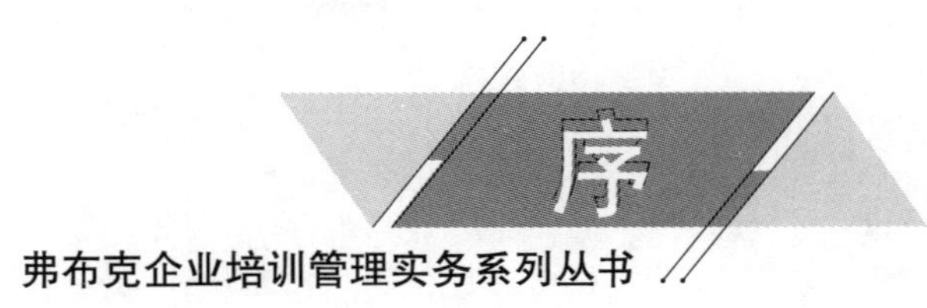

序

弗布克企业培训管理实务系列丛书

企业培训管理工作是一项需要专业知识、多方互动沟通和集体发展的规范工作。作为培训项目的组织者或领导人员，必须满足企业和受训学员双方的需求：学员有兴趣学习知识、有能力提高业绩、有准备实施新的计划；企业能抓住培训管理的关键、避免各种风险等。

对于学员来说，这并不一定要求他们提前做好高效学习的各种准备，明确怎样评估学习的效果，怎样运用学到的东西，但认识到自己的学习需求，无疑是一个好的起步。对于企业培训管理者来说，不仅要明确如何开展培训需求分析、设计培训体系、进行培训效果评估及转化，还应该用新的、更高效的方法、工具和工作标准来实现。

“弗布克企业培训管理实务系列丛书”紧紧围绕培训管理的三大关键业务，旨在为企业培训管理各项工作提供科学的方法、实用的工具和规范的工作标准。使企业培训管理者和受训学员双方共同循着学习的阶梯前进时，从无意识的无能力，进步到有意识的无能力，进而到有意识的能力，最后到对培训和自己的能力和专长无意识，即形成一种良好的知识学习和培训管理习惯。

本系列图书包括《企业培训需求分析实务》《企业培训体系设计实务》《培训效果评估及转化实务》，具备以下的特色：

培训管理知识全面、深入、系统。在诊断以往培训管理问题的基础上，从企业培训管理的需求分析、培训体系设计和培训效果评估及转化三大关键业务出发设计各知识点。

培训开发操作精细、标准、规范。较以往培训开发操作的工作内容更精准、更细致，建立了每项业务模块的工作标准内容、标准设计、标准模板，并对工作标准的执行进行指导。

言之有物、言之有理、言之有术。既引导读者清晰认识为什么要进行本项业务工作，又分析业务产生的原因和工作内容，同时，还给出业务工作的流程、步骤、方法、工具等。

服务读者、立足企业、提供实务。以培训实务为定位，满足受训学员的学习需求，指导企业培训与开发的管理工作，提供实用可参考的内容。

综上，“弗布克企业培训管理实务系列丛书”本着促进学员有效学习、帮助企业培训管理高效开展的设计理念，通过对企业培训需求分析、企业培训体系设计、培训效果评估及转化等实用模块的细分，为读者提供全方位的培训与开发管理的实用方法、执行工具和模板，推进企业培训与开发管理工作的高效执行、标准操作，是培训管理及相关人员在工作中必不可少的工具书。

培训效果评估及转化是企业培训与开发管理的成果落地，是实施培训绩效考核、调整及改进培训计划的前提。然而，在培训实践过程中，一些企业并不重视培训效果评估及转化或重视程度不够，导致培训工作虎头蛇尾，培训效果不佳，培训资源浪费。因此，必须做好培训效果评估及转化工作，并使之操作达到标准化、流程化和规范化。

《培训效果评估及转化实务》通过培训效果评估及转化这个培训与开发的成果落地阐明其与培训开发管理的关系，回答为什么要进行培训效果评估及转化，培训效果评估内容及转化要求，培训效果评估及转化遵循的程序，详细介绍了培训效果信息的收集、培训评估标准的设计、培训效果的跟踪与监控、培训效果评估方法的选择、培训效果评估报告的撰写和培训成果的转化等操作事项。本书主要有如下三大特点：

1. 通过需求信号，深挖企业和学习者的“实际需要”

本书内容设置深入、精细、透彻，细分了培训效果评估及转化工作的各项具体任务、内容和需求产生的原因，层层分解，环环相扣。同时，力争摒弃学习需要的盲点，排除感觉需要的陷阱，消除培训需求的片面性，既能够确保学习新方法，又需要忘却或改变旧习惯。

2. 通过流程把控和工作标准，确保满足企业和学习者的“实际需要”

本书阐述的培训效果评估及转化过程系统、划分清晰。同时，系统建立了培训效果信息的收集、培训评估标准的设计、培训效果的跟踪与监控、培训效果评估方法的选择、培训效果评估报告的撰写和培训成果的转化等操作事项的工作标准，既有标准内容、标准设计，又给出标准模板、标准执行规范。

3. 通过方法、工具、模型，针对企业和学习者的“实际需要”提出务实的建议

本书提供了培训效果评估及转化的多种方法，培训效果评估及转化的实施步骤、实施程度、制度、表单、评估报告等范例，方便读者查阅、借鉴，或者“拿来即用”，或者“稍改即用”。

本书适合企业管理人员、从事人力资源管理领域培训开发管理工作的人员、企业培训管理者、职业培训师、管理咨询人员和培训机构使用。

在本书编写的过程中，孙立宏、刘伟、董建华、程富建、王淑燕负责资料的收集和整理，王玉凤、廖应涵、王建霞、李苏洋、任玉珍负责图表编排，李作学参与编写了本书的第 1 章，王胜会参与编写了本书的第 2 章，权锡哲参与编写了本书的第 3 章，高春燕参与编写了本书的第 4 章，刘俊敏参与编写了本书的第 5 章，韩伟静参与编写了本书的第 6 章，滕晓丽参与编写了本书的第 7 章，李建参与编写了本书的第 8 章，田玲参与编写了本书的第 9 章，韩建国参与编写了本书的第 10 章，全书由唐丽颖统撰定稿。

编　者
2014 年 7 月

目录

目录

第1章

培训开发管理与效果评估及转化

1.1 培训与开发管理

1.1.1 企业培训与潜能开发

企业培训与员工潜能开发是企业人力资源管理工作的重要组成部分和关键职能之一。从某种意义上说，它是提升企业核心竞争力、增强企业竞争优势的重要途径。

企业培训与员工开发管理体系的建设必须与组织的经营管理过程相融合，才能有效支持和促进组织的运营发展；反之，企业培训与员工开发管理体系建设不能融合到组织经营管理过程中，就会使培训效果大打折扣，甚至起到反作用。

鉴于此，越来越多的企业已经认识到构建企业培训与员工开发管理体系的重要性。在企业培训与员工开发管理体系构建的实践中，需要准确把握其构建和运行的关键点，以促进企业培训与员工开发管理体系构建的顺利进行。企业培训与员工潜能开发体系构建的关键点如图 1—1 所示。

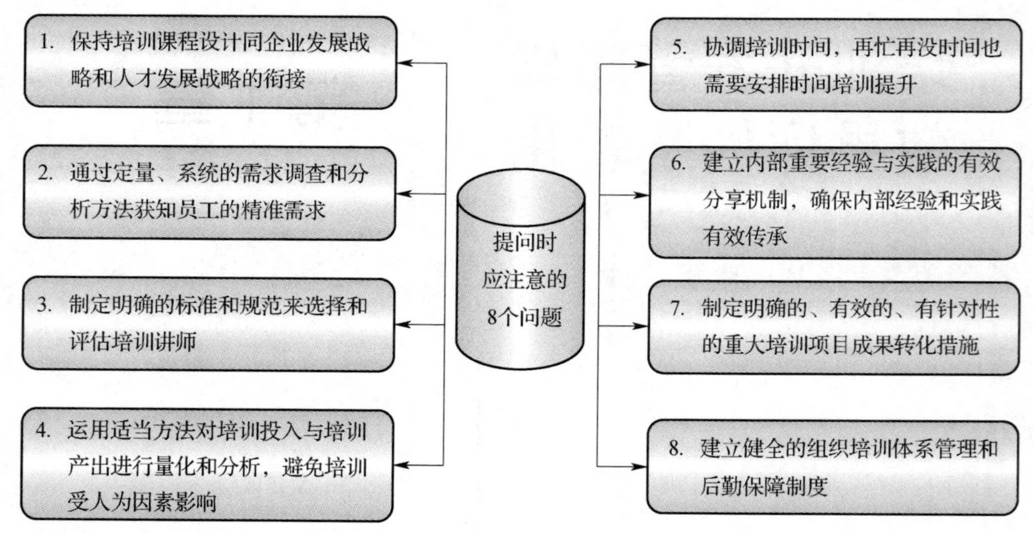

图 1—1　企业培训与员工潜能开发体系构建的关键点

对于新进企业的员工来说，要尽快适应并胜任工作，除了需要自己努力学习，还需要企业提供必需的培训。对于企业在岗的员工来说，为了适应市场形势的变化带来的企业战略的调整，也需要不断调整和提高自己的技能和水平。基于以上两个方面，组织有效的培训，以最大限度开发员工的潜能变得非常必要。

就培训内容而言，有企业文化培训、规章制度培训、岗位技能培训以及管理技能开发培训。培训项目必须具有针对性，要考虑不同受训者的具体需求。

对于新进员工来说，企业培训能够帮助他们适应环境并胜任工作；对于在岗员工来说，企业培训能够帮助他们掌握胜任岗位所需要的新技能，并帮助他们最大限度开发自己的潜能；而对于企业来说，培训工作有助于企业人才培养、战略目标实现、业绩不断提高。由此可见企业培训与员工潜能开发工作的重要性。

1.1.2　企业培训管理事项

培训管理工作是企业人力资源管理的重要工作内容之一，随着人力资源管理的发展和企业对人才培养需要重视程度的提高，培训管理工作越来越重要。企业培训管理具体可分为四个方面的工作，如图 1—2 所示。

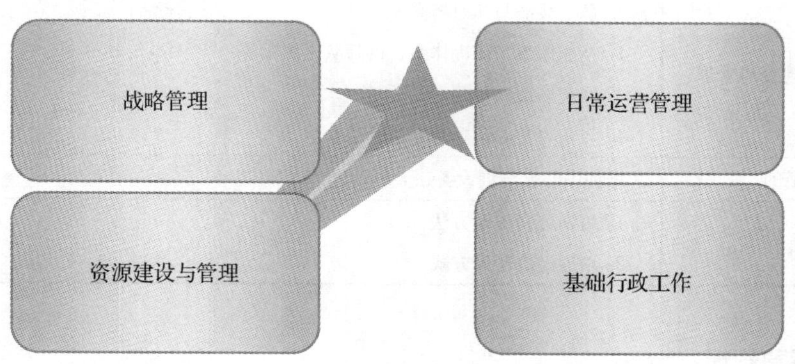

图 1—2　企业培训管理工作四大方面

企业培训管理工作四大方面的工作详细介绍如下：

1. 战略管理

战略管理的内容包括企业家培训、中高层管理队伍培训、组织变革推动、企业文化推动、核心能力培养、培训政策制定等。

2. 资源建设与管理

资源建设与管理的内容见表 1—1。

表 1—1　资源建设与管理的内容

管理事项	具体工作内容
技能体系建设与管理	1. 制定满足企业目前或将来发展需要的技能标准 2. 明确企业员工的技能现状，是否存在技能差异 3. 设法及时弥补技能差异 4. 技能类别包括一般技能、管理技能和专业技能

续表

管理事项	具体工作内容
核心能力体系设计	1. 要求每位员工都具备核心能力，符合经营战略及对整个组织能力的要求 2. 核心能力包括团队协作、管理能力、沟通技巧、客户服务、领导力、创新力、学习技巧等
课程体系建设与管理	1. 职群培训，如入职、一般员工、骨干员工、基础主管、中层管理者、经营者等培训 2. 职业培训，如生产、营销、服务、研发、人力资源、财务、信息、质量等培训 3. 其他培训，如渠道培训、供应商培训等 4. 课程开发，包括课程大纲、讲师手册、练习手册、学员手册、演示文件共五个部分
讲师培养与管理	人员来源、素质标准、负责课程、管理方法
培训信息体系建设与管理	1. 员工技能与学习档案 2. 技能体系、课程体系、讲师队伍档案等 3. 网上培训项目等 4. 与人力资源信息管理系统结合
培训设施设备管理	培训中心、培训设备、人员配置
培训经费管理	1. 培训经费提取方法 2. 培训经费使用方式

3. 日常运营管理

企业培训日常运营管理工作事项包括培训需求调查、培训计划编制、培训实施、培训评估、制度流程监督执行等。详细内容如图 1—3 所示。

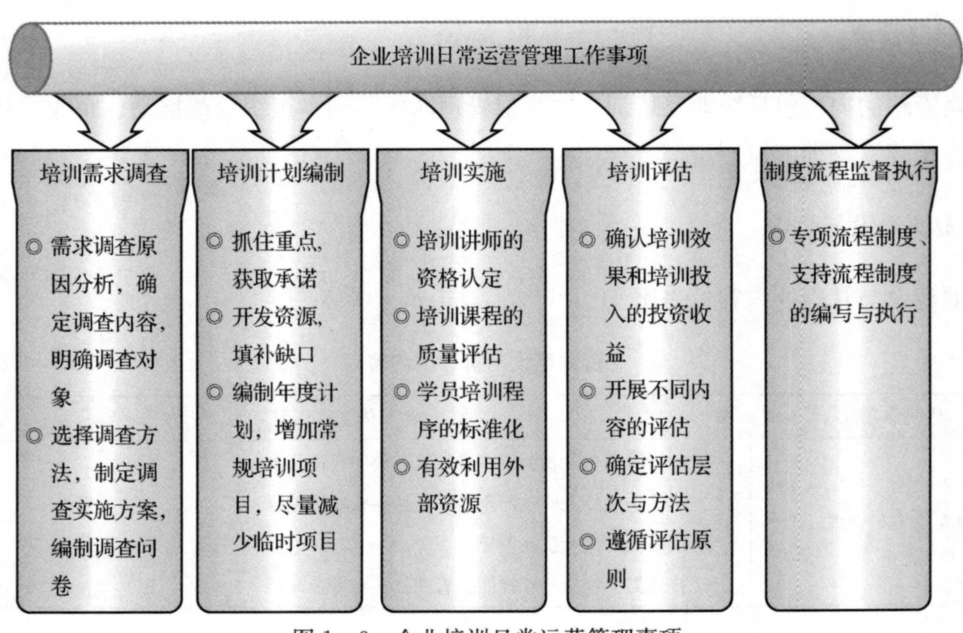

图 1—3　企业培训日常运营管理事项

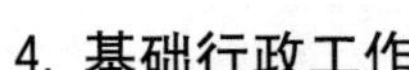

4. 基础行政工作

企业培训管理基础行政工作内容包括培训相关会务组织、文档管理、日常行政、后勤保障工作等。

1.1.3　员工潜能开发管理

在企业的人力资源管理工作中，员工潜能开发管理工作贯穿于员工职业生涯管理工作的过程中。员工职业生涯路径设计，一方面为员工指明了其在组织中的发展方向，激励并促进其发展；另一方面也帮助员工胜任工作，明确其晋升和发展的目标和要求，为组织搭建人才梯队，满足组织发展对人才的需求。

1. 影响员工职业生涯发展和潜能开发的因素

影响员工在组织中的职业生涯发展和潜能开发的因素有三个方面，分别是个人因素、组织因素及环境因素。详细介绍如图 1—4 所示。

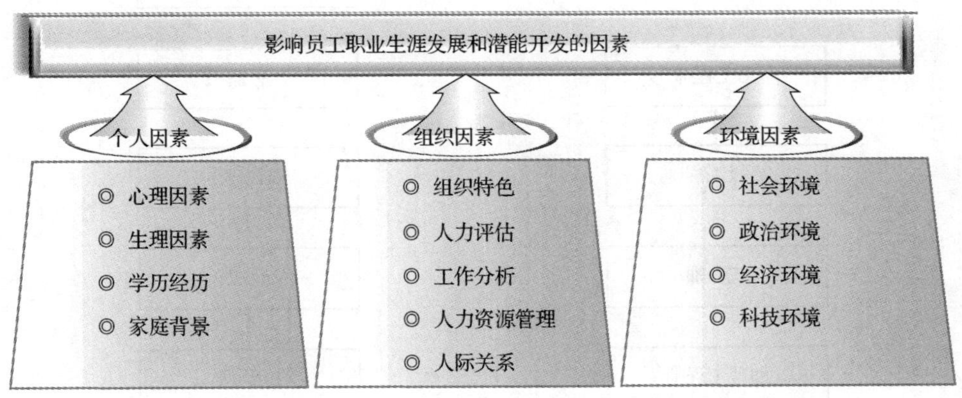

图 1—4　影响员工职业生涯发展和潜能开发的因素

2. 员工职业生涯发展和潜能开发的路径

根据组织功能和发展目标不同，员工职业生涯发展和潜能开发的方法有四种，如图 1—5 所示。组织可将自己和员工的需要相结合，为员工设计不同的职业生涯和潜能开发路径。

（1）传统职业生涯路径

传统职业生涯路径是一种基于过去组织内员工的实际发展道路而制定出的一种发展模式。这种模式将员工的职业发展路径限制在一个部门或一个系统内，且必须由员工在组织中的工作年限来决定。在这种模式下，员工只能在一个部门或一个系统内一级一级晋升。可通过图 1—6 对传统职业生涯路径进行了解。

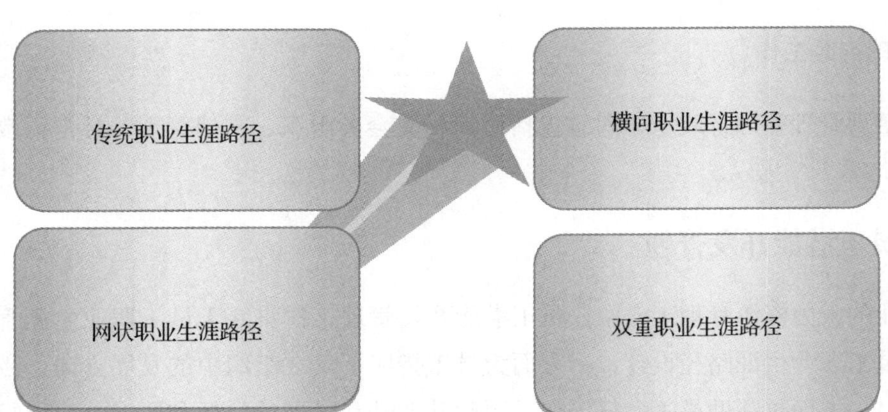

图 1—5　员工职业生涯发展和潜能开发的路径

图 1—6　传统职业生涯路径

（2）网状职业生涯路径

网状职业生涯路径是一种建立在对组织中各个工作岗位上的行为需求分析基础上的职业生涯路径设计。它要求先对组织中的工作岗位进行分析，从而确定各岗位对员工素质、技能等的要求，然后将要求基本一致的工作岗位归为一类，再根据岗位类型进行职业生涯路径设计，因此这种职业生涯路径是呈网状分布的。网状职业生涯路径如图 1—7 所示。

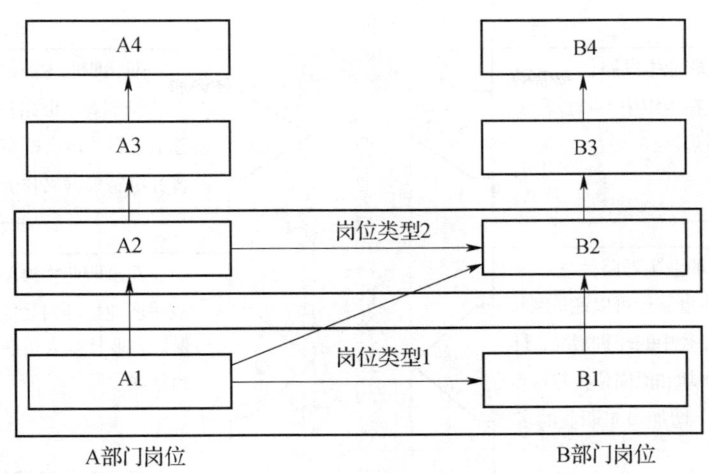

图 1—7　网状职业生涯路径

（3）横向职业生涯路径

传统职业生涯路径和网状职业生涯路径一般是向组织的较高层次晋升。但是组织中不可能随时都有高层次的职位为员工提供晋升的机会，但是员工如果兴趣发生变化，或者长期从事相同的工作岗位会感觉工作变得枯燥乏味，影响工作效率。

基于网状职业生涯路径的岗位类型的分析，组织可采用为员工横向调动工作的机会，让员工接受新的工作挑战，激发工作的激情。图 1—7 中从 A1 到 B1 工作岗位的调整就属于横向职业生涯发展路径。

（4）双重职业生涯路径

双重职业生涯路径主要针对组织中具有专业技术的人员，此类人员既不希望在自己的专业领域长期工作，又不希望随着自身职业生涯的发展而离开自己的专业领域。

组织为此类人员提供满足需求的机会，即这类专业人员的职业发展不体现在其在组织中的职位的晋升上，而体现在其薪酬的变化上。双重职业生涯路径有效地激励了组织中这类专业技术人员的工作积极性，从而确保其为组织做出更大的贡献。

3. 员工不同职业生涯和潜能开发路径的特点

不同的职业生涯发展路径都有各自的特点，组织在对员工进行职业生涯规划和潜能开发时，可根据组织和员工的需求选择不同的方法。各种方法的特点如图 1—8 所示。

4. 收集员工职业发展规划信息的内容与方法

对员工职业发展规划信息的收集能有效地支持和指导员工的职业生涯规划管理工作，保证员工职业生涯规划工作的效率和效果。对员工职业发展规划的信息可通过收集组织发展信息和员工个人发展信息两个方面进行。具体收集内容如图 1—9 所示。

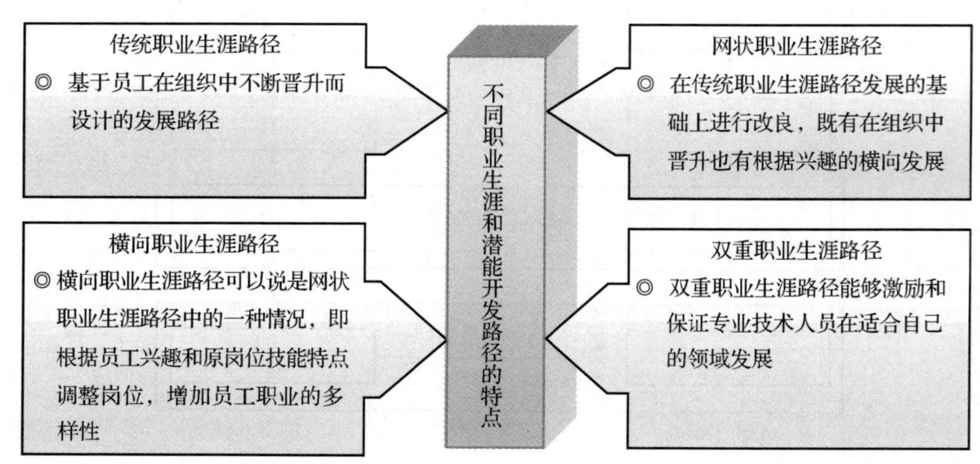

图 1—8　不同职业生涯和潜能开发路径的特点

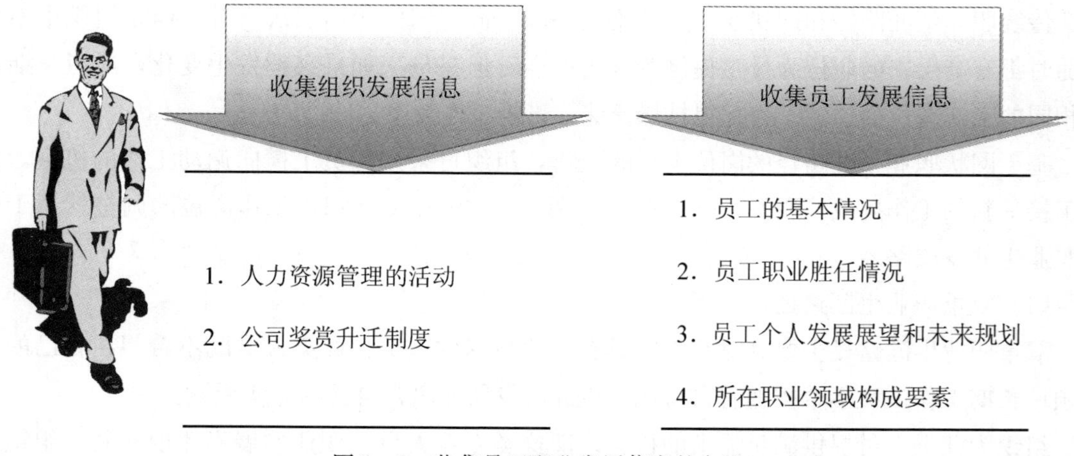

图 1—9　收集员工职业发展信息的方法

其中，员工个人职业发展信息可通过员工自我评价和组织评价来获得。

1.1.4　培训与开发的成果落地

培训与开发的成果落地是指培训效果的评估与转化。

培训与开发的终极目标是增长企业自身的价值，使培训成果转化为员工的职业行为和企业绩效。培训活动仅仅是一个开始，成果转化机制的建立才是问题的关键。成果转化机制由以下三个相互独立的子机制组成，即设计、激励和反馈。详细介绍如图 1—10 所示。

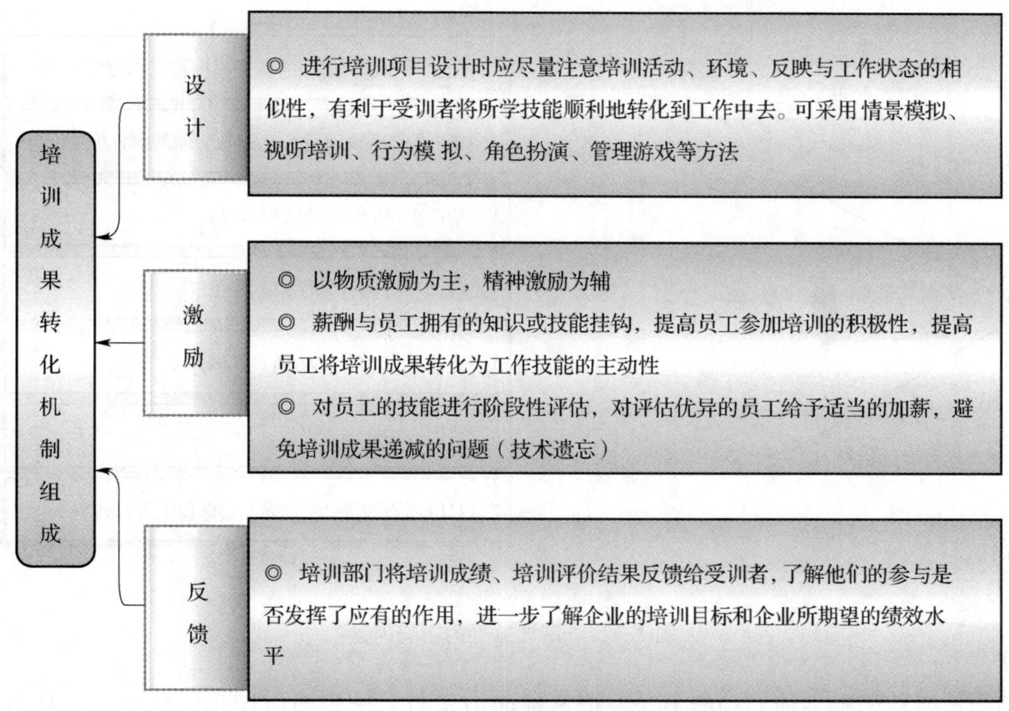

图 1—10　培训成果转化机制组成

1.2　培训效果评估与转化

1.2.1　培训效果与培训评估

1. 培训效果内涵界定

培训效果是指企业和受训者从培训当中所获得的收益，即通过系统的培训，员工可以端正工作态度，学习新的行为方式，掌握新的技术技巧；而企业则可以提高产品质量，增加产品产量，促进销售额的上升，提高顾客的满意度，取得更高的经济和社会效益。

2. 培训效果的影响因素

目前各企业的培训效果往往都不令人满意。企业培训效果不尽如人意的原因是多方面的，具体表现在以下几个方面，如图 1—11 所示。

由于图 1—11 所示的各种原因，最终可能会导致企业的培训资源被浪费或者没有达到预期的培训目的。

但是，企业管理者应明确，培训是一个学习的过程，其目标是让企业员工学到他们需要

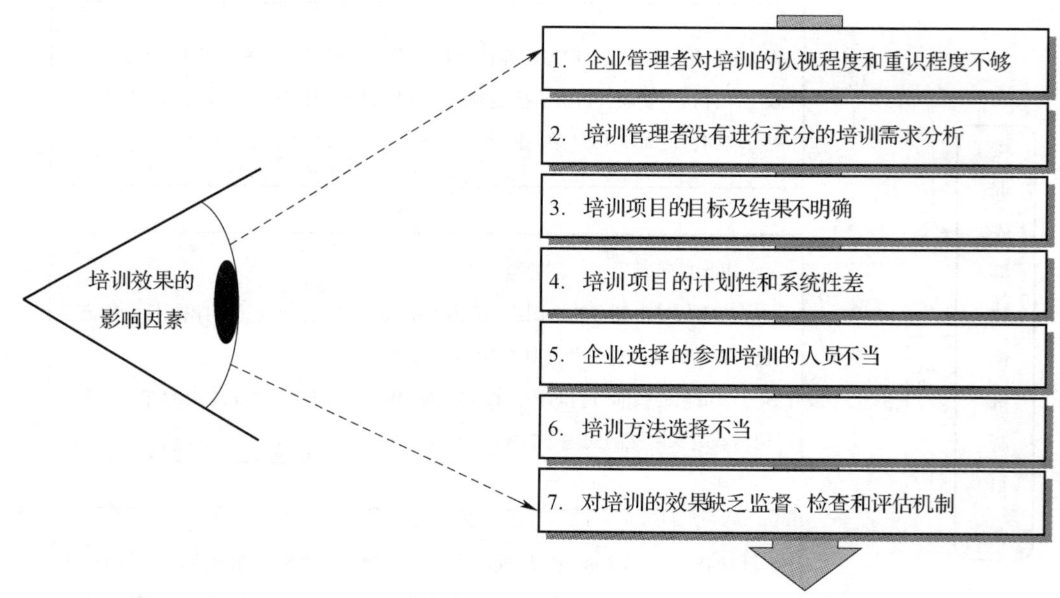

图 1—11　培训效果的影响因素

的知识和技能从而提高他们的能力，并把这种能力及时、恰当地应用到工作中去，从而提高企业整体绩效。

鉴于此，企业要提升培训效果，一方面要在提高培训对象的个人能力和才干上下功夫；另一方面还要建立一整套与工作要求相配套、鼓励创造卓越绩效的“组织环境和文化”。

3. 培训评估内涵界定

狭义上的培训评估是指对员工培训效果的评估，是企业培训工作最后的也是极为重要的一个环节。它是通过建立培训效果评估指标和标准体系，对员工培训是否达到了预期的目标，培训计划是否有效地实施等进行全面的检查、分析和评价。

培训评估人员需要将评估结果反馈给主管部门或人员，作为后续制定及修订员工培训计划，以及进行培训需求分析的依据。

广义的培训评估可分为三个阶段，分别是对培训项目、培训过程和培训效果进行评估，广义的培训评估的内涵见表 1—2。

表 1—2　广义培训评估的内涵

评估阶段	说明
培训项目评估	1. 首先在培训实施前对受训者的知识、能力和工作态度进行考察，作为培训管理者编排培训计划的根据 2. 培训项目评估能够保证培训项目组织合理、运行顺利，保证受训者对培训项目的满意度

续表

评估阶段	说明
培训过程评估	是指在培训实施过程中进行的评估，培训过程评估能够控制培训实施的有效程度
培训效果评估	1. 是对培训的最终效果进行评价，是培训评估中最为重要的部分 2. 其目的是使企业管理者能够明确培训项目选择的优劣，了解培训预期目标的实现程度，为后期培训计划、培训项目的制定与实施等提供有益的帮助

1.2.2　培训成果与转化

1. 培训成果与转化内涵界定

培训成果是指受训者通过系统的培训所获得的知识、技能、行为和态度等。

培训成果转化是指将通过培训投入获得的新知识、技能、行为和态度在受训者的认知与行为模式中加以保存，然后在适当的工作情景中加以维持和推广，从而使培训项目发挥其最大价值的过程。

2. 培训成果转化过程模型

培训成果的转化过程模型分为三个阶段，如图 1—12 所示。

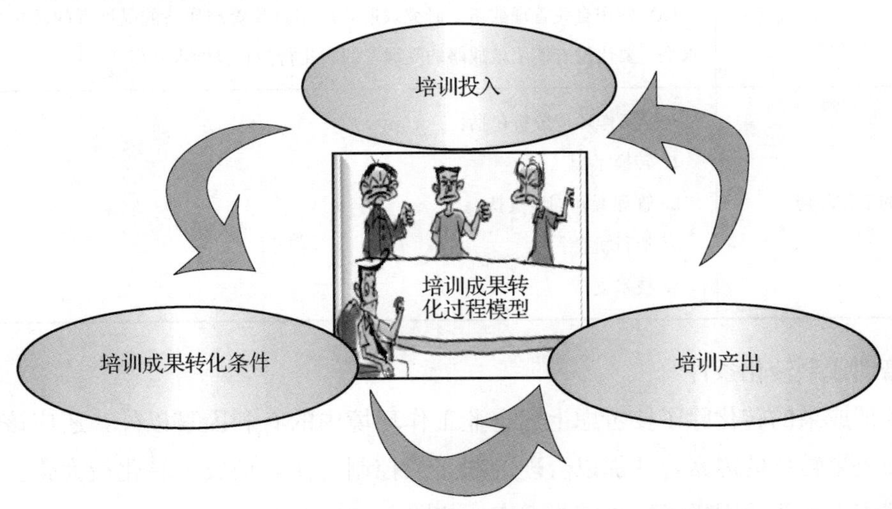

图 1—12　培训成果转化过程模型

培训成果转化过程模型的详细介绍如下：

（1）培训投入

对企业培训投入的分析要结合三个方面的内容，分别是受训员工的特征、培训项目的设计、企业的工作环境。三个方面的详细分析内容见表 1—3。

表 1—3 企业培训投入分析

分析项目	详细内容
受训员工的特征	1. 学习动机 (1) 受训员工的努力能够带来培训中好的表现 (2) 培训中好的表现能够促使工作绩效的提高 (3) 工作中的高绩效有助于受训者获得期望的成果，并且避免不期望的成果 (4) 培训中良好表现会与他们的职业生涯发展有密切联系 2. 具备的能力 以员工认知能力为例，包括语言理解能力、数理能力、推理能力等
培训项目的设计	1. 培训项目设计是指对培训中所采用的培训内容、培训方法和培训媒介等做出的选择 (1) 培训内容：要与培训所获得的成果相关 (2) 培训方法：必须适合不同知识结果和不同知识水平的培训类别 (3) 培训媒介：使培训内容和培训方法相匹配，提高培训的效率和及时性 2. 培训项目设计维度 (1) 营造企业良好的培训学习环境 (2) 应用转化理念促进培训成果转化，如同因素理论、激励推广理论、认知转化理论等 (3) 使用自我管理战略，研究表明，应用自我管理战略的受训者的转化行为和技能水平，要比没有使用该战略的受训者的转化行为和技能水平高
企业的工作环境	企业工作环境分析包括： 1. 转换氛围 2. 管理者和同事支持 3. 执行机会 4. 技术支持

(2) 培训成果转化条件

企业培训成果的转化除了要考虑上述企业工作环境中的有利因素以外，还应该明确哪些是阻碍培训成果转化的因素，并加以合理的纠正或控制，使培训成果转化最大化。工作环境中阻碍培训成果转化的因素可以总结为 6 点，如图 1—13 所示。

(3) 培训产出

企业对于培训的产出应采取相应的措施加以维持和推广，使培训投入—产出成果应用最大化，为企业创造的绩效价值最大化。

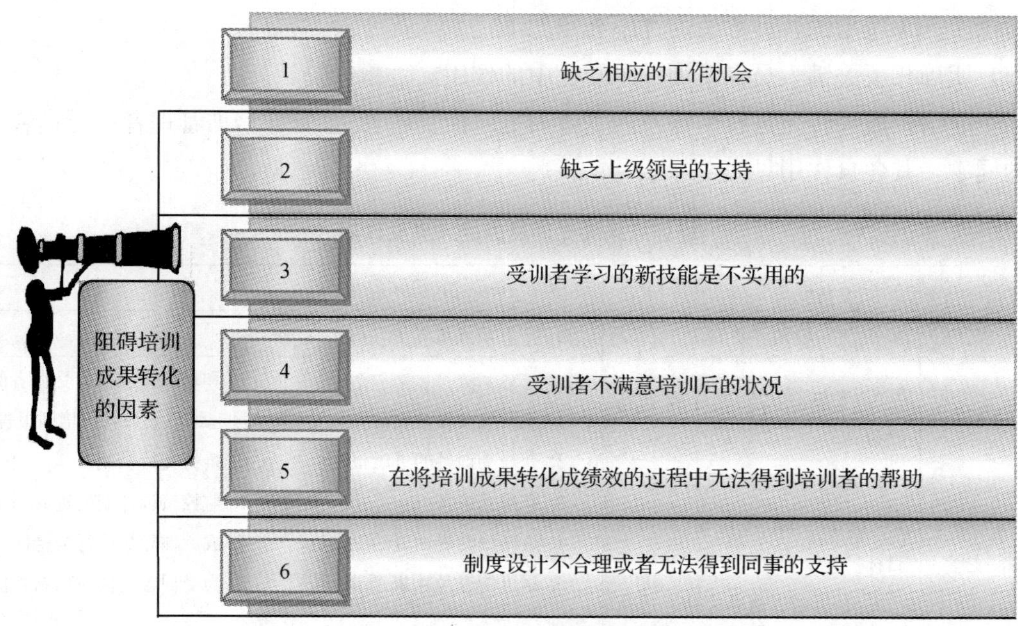

图 1—13　工作中阻碍培训成果转化的因素

3. 确保培训成果转化的方法

企业组织培训的目标就是使培训成果转化为企业的生产力和竞争力，在这个过程中，企业可采取相应的方法，以确保培训成果的转化。确保培训成果的转化方法有以下几种，如图 1—14 所示。

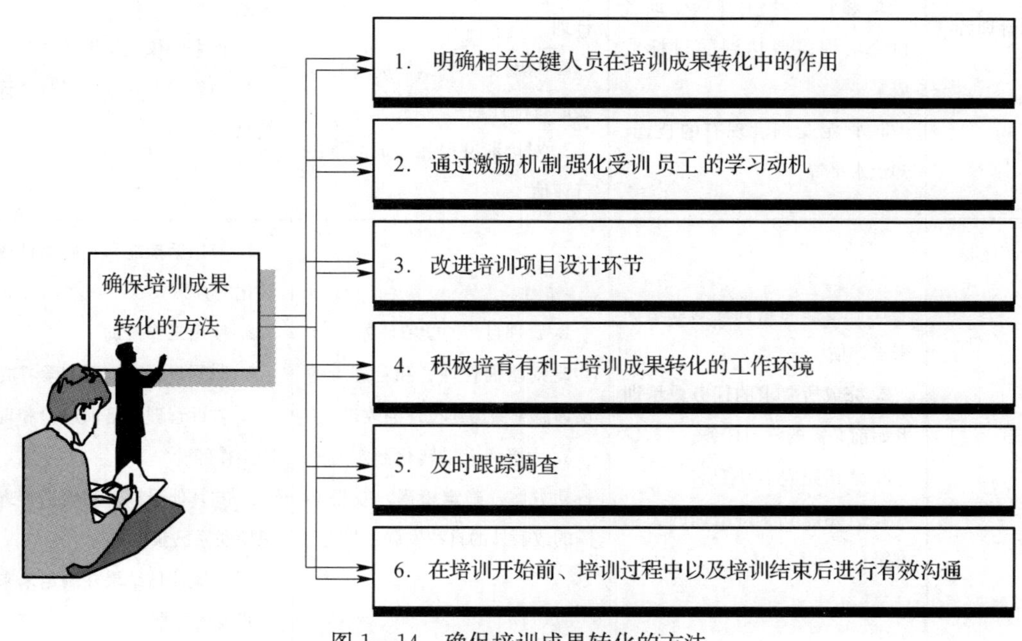

图 1—14　确保培训成果转化的方法

对图1—14所示的各种方法的详细介绍如下：

(1) 明确相关关键人员在培训成果转化中的作用

在企业培训成果转化过程中涉及的关键人员包括管理者/主管、培训管理者、受训者、受训者的同事，其各自作用见表1—4。

表1—4 培训成果转化涉及关键人员及作用

涉及关键人员	作用		
	培训开始前	培训过程中	培训结束后
管理者/主管	1. 了解什么问题导致不良绩效 2. 向培训管理者强调组织目标，并且为受训者建立培训目标 3. 参与培训需求评估，选择受训者并编制培训成果转化计划 4. 建立支持机制	1. 观察或参与培训 2. 获得受训者的进展报告 3. 鼓励受训者 4. 重新分配受训者的工作量 5. 尽可能避免中断受训者的培训 6. 编制培训结束后的行动计划	1. 和培训管理者、受训者的同事一起编写受训者的培训报告 2. 维持支持机制 3. 监控培训计划的进展 4. 成为辅导员或行为榜样 5. 为受训者提供应用新技能的机会 6. 评估受训者的工作绩效 7. 进行正面强化，让学员把工作中的错误当成学习机会
培训管理者	1. 收集组织和环境的信息并在设计培训项目时对这些因素进行充分考虑 2. 和管理者/主管和受训者讨论培训需要达到的目标或成果 3. 评定受训者现有的技能、知识水平等	1. 提供相应练习机会和恰当的工作帮助 2. 对受训者提供反馈 3. 编制培训结束后的行动计划 4. 帮助受训者编制完整且现实的行动计划 5. 对培训过程和培训成果进行评估	1. 对培训进行评估及后续跟踪 2. 与管理者和受训者保持合作关系 3. 回顾和修正培训计划 4. 与管理者和受训者分享评估结果
受训者	1. 积极参与培训计划或培训需求评估 2. 完成所要求的任务或培训开始前必需的学习任务 3. 承诺完成学习任务 4. 开始建立支持培训的关系网络	1. 管理自己的学习任务 2. 对培训管理者和管理者的反馈意见做出建设性的改进 3. 为培训成果转化制定时间行动方案：确定障碍，获得必需的或额外的自我发展的机会	1. 应用新技能和实施培训成果转化的方案 2. 使用工作援助 3. 与同事分享资源和学习成果 4. 告诉管理者培训经验和现在的工作经验 5. 与其他受训者和培训管理者保持联系已获得支持 6. 回顾评估结果并制定未来的自我发展计划

续表

涉及关键人员	作用		
	培训开始前	培训过程中	培训结束后
受训者的同事	1. 要求受训者掌握关键的学习成果从而与团队成员共享 2. 参与讨论培训需求分析	1. 与受训者保持联系并鼓励他们 2. 帮助减轻受训者的工作量	1. 赞同并支持受训者实现培训成果转化 2. 从受训者那里学习技能

（2）通过激励机制强化受训员工的学习动机

激励理论包括过程型、内容型两大类。过程型主要从个体行为的方向、强度、耐力的角度来研究问题，如目标设置理论、期望理论等；内容型主要是挖掘能够激励人的具体因素，如需求层次理论等。对可应用的理论的介绍见表 1—5。

表 1—5　　学习动机激励应用理论

理论	说明
目标设置理论	即 SMART 原则，S 代表具体（Specific），M 代表可度量（Measurable），A 代表可实现（Attainable），R 代表现实性（Realistic），T 代表有时限（Time bound）
期望理论	个人努力—个人成绩—组织奖励—个人需要
需求层次理论	生存的基本需求、心理上与物质上的安全保障、友谊和群体的归属感、受到别人尊重的自尊心、对自己生活期望的成就感
因果相连	即将培训活动与学习目标和成果相连

（3）改进培训项目设计环节

培训项目设计过程中可加以改进的环节包含但不限于以下几个方面，如图 1—15 所示。

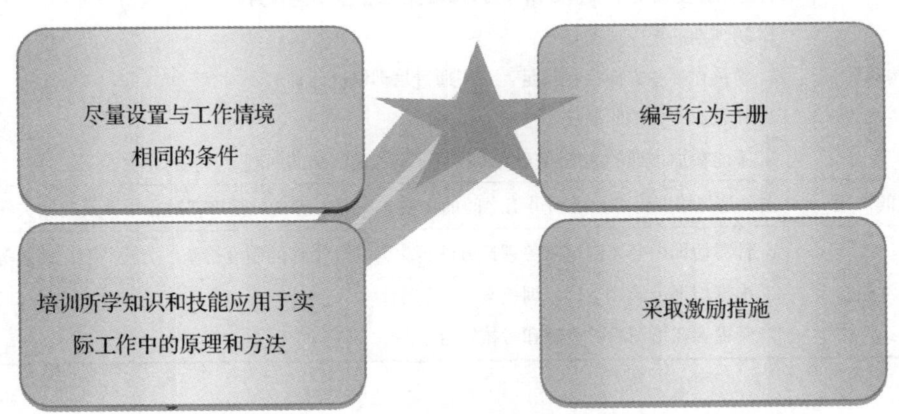

图 1—15　培训项目设计可加以改进的环节

（4）积极培育有利于培训成果转化的工作环境

企业培育有利于培训成果转化的工作环境可从以下几个方面着手，如图 1—16 所示。

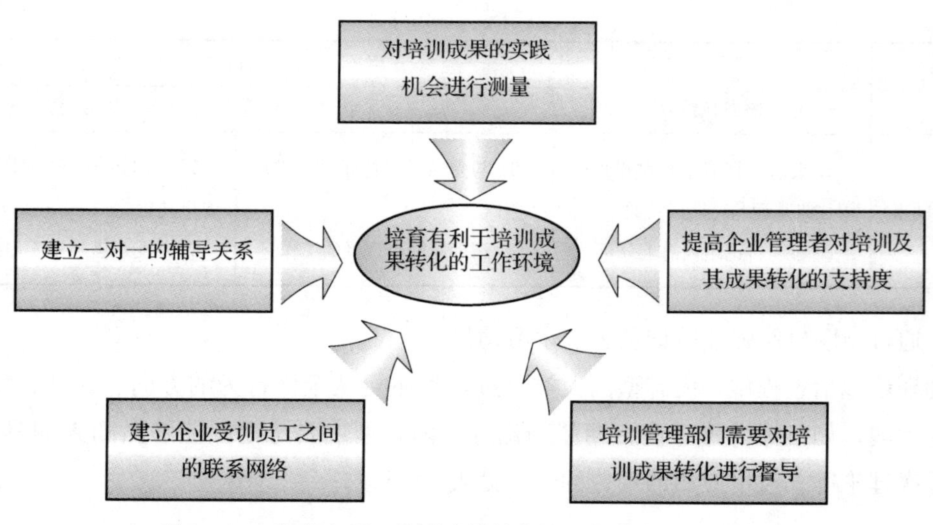

图 1—16　培育有利于培训成果转化的工作环境的工作事项

（5）及时跟踪调查

培训结束后，培训管理人员应根据培训目标对受训员工进行跟踪调查，跟踪调查一般使用受训者反馈表进行。受训者反馈表可参见本书第 6 章。

（6）在培训开始前、培训过程中以及培训结束后进行有效沟通

进行及时有效的沟通是增强培训效果的重要手段。培训前、培训过程中、培训后的沟通内容见表 1—6。

表 1—6　　培训各阶段沟通的内容

沟通阶段	沟通内容
培训前沟通	目的是让受训员工知道要做什么，该做什么。主要内容为： 1. 培训期间要完成的任务 2. 学员在哪些方面存在不足，希望通过培训解决、提高 3. 和企业有关的问题 4. 不能参加培训的同事希望受训的同事能帮助解决的问题
培训过程中的沟通	主要是与培训讲师及受训员工之间的沟通，沟通内容主要是培训过程中涉及的相关问题
培训后的沟通	1. 针对培训内容，制定有关理论方法转化为实际操作的制度措施、方法行为、绩效等 2. 根据培训记录，整理培训档案 3. 受训者在培训后的表现和考核结合

1.2.3　培训效果评估的影响因素

培训效果评估的影响因素可大致分为制度的因素、人的因素、方法的因素。三个影响因素的说明见表 1—7。

表 1—7　培训效果评估的影响因素

影响因素	说明
制度的因素	企业没有建立完善、配套的培训效果评估制度；或者企业虽然已经建立起评估制度，但难以贯彻执行
人的因素	人的因素主要体现在以下几个方面： 1. 评估人员由于涉及个人利害关系，从而使培训效果评估丧失客观性 2. 评估人员由于受到来自企业各方的压力，害怕评估方案产生不良后果，从而使评估缺乏客观性
方法的因素	由于制定的评估方案不合理，或所选择的评估方法缺乏信度和效度等，使培训效果评估工作及评估结果受到影响

1.2.4　培训成果转化的影响因素

培训成果转化的影响因素包含支持因素和阻碍因素两个方面。支持和促进培训成果转化的因素要保持，而阻碍的因素则要及时发现并消除。

1. 支持因素

培训成果转化的支持因素包含但不限于以下几个方面，如图 1—17 所示。

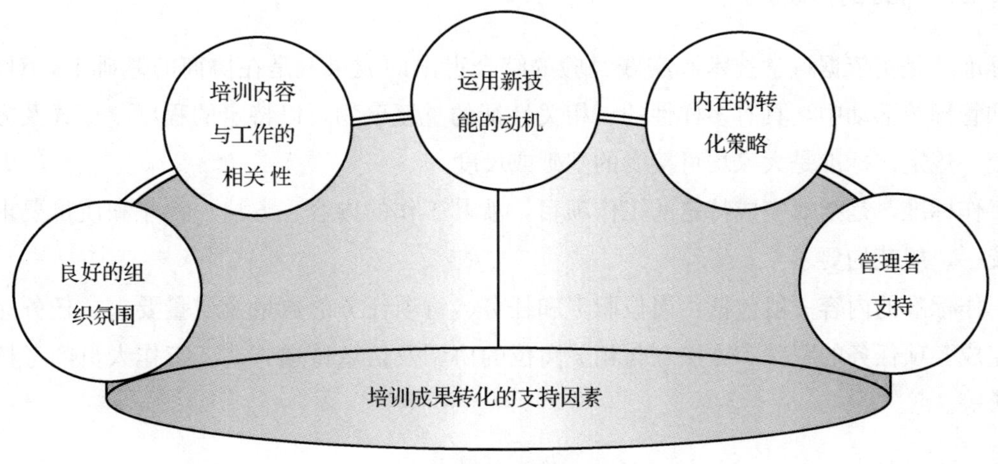

图 1—17　培训成果转化的支持因素

2. 阻碍因素

阻碍培训成果转化的因素可从组织角度、工作角度、受训者的角度去寻找，包括但不限于图 1—18 所示的几个方面。

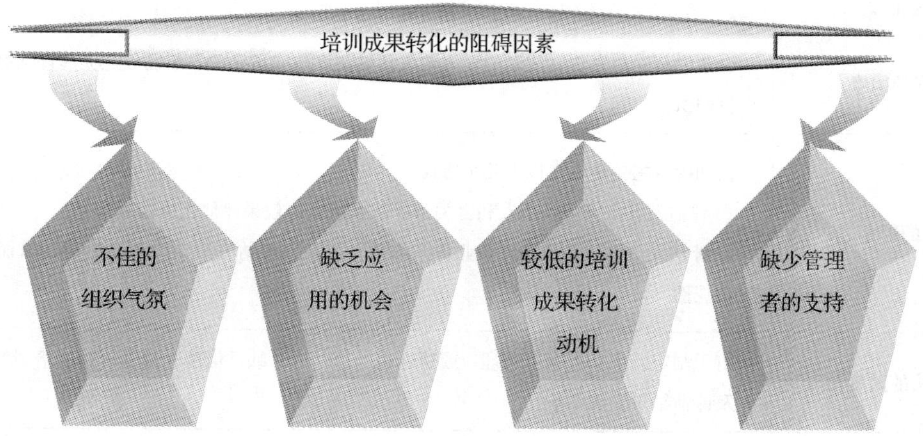

图 1—18 培训成果转化的阻碍因素

1.3 培训效果评估及转化工作执行标准

1.3.1 工作标准的内容

1. 工作标准的内涵界定

标准，是指依据科学技术和实践经验的综合得出的成果，是在协商的基础上，对经济、技术和管理等活动中，具有多样性的、相关性征的重复事物，以特定的程序、形式及方法颁发的统一规定。标准是大家均可接受的基础或尺度。

工作标准，是指对完成特定的工作项目，就其工作的内容、方法、程序和质量要求所制定的统一、规范的要求。

工作标准的内容一般包括：岗位职责和任务、每项任务的数量及质量要求、任务完成期限、完成各项任务的程序和方法、与相关岗位的协调及信息传递方式、工作人员的考核与奖罚方法等。

2. 工作标准的作用

明确的工作标准在企业工作设计及运营管理中都起着非常重要的作用，具体作用阐述见表 1—8。

表 1—8　　工作标准的作用

应用领域	作用	详细说明
在工作设计中的作用	编制产能计划	1. 在完成各项工作任务所需的标准时间的基础上，企业可以根据市场对产品的需求情况编制其人员计划和设备计划，包括设备投资和人员招聘的长远计划 2. 此外，生产进度计划的编制也需要有较精确的标准作业时间为基础，如标准作业时间是决定生产周期的重要前提之一
	进行作业排序和任务分配	根据不同工序完成不同工作的标准时间，合理安排每台设备、每个人一定时间的工作任务，以防止忙闲不均、设备闲置、人员闲暇的现象发生，促进资源的有效利用，提高效率
	进行生产运作系统及生产运作程序设计	1. 工作标准可以用来比较不同的生产运作系统设计方案差异，以帮助生产运作程序的科学、有效设计及决策 2. 工作标准也可以用来选择和评价新的工作方法，评估新设备、新方法的优越性等
在运营管理中的作用	一种有效的激励手段	用工作标准可以确定某个岗位一定时间内的标准工作量，如果想鼓励员工多完成工作，可根据工作标准确定“超额”完成工作量的奖励办法
	用于计算成本和价格	以工作标准为基础，可以建立产品的成本标准，这一标准又可以用来制定预算，决定产品价格，同时决定自制还是分包这样的生产运作模式
	评价员工的工作绩效	比较一个员工在一定时间内的工作结果和工作标准，从而可以判断员工工作绩效的好坏

1.3.2　工作标准的设计

1. 工作标准设计的关键

工作标准设计的关键环节是定义大多数人“正常”的工作速度，正常的技能发挥水平。因为一个人一天能做的工作数量是因人而异的，有些人精力旺盛、动作敏捷，工作速度就快；有些人则恰恰相反。工作标准的设计则不能以上述两种极端类型的人员为参照对象。因此，工作标准设计必须寻找一个能够反映大多数人正常工作能力的标准。

2. 工作标准设计的程序

工作标准的设计需要经历不断观察、统计分析、建立标准及对标准的不断修正这样重复的过程，才能使标准不断趋于科学化。工作标准的设计流程如图 1—19 所示。

1.3.3　工作标准的模板

培训效果评估及转化工作可分为培训效果评估的程序、培训效果评估标准及方法、培训效果监督与检查及培训成果的转化几个部分，其具体工作标准如图 1—20 所示。

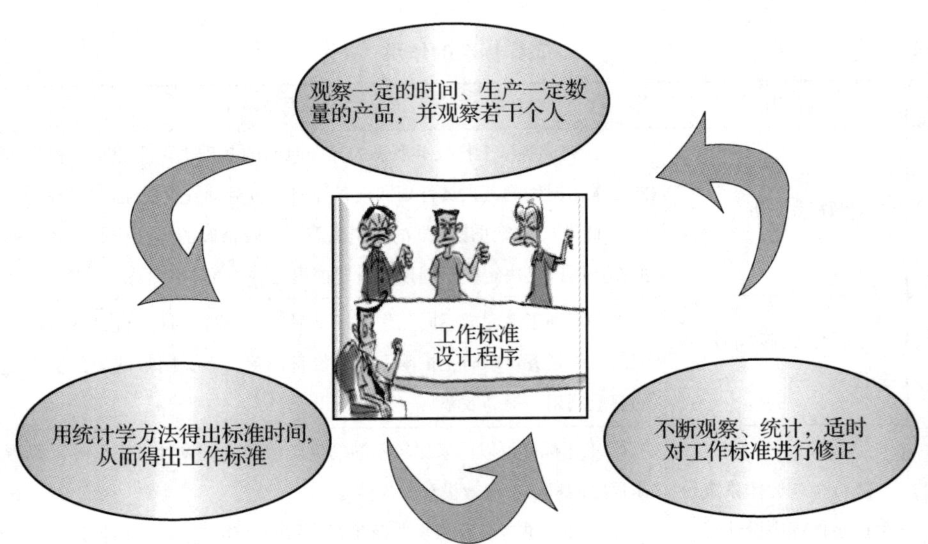

图 1—19　工作标准设计程序

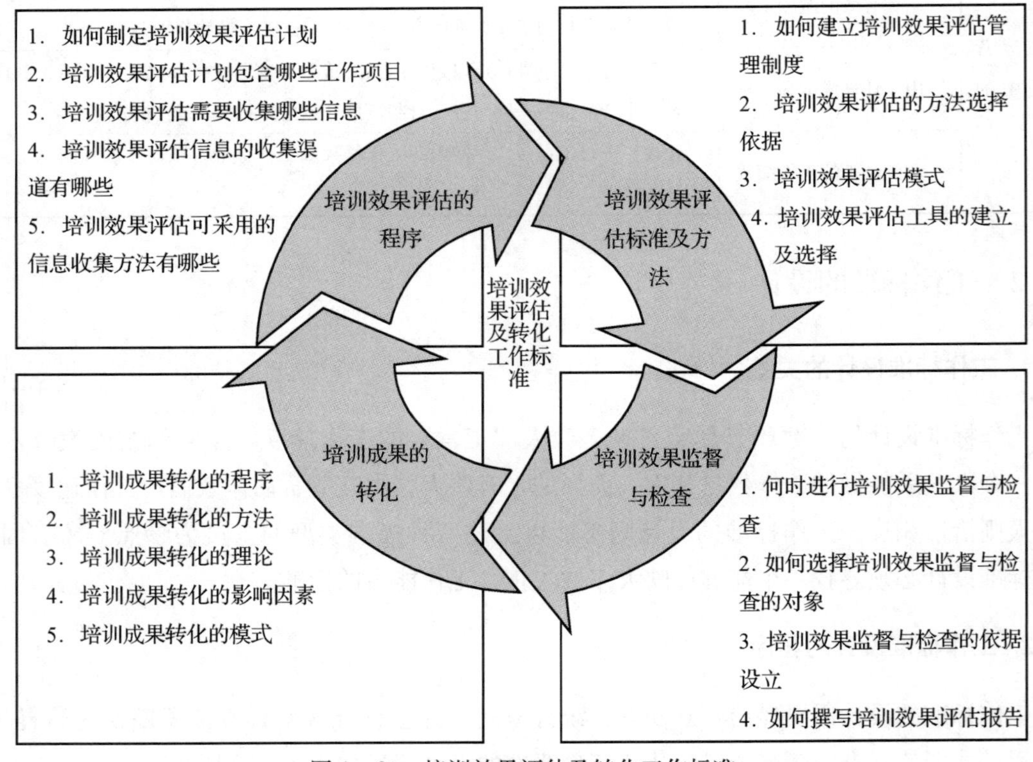

图 1—20　培训效果评估及转化工作标准

1.3.4　工作标准的执行

科学规范的工作标准只有在具体的执行过程中、执行后才能凸显其重要的意义和作用。

工作标准的执行需要组织中健全的规则制定和良好的执行力。

1. 执行力的内涵界定

执行力可以理解为一种有效利用资源，贯彻战略意图，保质、保量、按时达成既定目标的操作能力。

在企业运作中，执行及执行力是把企业战略和规划转化成为现实效益、成果的关键。执行力包含三个层级，即完成任务的意愿、完成任务的能力及完成任务的程度。

同样，针对不同的评价对象，对执行力的理解也不尽相同。对个人而言，执行力就是其办事的能力；对团队而言，执行力就是战斗力；对企业而言，执行力就是经营能力。

而衡量执行力的标准，对个人而言，是按时按质按量完成自己的工作任务；对团队而言，就是成员之间扬长避短，克服种种不利因素共同按时实现既定目标；对企业而言，就是在预定的时间内完成企业的战略目标。其表象在于完成任务的及时性和质量，但其核心在于企业战略的定位与布局，是企业经营的核心内容。

2. 影响执行力的因素

执行力是一个变化的量，其因人、因时而异，即不同的执行者、在不同的时间执行同一件事情的时候也会得到不同的结果。因此，要想解决执行力的若干问题，就必须弄清楚影响执行的根源或因素，然后再找对应方法，这样有针对性地解决问题自然就会变得清楚些、容易些。图 1—21 列举了影响执行力的八大因素，供读者参考。

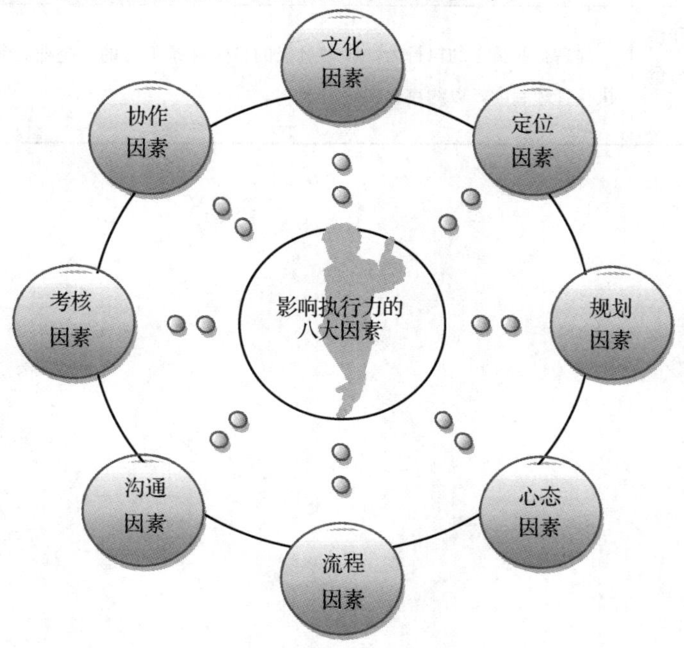

图 1—21　影响执行力的八大因素

3. 增强执行力的措施

良好的执行力不仅关系到企业目标实现、长治久安，更关系到企业的可持续发展。因此，必须寻求有效的措施，以增强企业的执行力。企业执行力可通过以下几个方面的措施来增强，具体见表1—9。

表1—9　增强执行力的措施及说明

增强执行力的措施	说明
通过做思想教育工作增强员工的责任心	执行力实际上体现的是员工对待工作的一种态度，一种责任感和使命感，它需要精神上的信仰，需要激情和动力，也需要耐心和毅力。鉴于此，要增强员工的责任心和执行力，就需要对他们加大思想教育力度，让他们清醒地认识到企业发展所面临的形势、承担的任务，提高危机感和紧迫感
通过技能培训增强员工业务素质	建立企业员工培训体系，加强职业道德教育和岗位技能培训，是提高员工职业素养和岗位技能的有效途径。良好的职业素养可以改变员工不作为的不良习惯，自觉做好本职工作；熟练的岗位技能使新员工能在最短的期限内独立顶岗
通过干部的表率作用激发员工的主动性	企业管理者和各级管理人员要身先士卒，事事主动承担，为下属员工起到表率和带头作用，以激发员工的工作积极性和工作热情
通过营造执行文化氛围引导员工树立主动执行的意识	培养、树立企业的执行力文化，就是把“执行”作为所有行为的最高准则和终极目标的文化。所有有利于执行的因素都予以充分而科学地利用，所有不利于执行的因素都要立即排除
通过建立健全约束和激励机制保障员工执行力的提高	提高企业员工的执行力，仅靠员工的自觉性是不行的，企业必须建立起规范、明确的执行管理制度，以约束、引导员工

第 2 章

为什么要进行培训效果评估及转化

2.1 培训效果评估的必要性

培训效果评估的必要性体现在以下几个方面，如图 2—1 所示。

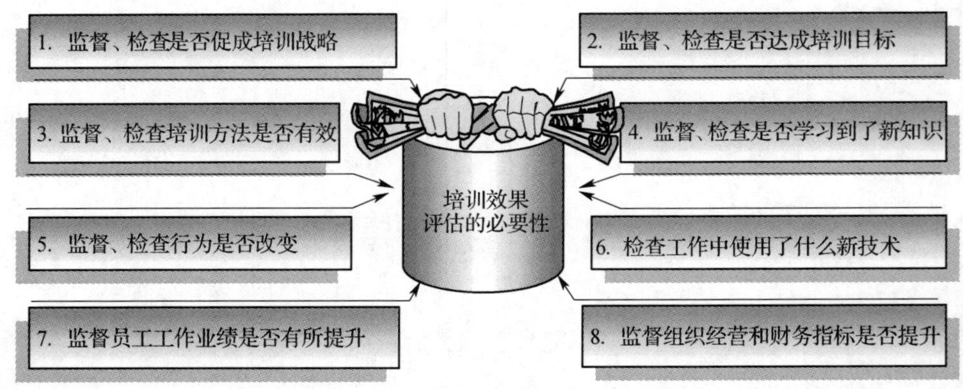

图 2—1 培训效果评估的必要性

2.1.1 是否促成培训战略

1. 培训战略内涵界定

培训战略是企业对较长时期内的培训工作所做的全局性、根本性、方向性的谋划与安排。它有助于企业在较长时期内排除多种变动因素给培训工作带来的影响，使培训工作有条不紊地顺利开展。培训战略对企业培训工作进行指导，同时企业培训工作也应促成培训战略的实现。

2. 培训战略包含的内容

企业培训战略应包含以下内容，具体如图 2—2 所示。

2.1.2 是否达成培训目标

培训目标是培训项目要达到的结果，达成培训目标是培训项目进行的最直接的目的，培训目标是否达成通过培训效果评估来检验。

1. 培训目标概述

培训目标是相对于培训需求而言的，是整个培训活动的目的和预期成果。培训目标可以针对某个具体的培训项目设置，可以针对每一培训阶段设置，也可以面向整个培训计划来设定。

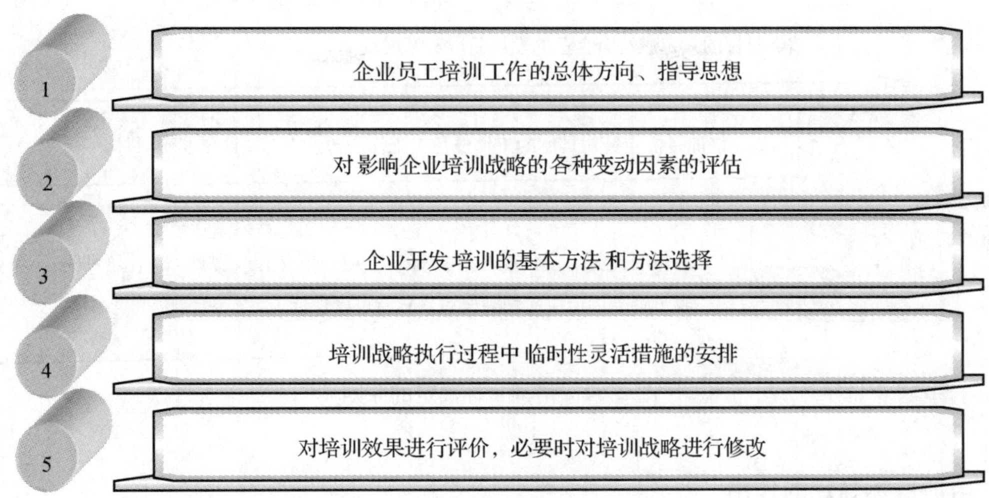

图 2—2　培训战略包含的内容

培训计划的编制与执行是建立在培训需求分析的基础之上的，培训需求分析明确了培训对象所需提升的知识、技能或能力，培训需求评估就是要确立具体且可测量的培训目标。有了明确、具体的培训目标，员工学习才会更加有效。所以，确定培训目标是员工培训必不可少的环节。

2. 培训目标包含的内容

培训目标是由几个方面的内容组合而成的，几个方面的内容相辅相成共同支撑着培训目标的实现。培训目标一般包含的内容可参见图 2—3 所示。

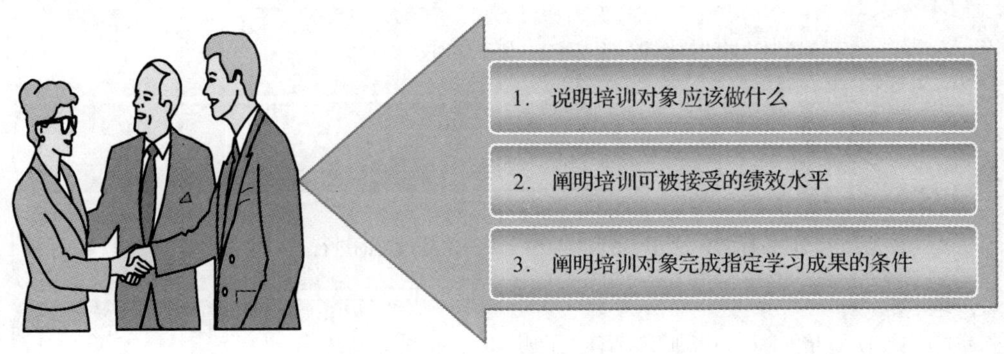

图 2—3　培训目标包含的内容

3. 培训目标确定的原则

培训目标确定原则包括，应结合企业、培训对象的实际情况，并且目标应通过努力可实现、可量化考核等，具体如图 2—4 所示。

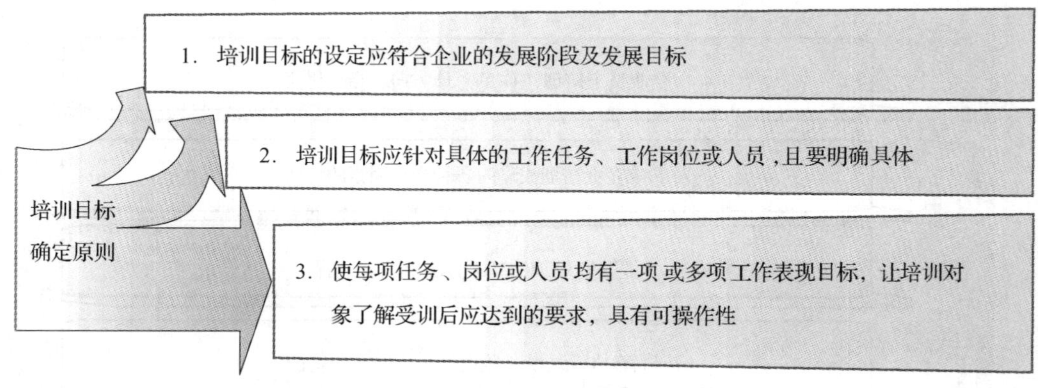

图 2—4　培训目标确定的原则

4. 培训目标确定的作用

一个培训项目在执行之前，确定明确的培训目标，其作用表现在诸多方面，具体如图 2—5 所示。

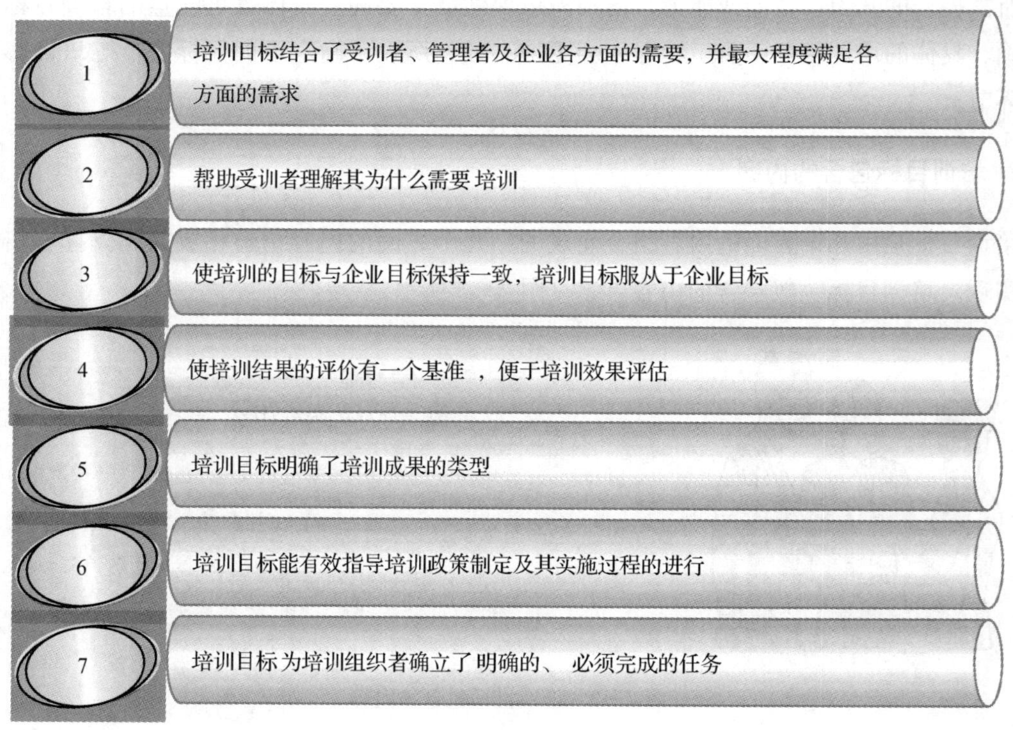

图 2—5　培训目标确定的作用

2.1.3　教学方法是否有效

教学方法是培训讲师和受训人员为了实现共同的培训目标，完成共同的培训任务，在培训过程中运用的方式与手段的总称。教学方法有效的标准的关键是适合培训的内容编排且能促进培训目标的达成。

因此在选择教学方法时，需要综合考虑多方面的因素，有针对性地做出选择。培训教学方法可选择的类型如图 2—6 所示。

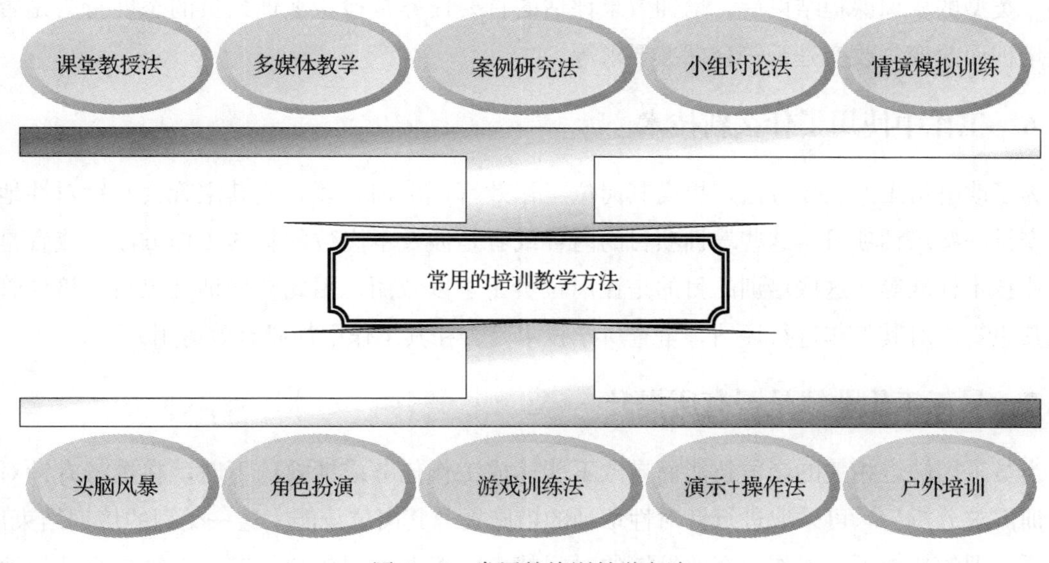

图 2—6　常用的培训教学方法

2.1.4　学习到了什么新知识

某些培训项目的培训目标是让学员掌握与企业或工作岗位相关的知识，因此培训结束后，培训效果评估的目的就是检验参训学员是否真正掌握了培训课程所讲授的知识。

新知识的类型大致可分为以下几种，如图 2—7 所示。

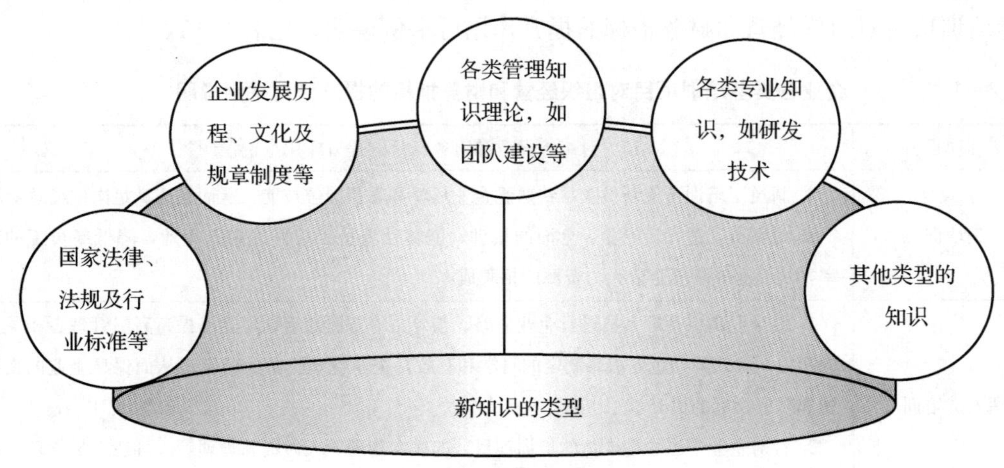

图 2—7　新知识的类型

2.1.5 态度行为是否改变

态度行为的培训课程主要是针对服务行业从业人员、企业涉外人员、管理者及需要或期望提高自身职业素养的人员。态度行为的培训课程主要有职业礼仪、社交礼仪、沟通技巧等，当这一类型的培训课程结束后，培训效果评估的首要任务是检验参训人员的态度行为是否因接受培训而改变，改变是否符合标准要求等。

2.1.6 工作中使用了什么新技术

为了改进员工的工作方法，提高其岗位工作效率，培训管理者或其主管会有针对性地为员工安排一些培训项目，这些培训项目的内容或者是涉及本岗位的新的工作方法，或者是新的行业技术标准等。这些培训的目的是让岗位员工学以致用，因此在培训结束后，培训管理者或其主管应对其工作进行评估，审查所学技术是否在其工作中加以有效运用。

2.1.7 员工工作业绩是否有所提升

当员工因缺乏相关的岗位技能而导致不能达成工作任务或绩效低下时，在进行有针对性的培训需求分析后，可采取进行针对性培训的措施提升其岗位技能。这一类型的培训结束后，根据所培训的技能可在工作中有效发挥的时间特点，培训管理者和员工的上级可有计划地对员工的工作业绩进行考核，并与员工之前的绩效进行对比分析，从而确定培训对员工工作业绩提升的有效性。

2.1.8 组织经营和财务指标是否提升

企业培训体系建设的终极目的是提升组织经营水平和财务指标，培训体系中各类型的培训项目在提升组织经营和财务指标方面有的是直接发挥作用，有的则是间接发挥作用。企业各类型培训项目对组织经营和财务指标的提升作用可举例说明，见表 2—1。

表 2—1　　企业各类型培训项目对组织经营和财务指标的提升作用举例说明

培训项目	对组织经营和财务指标的提升作用举例说明
新员工培训	1. 新员工培训可使新员工尽快熟悉企业环境和掌握岗位技能，从而快速满足岗位绩效要求 2. 对新员工进行较专业、全面的培训，能够使新员工很好地融入企业，降低新员工的离职率，从而有效降低企业人力资源的招聘成本
管理人员培训	1. 对企业高层管理人员进行企业战略、领导力等方面的培训，能够提高高层管理者相关方面的能力，有效辅助企业战略制定的科学和有效，企业管理团队的稳定，从而保证企业的良好发展和财务指标的提升 2. 针对企业中层管理人员的培训项目，如成本管理、人力资源管理等，可在人员管理、部门成本控制、计划达成、部门绩效等方面得到提升，从而提升组织经营和财务指标

续表

培训项目	对组织经营和财务指标的提升作用举例说明
专业技术培训	对企业技术人员进行技术培训，可提升企业技术水平，保证产品的质量，满足客户需求，增加新客户开发和老客户保有量，从而提升企业的组织经营和财务指标
销售人员培训	对销售人员进行与销售有关的培训，可提升其销售技巧、开发客户的能力、客户保有能力等，从而有效完成并不断提升企业的销售指标，达到提升组织经营和财务指标的目的
一线员工培训	对企业员工进行产品质量标准、操作标准等培训，可提升其岗位技能和效率，降低产品的质量风险和延期风险，从而确保组织经营和财务指标的稳步提升

2.2　培训成果转化的可行性

2.2.1　培训成果转化现状

培训成果转化情况，即指培训在实际工作中的实践效果。培训在工作中的实践效果可分为四个层面，如图2—8所示。

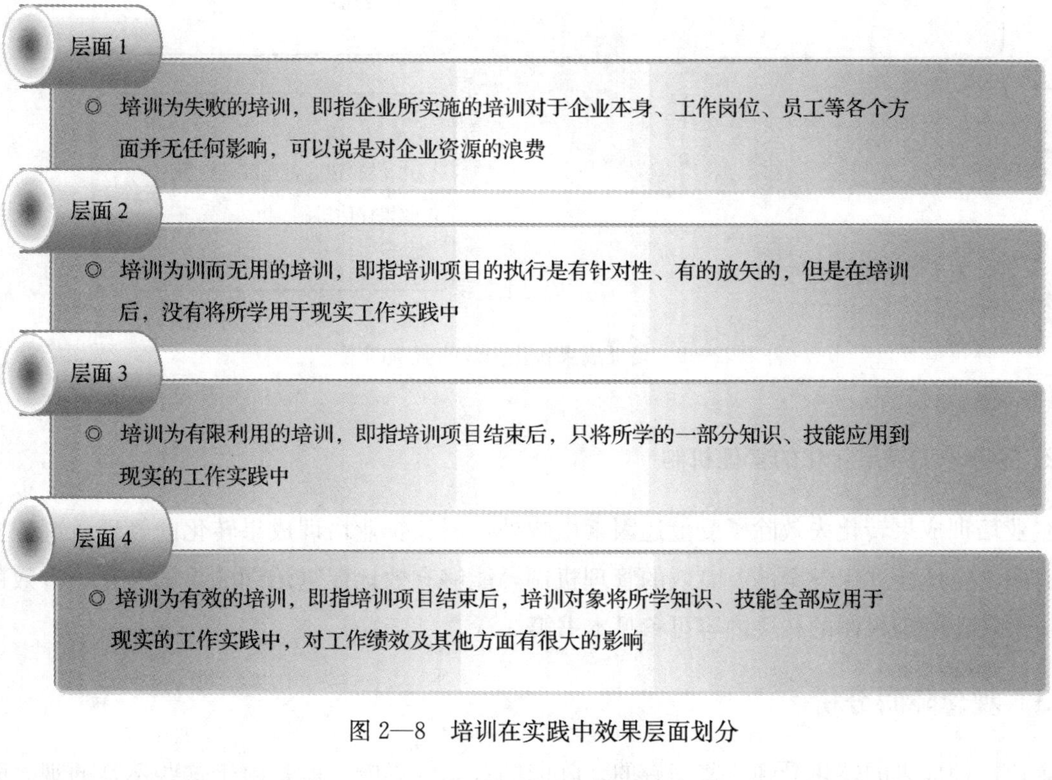

层面1

◎ 培训为失败的培训，即指企业所实施的培训对于企业本身、工作岗位、员工等各个方面并无任何影响，可以说是对企业资源的浪费

层面2

◎ 培训为训而无用的培训，即指培训项目的执行是有针对性、有的放矢的，但是在培训后，没有将所学用于现实工作实践中

层面3

◎ 培训为有限利用的培训，即指培训项目结束后，只将所学的一部分知识、技能应用到现实的工作实践中

层面4

◎ 培训为有效的培训，即指培训项目结束后，培训对象将所学知识、技能全部应用于现实的工作实践中，对工作绩效及其他方面有很大的影响

图2—8　培训在实践中效果层面划分

在知识经济时代，培训与开发一直是企业保持其持续竞争优势的人才战略之一，从企业

培训资源投入增长的趋势与速度就能反映出该企业对培训的重视程度。但是培训是否发挥了其应有的价值却值得探讨。

有关培训利用研究表明，一般情况下，培训直接带来的效果仅产生10%～20%，也就是说80%～90%的培训资源被浪费了。这对任何一个面临激烈竞争和追求高效率的企业来说都是无法容忍的。于是，在降低企业培训成本的同时增强培训的实际效果及其有效转化，就成为企业迫切关注的课题。

2.2.2 成果转化失效原因

1. 培训成果转化失效的影响因素

企业培训成果转化失效是由几个方面因素造成的。归纳起来可分为三个方面，如图2—9所示。

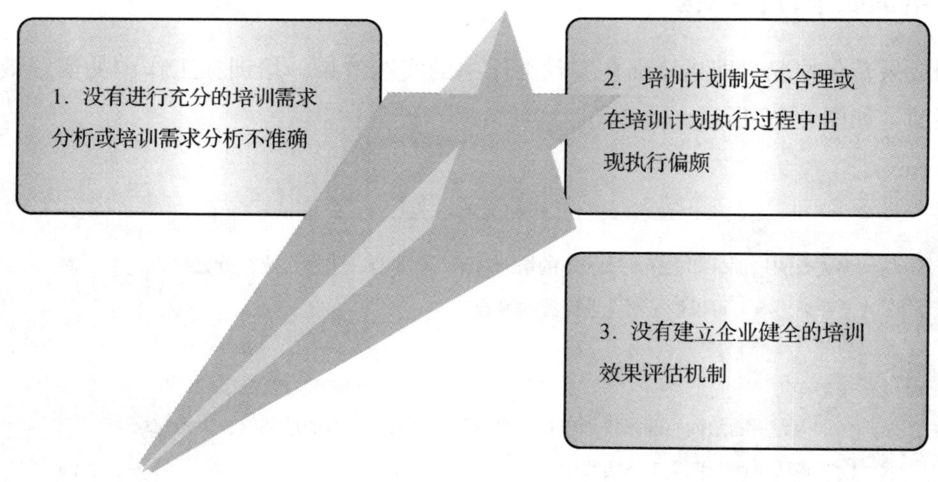

图2—9 培训成果转化失效的影响因素

2. 促进培训成果转化的管理机制

企业培训成果转化失效除了受上述因素影响外，还和企业培训成果转化的管理机制建立程度有关。企业建立起健全的、有效的管理机制，能够有效地促进培训成果的转化。有效的培训成果转化管理机制的相关内容可参见本书第3章。

2.2.3 观念障碍分析

企业培训成果的转化受到一些固有的、陈旧的观念的影响，就是由于这些不良的观念阻碍了企业培训工作的推行和发展。通过总结，这些观念可分为几点，如图2—10所示。

此种思想导致两种错误情况的发生：

◎ 对于人力资源开展培训工作，企业高层不重视、中层不支持、基层不理解，人力资源部孤掌难鸣

◎ 员工素质不高是人力资源部的招聘、培训工作没做好，就是人力资源部的责任

2 培训仅仅是提供给员工的一种福利

此种思想导致两种错误情况的发生：

◎ 福利是一种附加的东西，员工有选择或取舍的权利，从而造成员工想参加就参加，不利于培训的开展和绩效的提升

◎ 错误地规避了员工参加培训的义务，从而导致企业行使约束员工参加培训的权利受到阻碍

3 培训是中基层管理者的事

此种思想导致两种不良情况的发生：

◎ 企业重视培训且只重视中基层人员的培训，高层管理者的培训不被重视，导致高层管理者不具备必备的管理知识和技能，也没有学习、提升的机会

◎ 中基层管理者通过培训从管理理念、方法和技能等方面得到提升，与高层管理者的管理思想发生冲突，阻碍其职业发展，给企业造成损失

4 培训是万能的

此种思想导致两种情况的发生：

◎ 不能正确地认识培训的作用，培训只能解决“不能的问题”，解决不了“不为的问题”

◎ 过分依赖培训，企业一旦出现经营管理问题，就会想到培训，把培训当成解救企业的万能良药

图 2—10　阻碍培训成果转化的观念

2.2.4　执行障碍分析

培训成果转化的执行障碍在企业的实际运作中主要表现在以下几个方面，第一，缺乏科学的培训需求分析；第二，只重视培训投入，忽视培训的产出；第三，只重视培训前期准备，忽视培训过程中的沟通和监督。对三种执行障碍的详细分析见表 2—2。

表 2—2　培训成果转化的执行障碍分析

执行障碍	详细分析
缺乏科学的培训需求分析	1. 即使企业管理者已认识到培训对于企业的重要性，也不能保证培训的有效开展，原因之一就是企业对员工的培训需求缺乏科学、有效的分析，使得培训工作开展没有针对性，甚至是带有很大的盲目性、随意性

续表

执行障碍	详细分析
缺乏科学的培训需求分析	2. 培训规划及执行没有将企业战略、岗位需求和员工的职业生涯设计进行有机结合，让培训变成一种盲目的救火式、应急式、毫无规矩、偶然的、随意性的工作
只重视培训投入，忽视培训的产出	企业年度培训计划通常提供的是年度培训课程的计划安排和培训经费的投入，一旦开始执行年度培训计划后就很少有人过问，直到结束时才进行简单的考核，对培训绩效缺乏系统管理，难以保证培训效果转化
只重视培训前期准备，忽视培训过程中的沟通和监督	1. 培训实施需要必要的监督和沟通，以便实时掌控学员的学习信息，同时使培训项目在不断反馈过程中得以改善 2. 许多企业重视培训的前期准备、策划和选择过程，进入实施阶段时，却忽视了对培训的监督和沟通，培训过程中缺少监督和沟通，造成事倍功半

第 3 章

培训效果评估内容及转化要求

培训效果评估，对所有组织或参加培训的企业来讲都是一个不可或缺的环节。同时，在其执行过程中需要准确定义培训效果评估内容的范围，并严格按照一定的要求来进行。以下是对培训效果评估内容及转化要求的详细阐述。

3.1 培训效果评估的内容

企业在进行培训效果评估工作时，需要保证培训评估内容的准确性。培训效果评估的内容主要体现在以下 4 个方面，即学习认知程度、态度是否转变、行为与习惯分析、技能与成效分析。

3.1.1 学习认知程度

学习认知程度评估，是指对受训员工对事件、观念、概念、理论等知识的认知和理解的程度进行衡量和评价。

学习认知程度评估是普遍用来评估员工学习的方法，一般是在培训之前和培训项目结束以后进行的，然后再比较培训前后的评估分数。以下是培训前后评估分数对于员工学习认知程度的解释，具体如图 3—1 所示。

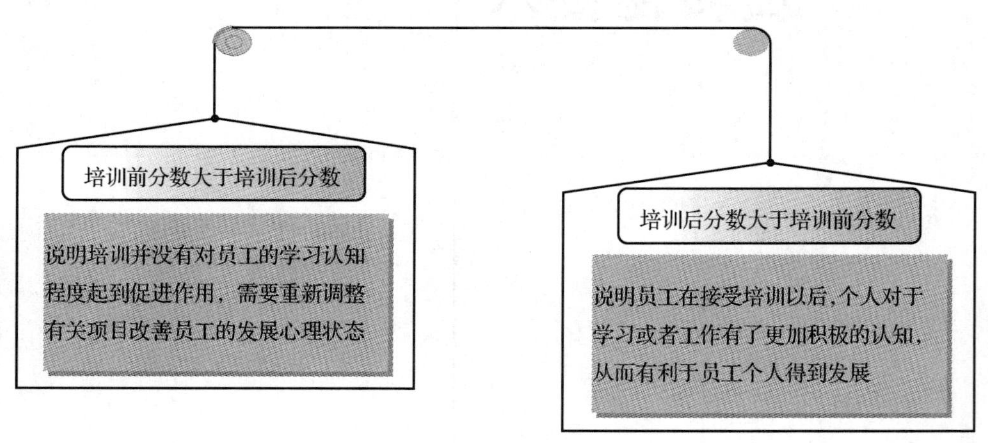

图 3—1 培训前后评估分数对于员工学习认知程度的解释

关于员工学习认知程度的评估，通常还包括课堂学习评估和知识原理培训评估等。以下是两种类型的相关内容，具体见表 3—1。

表 3—1　　课堂学习评估和知识原理培训评估

评估类型	评估内容或特点	评估方法
课堂学习评估	了解受训员工对培训课程的学习和掌握的程度	根据培训课程类型或内容不同，学习认知程度的评估方式也会不同，经常采用的方式有讨论、测试、提问、示范、操作演练等。课堂学习认知程度的评估可以在培训结束时或培训结束后半个月内组织实施
知识原理培训评估	是要求学员对知识、原理从无到有的掌握	现场考试是考察学员是否了解了这些原理知识的最佳方式。考试前可以提前和培训讲师进行沟通，让其根据培训要求设计试题。在下达培训通知时，让学员知道培训需要考试，同时提前下发培训讲义，让学员了解本次的培训重点，这样学员基本上就可以提前预习，并带着压力和问题参加培训，学习认知程度和培训效果自然会有效提高

3.1.2　态度是否转变

评估受训员工态度是否转变，主要是在培训结束之后进行。员工工作中的态度主要包括以下几个方面，具体如图 3—2 所示。

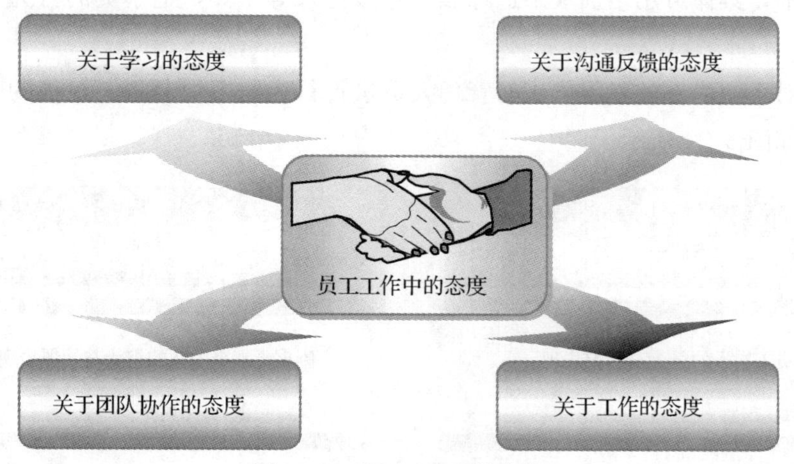

图 3—2　员工工作中的态度

员工态度是否转变，其效果无法直接衡量，需要观察员工的行为表现和态度才能体现出来。因此对于员工态度是否转变就可以采取考察员工的认知度来评估。其具体操作方法如图 3—3 所示。

3.1.3　行为与习惯分析

行为与习惯分析，属于培训后的跟进过程，是对员工培训后工作行为和日常习惯表现方面的变化进行分析。

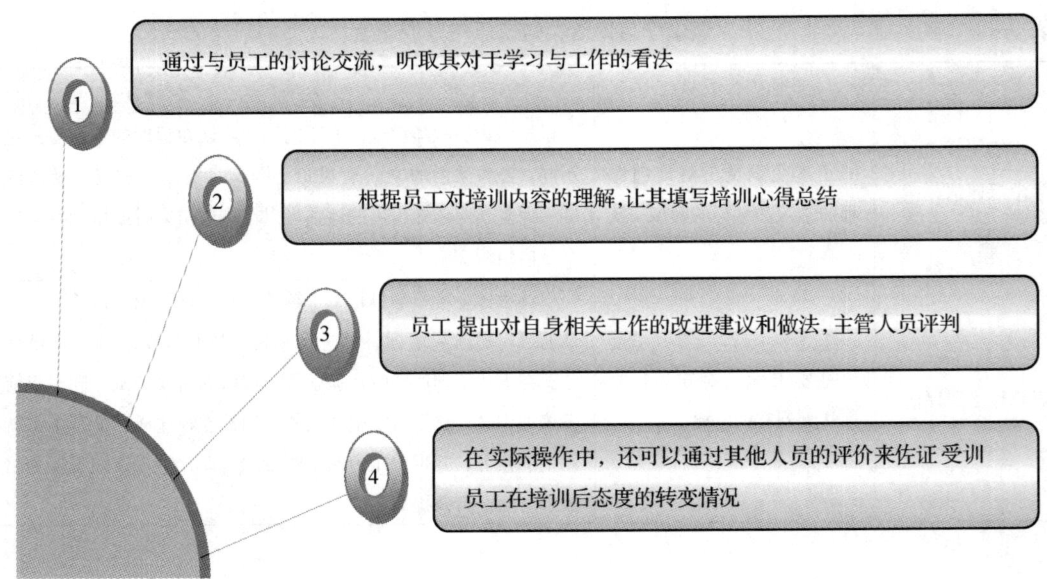

图 3—3　员工态度是否转变评估的操作方法

企业在对员工的行为与习惯分析、评估时，根据不同的员工，评估方法也有所侧重和不同。通常情况下，具体可用培训效果追踪表、考核记录等工具，把学员的行为与行为转变记录下来。

以下是针对企业内部的基层员工与管理人员进行行为与习惯分析、评估的主要内容和差别，具体内容如图 3—4 所示。

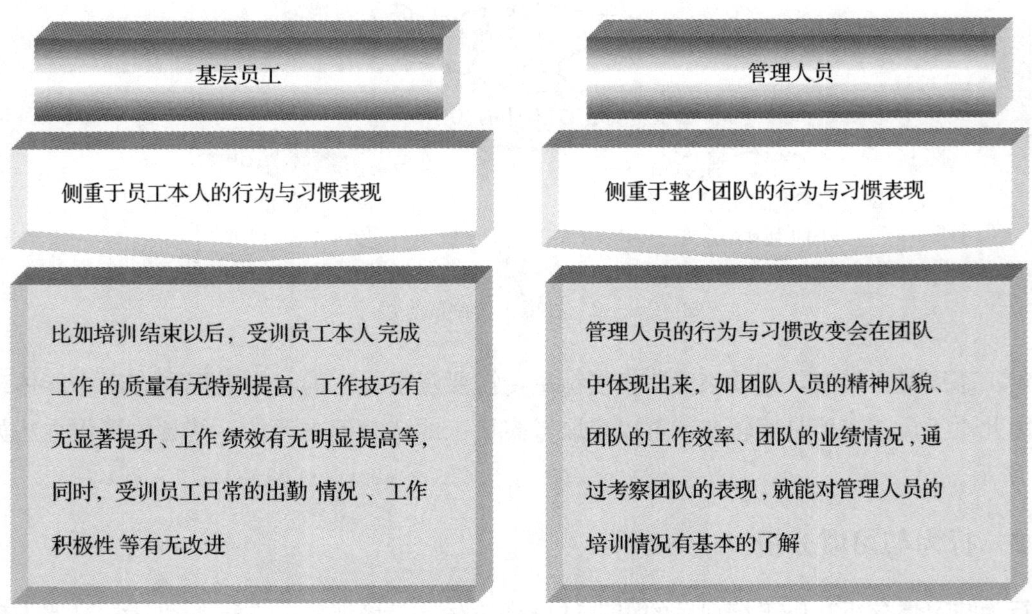

图 3—4　基层员工、管理人员行为与习惯分析的主要内容和差别

3.1.4　技能与成效分析

技能与成效分析，主要是指在培训结束以后对受训员工的技能掌握情况与其运用成果进行分析。

技能类培训评估主要包括对技能操作类培训和管理技术类培训等的评估，其具体内容见表 3—2。

表 3—2　　技能操作类培训和管理技术类培训的评估

培训类型	评估内容或特点	评估方法
技能操作类培训	技能操作类培训通常要求以提高员工的实际技能来提高工作效率。培训评估的内容有动手、动脑操作技能评估之分，动手的技能如机床设备操作、打字排版等，动脑的操作如撰写调研报告、学会怎样谈判等	通常以现场操作或模拟为主，由员工操作、模拟，讲师指导打分，如销售培训，现场演练如何推销。通过这样的操作模拟，员工对培训内容就有了深刻体验，对自身不足也会更加了解。现场评估完后，再辅以追踪观察的方式会更佳，经过一段时间后，通过员工的工作业绩和现场技能操作熟练程度的考察来进一步评估其掌握的情况
管理技术类培训	管理技术类培训评估的特点是培训评估的周期长、见效的周期也长，短时间内很难看出培训效果，如企业战略制定、核心技术掌握等	可以采取现场问卷和效果考察的方式进行评估。现场问卷主要是考察人员对基本内容的掌握，而效果考察则是在一段时间后通过知识运用、观察测试等手段来了解受训员工的具体掌握情况

同时，培训技能与成效分析也是对培训最终结果的考察和评估，主要是评估培训对个人绩效的影响，衡量培训是否有助于公司业绩的提高等。

对于技能与成效的分析与评估，可以在企业的季度、半年度或年度考核时，通过设立一些绩效考核指标来衡量，如事故率、生产率、员工流动率、质量优良率以及客户服务满意度等。通过对这样一些组织指标的分析，并与未开展培训前数据进行对照，就能够了解培训为企业带来的成效了。

3.2　培训各阶段效果评估的内容

为了保证培训活动取得预期的效果，评估人员须对培训工作进行全程跟踪、监督和评估。通常情况下，培训效果评估按照培训的不同阶段可以划分为培训前评估、培训中评估和培训后评估 3 个阶段。

3.2.1 培训前评估的内容

在培训之前，企业对即将接受培训的员工进行考察，了解其在与自己的实际工作相关方面的知识、技能和能力水平等。培训前评估的主要目的是与培训中评估和培训后评估的结果进行比较，以评定培训的实际效果。

培训前评估的内容，主要包括培训资源评估、培训需求评估、培训计划评估、培训对象评估、培训准备评估等，其具体内容见表3—3。

表3—3 培训前评估的内容

序号	评估内容	具体说明
1	培训资源评估	企业的培训资源主要包括资金、技术、时间、设备、智力支持等，评估人员应在培训正式开始之前对培训资源进行有效的分析和评估，确定某些资源是否存在、存在的价值等，并与其在培训结束后发挥的作用进行比较，总结培训资源利用的情况及运营经验
2	培训需求评估	培训需求评估是指对培训需求的确认进行评估，通过与企业高层、相关员工和企业的实际情况，评估培训需求的确认是否合理，如有不妥也可及时改善。通常情况下，对于培训需求的评估，可以聘请专业评估人员来进行
3	培训计划评估	培训计划评估即对培训项目的规划进行评价，包括对培训目标设计、培训内容规划、培训时间安排、培训后期事宜等进行评估。培训计划评估最主要的目的是考察培训计划的制定是否合理、是否符合企业的实际运营情况，如果在这两个方面存在问题，即可对培训计划进行改进和完善
4	培训对象评估	对于培训对象的评估，主要是指对即将接受培训的员工的知识、技能、能力、职业规划以及其实际工作情况进行摸底性的评价，这样可以为培训效果总体评估工作提供最原始的重要信息。如果此次培训项目的内容较为单一，培训对象评估的范围只要与培训项目内容相关即可
5	培训准备评估	培训准备评估，即对培训正式开始前的各项管理工作的准备情况进行评估。培训准备工作主要包括培训管理人员、受训人员信息收集、培训通知情况、培训服务安排、培训设备准备等

3.2.2 培训中评估的内容

培训中评估的主要内容包括培训内容、员工与培训内容的相关性、员工对培训项目的认知程度、培训进度和中间效果、培训环境、培训机构和培训人员6个方面。其具体内容见表3—4。

表 3—4　　培训中评估的内容

序号	评估内容	具体说明
1	培训内容	主要评估实际培训内容与计划培训内容之间的差异，其主要表现为培训内容非计划培训内容、培训内容不完整、培训内容错位或非标准化。其产生的原因主要包括以下几点： 1. 培训管理机构或人员没有按照培训计划实施培训 2. 培训计划内容得不到员工认同，在实际培训中受到影响 3. 不同培训内容穿插或相互影响，实际操作中进行调整 4. 外部环境对培训产生了干扰 培训内容评估，应主要保证其在按照规划执行的前提下来进行，除非有理由证明培训内容调整或变化是必要的
2	员工与培训内容的相关性	培训活动若要取得预期效果，必须保证培训内容与员工实际需求相吻合。在实际工作中，培训内容与员工需求相吻合主要有两种方式，一是先定培训内容，再根据培训内容选择受训员工；二是先定受训员工，再根据其需求定培训内容。而对于评估工作而言，对前者就要评估受训员工的选择是否合理，对后者就要根据培训前的分析工作考虑培训内容设计是否正确
3	员工对培训项目的认知程度	根据成人学习理论，只有当受训员工对培训项目比较了解后，才可能对培训产生兴趣和参训的积极性。这就要求培训组织者采取某些措施向受训员工宣传培训的内容、进程、方式等，以调动员工参训的积极性。员工对培训项目的认知程度的评估，即要评价受训员工对培训的热情和持久性，其主要表现为受训员工的出勤率、培训合作态度等
4	培训进度和中间效果	评价和监控培训进度是保证培训项目在时间进度、资源投入进度方面能与培训计划保持一致。评价与考察中间效果是评估受训员工在不同培训阶段的提升幅度，及时发现其进步与预期培训效果之间的差距，以采取有效的补救措施
5	培训环境	根据学习转换理论，在做培训计划时一般会使培训环境与受训员工的工作环境相似，以保证培训效果得到最大程度的实现和转化。培训环境的评估，应当及时分析受训员工的实际培训环境的变化是否能够顺应员工工作环境的变化，并有效调整培训环境，保证培训效果
6	培训机构和培训人员	培训机构和培训人员，即培训管理人员和培训讲师。评估内容主要是培训管理人员和培训讲师的行为表现，以保证培训机构和培训人员能够做好培训工作。具体评估内容如下： 1. 培训管理人员，如工作积极性、合作精神、领导能力、沟通能力等 2. 培训讲师，如培训经验、培训方法运用、培训能力体现等

3.2.3　培训后评估的内容

企业从培训中能够获得多大收益，培训能使受训单位和受训员工产生多少改变，这些都是培训结束后应该评估的内容。培训后评估是培训评估的主体内容，也是培训评估的重点，其主要包含以下几个方面的内容，具体如图 3—5 所示。

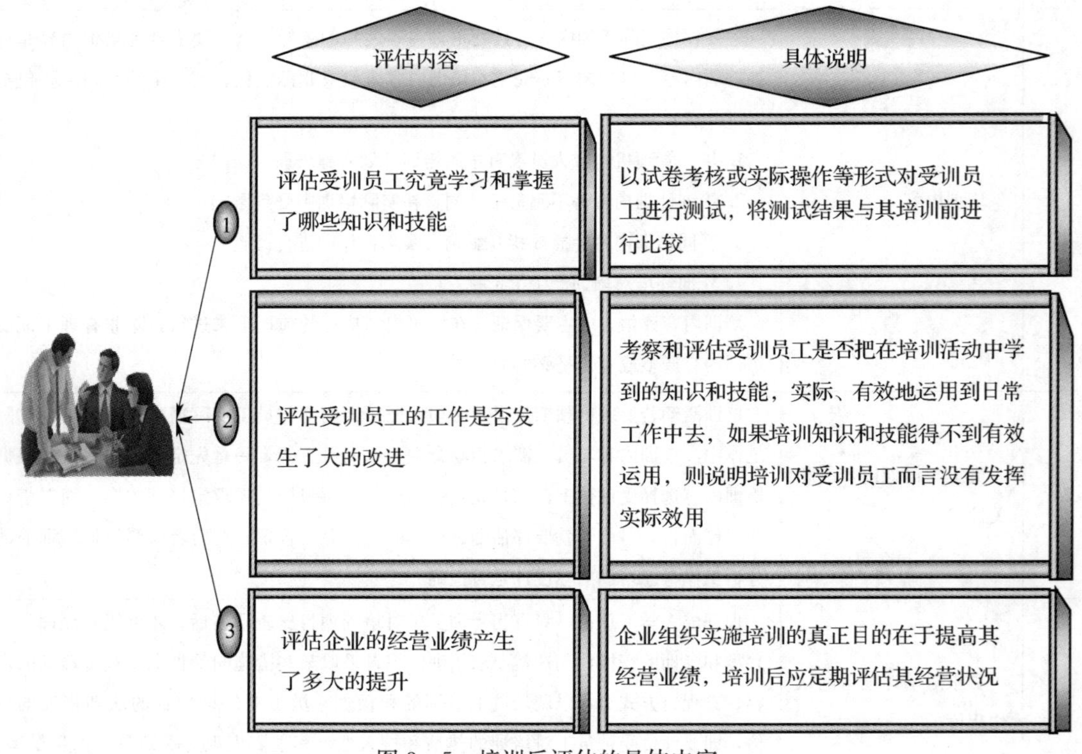

图 3—5　培训后评估的具体内容

3.3　培训成果转化的要求

培训成果转化的要求内容，主要包括做好培训的需求分析、确定培训对象与群体、优选培训方法及组合、建立有效的培训成果转化机制 4 个方面。以下是培训成果转化要求的具体内容。

3.3.1　做好培训的需求分析

培训的需求分析决定了企业培训能否确立正确的目标。企业开展培训工作之前，应对员工绩效差距进行分析，找出需要改进的因素，并根据企业的生产经营发展规划来开展预测性培训，使培训成果能够有效转化并能与企业发展规划有机地结合。

1. 培训需求分析内容

（1）员工培训需求分析

对于员工培训需求的分析，可以通过了解员工的能力、素质和技能等，对员工当前绩效做出评价。同时，企业应该建立员工管理信息系统，这对于分析企业的员工培训需求有着重要的参考意义。

以下是员工培训需求分析的主要内容，具体如图 3—6 所示。

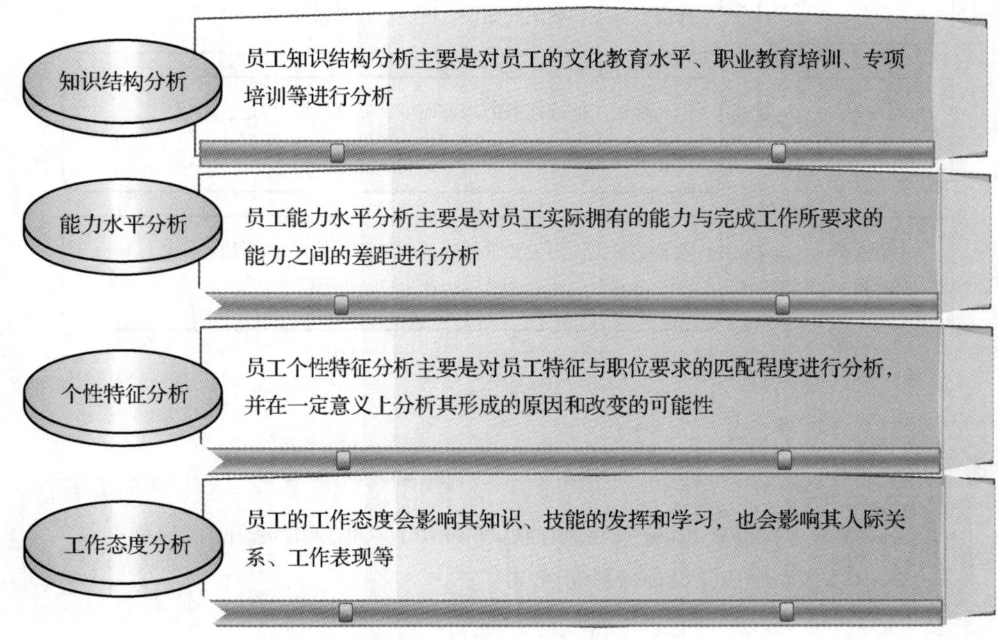

图 3—6　员工培训需求分析的主要内容

以图 3—6 中四个方面为基础分析员工可能的培训需求，需要对这些信息进行详细的分类和研究，才有可能制定出针对性较强且高效的培训计划。

(2) 工作任务需求分析

工作任务需求分析，需要明确各项工作的任务要求、能力要求以及对人员素质的要求等。通过对工作任务的需求分析，可以判断在岗员工和新员工是否需要接受培训以及应接受何种培训，并可制定出客观的培训需求标准。

做好工作任务需求分析工作，企业应建立完整的岗位信息系统。其主要内容体现在以下几个方面，具体如图 3—7 所示。

(3) 组织培训需求分析

组织培训需求分析，主要是指企业结合自身各方面的实际情况对组织发展战略进行研究，并确定提供哪些培训和提供多少培训。企业的整体培训计划应与企业的战略目标及规划同步进行。

以下是组织培训需求分析的主要内容，具体如图 3—8 所示。

工作规范分析
主要是对工作及工作任务的内容、工作责任、组织关系、工作量等进行的分析
复杂程度分析
是以每一个工作或任务要项为基础，主要分析其工作标准、特点，要求的知识、技能、安全以及注意事项等
工作环境分析
主要是对工作或任务的物理环境、安全环境、社会条件环境等进行分析
任职资格分析
主要是对工作岗位要求任职者所具备的教育培训情况、知识、经验、心理素质等进行分析

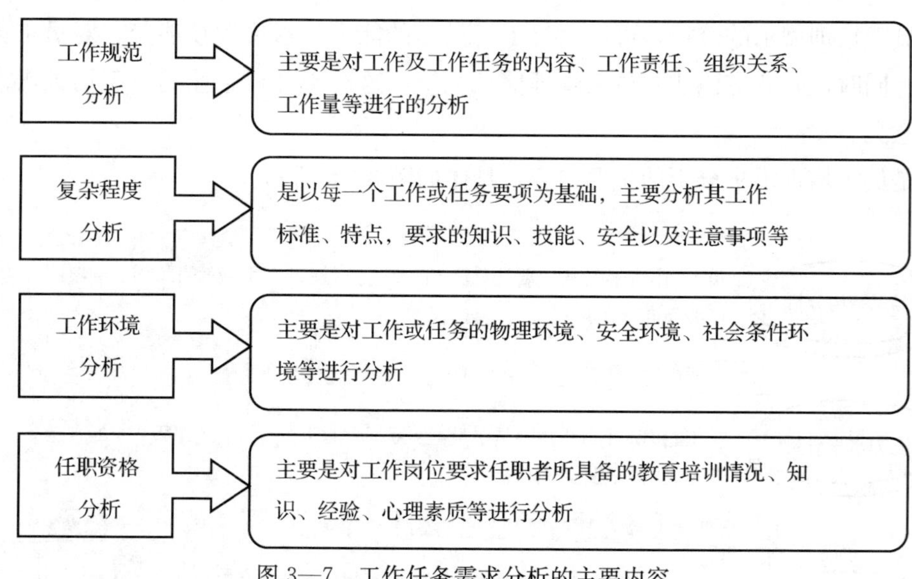

图 3—7　工作任务需求分析的主要内容

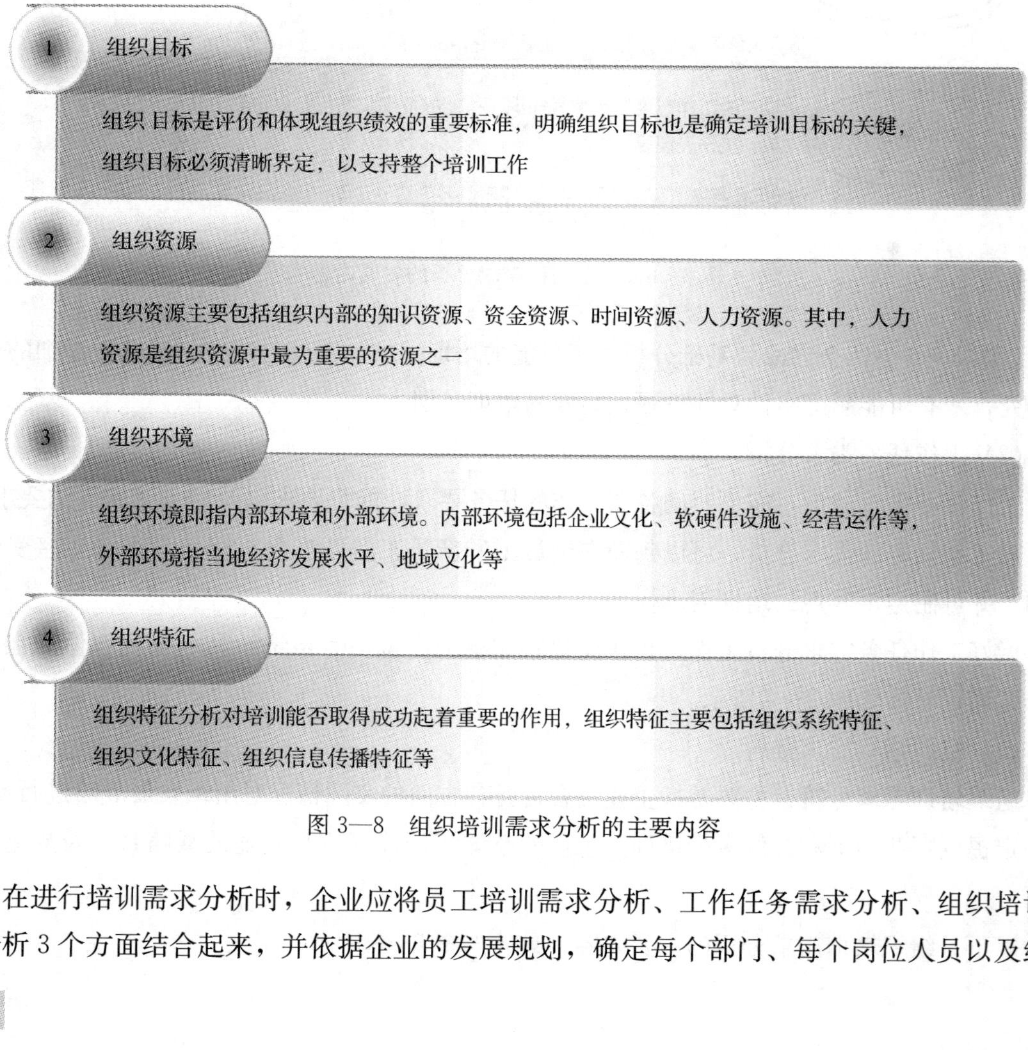

1
组织目标
组织目标是评价和体现组织绩效的重要标准，明确组织目标也是确定培训目标的关键，组织目标必须清晰界定，以支持整个培训工作
2
组织资源
组织资源主要包括组织内部的知识资源、资金资源、时间资源、人力资源。其中，人力资源是组织资源中最为重要的资源之一
3
组织环境
组织环境即指内部环境和外部环境。内部环境包括企业文化、软硬件设施、经营运作等，外部环境指当地经济发展水平、地域文化等
4
组织特征
组织特征分析对培训能否取得成功起着重要的作用，组织特征主要包括组织系统特征、组织文化特征、组织信息传播特征等

图 3—8　组织培训需求分析的主要内容

在进行培训需求分析时，企业应将员工培训需求分析、工作任务需求分析、组织培训需求分析 3 个方面结合起来，并依据企业的发展规划，确定每个部门、每个岗位人员以及组织

整体的详细需求。

2. **培训需求分析方法**

培训需求分析方法主要包括面谈法、观察法、小组讨论法、问卷调查法等。各种培训需求分析方法都有自己的优缺点，企业应根据员工和自身的实际情况选用适当的方法开展培训需求分析工作。

以下是培训需求分析方法简介，具体内容见表 3—5。

表 3—5　　培训需求分析方法简介

方法	主要内容	优点分析	缺点分析
面谈法	访谈者根据与受访人面对面的交谈，从受访人的表述中发现问题，进而判断出培训需求	1. 资料获取全面、真实 2. 了解问题核心，有效性较强 3. 控制非语言行为，获取自发性回答 4. 团体面谈较节省时间	1. 人力、物力、时间投入较多 2. 面谈样本量较小 3. 易造成受访对象不便 4. 可替代性较差
观察法	培训管理者通过较长时间的反复观察，或通过多种角度、多个层面或在有典型意义的具体时间进行细致观察，进而得出结论	1. 不妨碍观察对象正常工作和集体活动 2. 获取的资料能够反映实际需求，偏差较小	1. 观察者需对被观察者的工作内容和程序十分熟悉才能做好资料收集工作 2. 被观察者会做出假象，使过程结果产生误差
小组讨论法	培训管理者从培训对象中选出一部分有代表性且熟悉情况的员工作为代表，通过讨论的形式调查培训需求信息	1. 可在讨论现场集中表达不同观点 2. 可缩短决策时间，意见较快达成一致	1. 组织成本较高，财力、物力、时间花费较多 2. 公开场合某些人不愿表述，导致信息收集不全面
问卷调查法	培训管理者以标准化的问卷形式列出一组问题，要求调查对象就问题进行打分或者做出是非选择，然后再对问题进行分析	1. 费用较低 2. 可大规模开展 3. 信息比较齐全	1. 持续时间较长 2. 问卷回收率不高 3. 某些开放性问题不易得到回答

3. **培训需求分析程序**

培训需求分析的工作程序，主要包括培训需求分析工作准备、培训需求分析计划制定、培训需求分析工作实施、培训需求分析报告撰写 4 个阶段。培训需求分析每个阶段的具体内容如图 3—9 所示。

3. 3. 2　确定培训对象与群体

确定培训对象与群体，主要是指企业根据生产经营活动需要、员工工作培训需求或培训计划中的培训项目需求等，选择和确定应该接受培训的某些员工、某类岗位或某些单位组织

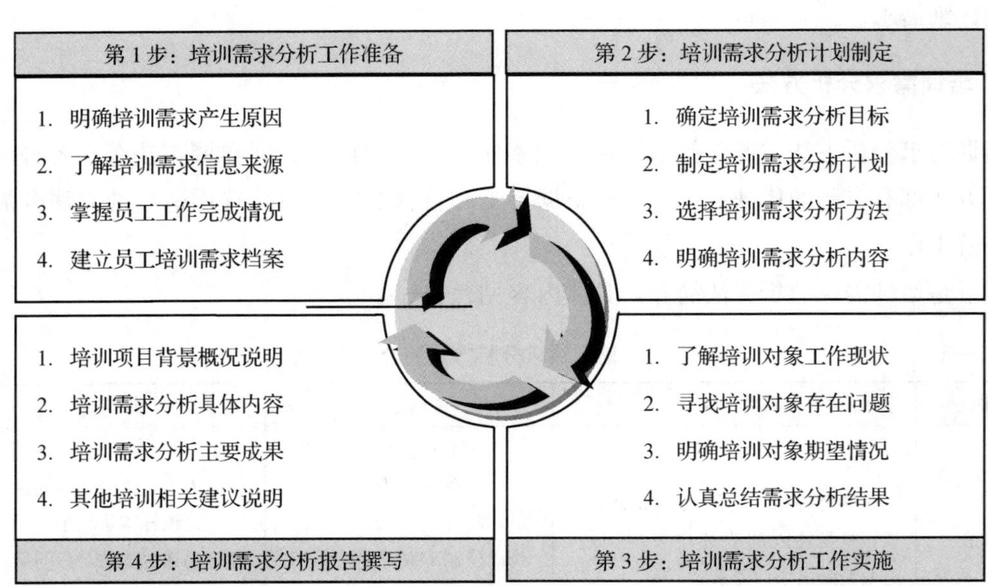

图 3—9　培训需求分析程序

的一项活动。

1. 确定培训对象与群体应考虑的因素

企业在确定培训对象与群体时，应从组织需要和员工需要两个方面来进行。确定培训对象与群体应考虑的因素，其具体内容如图 3—10 所示。

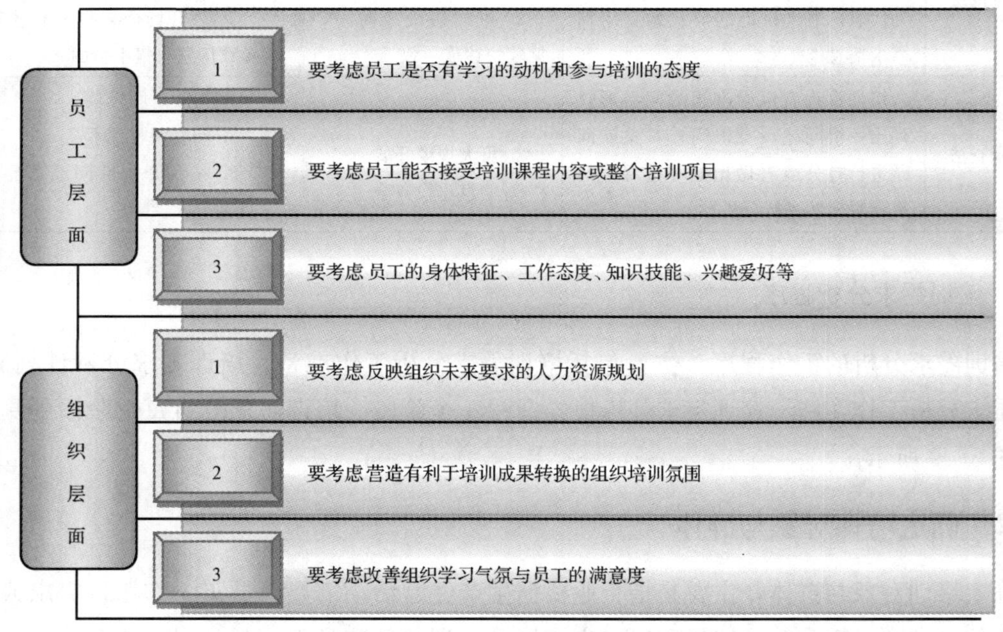

图 3—10　确定培训对象与群体应考虑的因素

2. 确定培训对象与群体的基本原则

企业在确定培训对象与群体时，应遵循“当其需、当其时、当其位、当其愿”的基本原则进行。确定培训对象与群体的基本原则，其具体内容如图 3—11 所示。

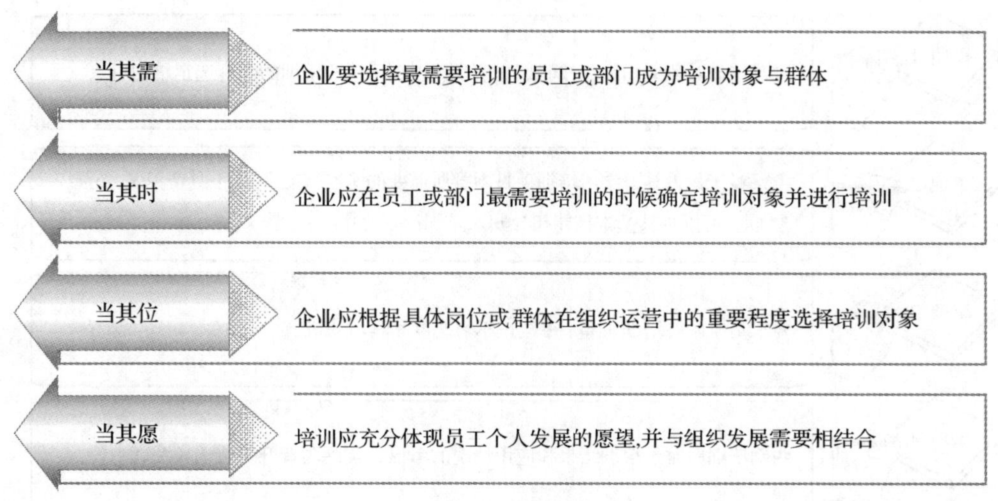

图 3—11　确定培训对象与群体的基本原则

3. 确定培训对象与群体的方法

企业确定培训对象与群体的方法主要包括以下 3 种类型，具体内容如图 3—12 所示。

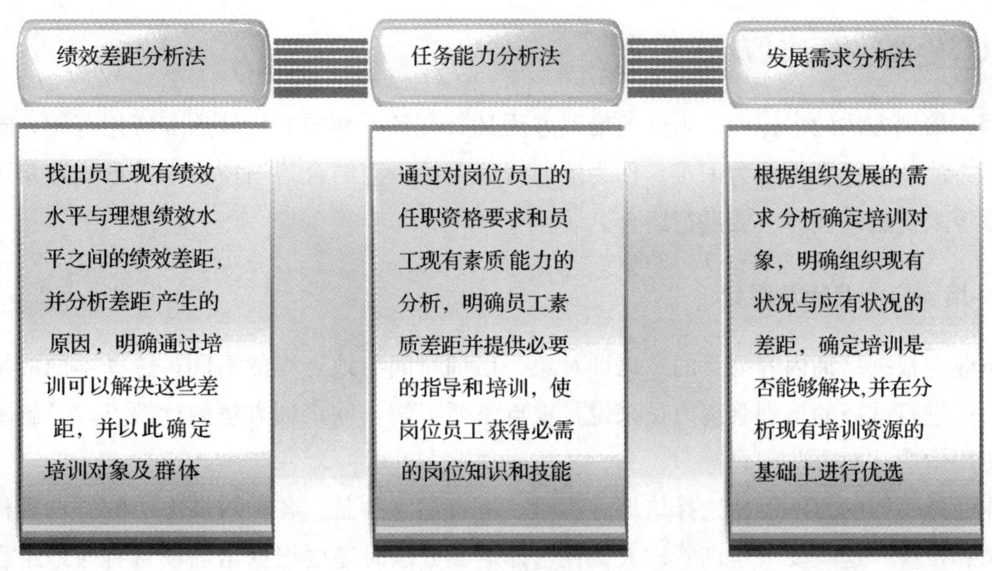

图 3—12　企业确定培训对象与群体的方法

4. **确定培训对象与群体的注意事项**

企业确定培训对象与群体的注意事项，主要包括以下几个方面的内容，具体如图 3—13 所示。

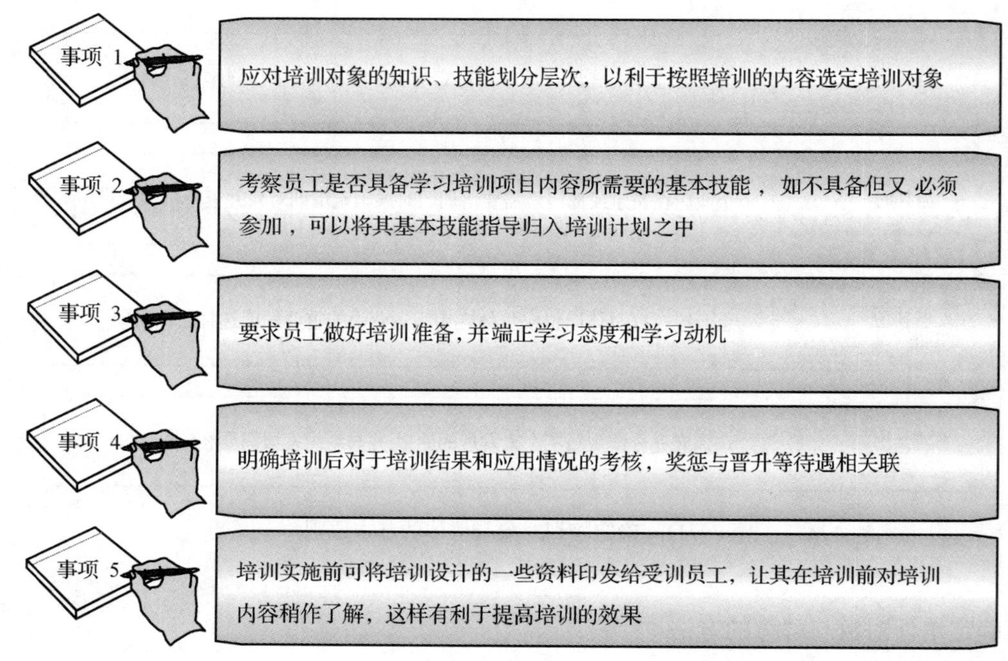

图 3—13　企业确定培训对象与群体的注意事项

3.3.3　优选培训方法及组合

因为培训方法的多样性，不同的培训方法又具有各不相同的优缺点和应用范围，这就使得培训方法的选择变得较为困难。作为培训管理人员，应结合培训项目本身形式和培训方法的特点等来优选培训方法或进行组合。

1. **培训方法选择及组合**

企业应根据培训内容与目的、培训对象、培训时间与地点等的不同，选择不同的培训方法。对于进行选择的培训管理人员来说，重点是要了解不同培训方法的优缺点，了解不同方法在应用中应注意哪些问题等。

在通过不同的方法对比选择培训方法时，应该注意的是，各种培训方法的培训目标之间有交叉和重叠。这就要求培训管理人员在选择培训方法时还要根据培训项目有效地组合几种培训方法。

（1）根据培训目标优选培训方法及组合

根据培训目标优选培训方法及组合，其具体内容见表 3—6。

表 3—6　　根据培训目标优选培训方法及组合

培训目标	培训方法选择及组合
事实和概念培训	讲义、项目指导、讲座、研讨、参观
解决问题的能力培训	案例、文件筐、课题研究、商务游戏
创造能力培训	头脑风暴、形象训练
综合能力培训	自学、案例研究、事件处理、模拟、角色扮演
操作性技能培训	行为示范、在职培训、师徒制、实习、岗位轮换、特别指导、个别指导
态度、价值观、个性培训	行为示范、角色扮演、行为学习、拓展训练

（2）根据职位层次及培训内容优选培训方法及组合

以下是根据职位层次以及培训内容优选培训方法及组合，其具体内容见表 3—7。

表 3—7　　根据职位层次及培训内容优选培训方法及组合

划分标准		具体说明	适用培训方法
职位层次	基层员工	负责一线的具体工作，其工作性质要求培训内容应明确、具体且实用性强	角色扮演法、“师带徒”方法、行为模仿法等
	基层管理者	负责一线的管理工作，其工作性质要求培训内容应侧重于如何与基层员工和高层管理者进行有效沟通	讲授法、案例分析法等
	高层管理者	负责组织的计划、控制、决策和领导工作，其工作性质要求培训内容应侧重于接受新观念和新理念、制定战略和应对环境变化等	讲授法、研讨法和户外训练法等
培训内容	知识培训	针对某一系统性的理论知识或专题进行的培训	讲授法、小组讨论法、辩论、自由发言、视听法、观摩等
	技能培训	以使学员掌握技能为目的的培训	身体语言、角色扮演法、反复练习
	态度培训	针对行为调整和心理训练进行的培训	调查问卷、户外训练、角色扮演法、研讨法、行为模仿法等

2. 优选培训方法及组合的注意事项

培训方法能否得到优选和组合至关重要，培训方法的运用直接关系到培训项目能否取得良好的培训效果。所以，培训管理人员在优选培训方法及组合时，应全面考虑涉及培训与培训方法的方方面面。

以下是优选培训方法及组合的注意事项，其具体内容如图 3—14 所示。

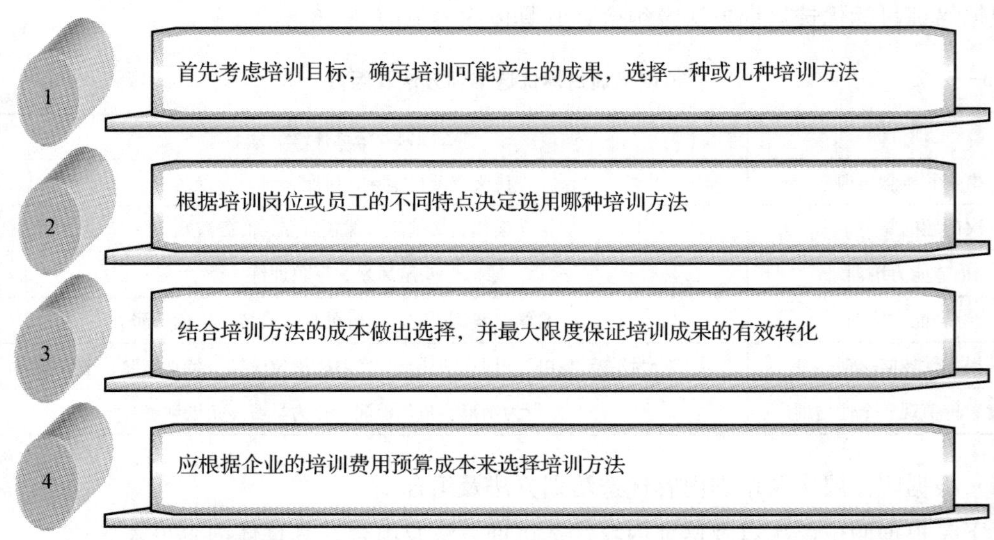

图 3—14　优选培训方法及组合的注意事项

3.3.4　建立有效的培训成果转化机制

分析和研究企业培训成果转化机制对企业的发展具有重要的战略意义。企业的任何培训若要实现其成果的转化，都应建立起有效的培训成果转化机制，并应得到企业管理多个方面的支持。

1. 培训成果转化机制建立的承接工作

培训成果转化机制建立的承接工作，即培训效果评估。目前，大多数企业并没有建立完善的培训效果评估体系，企业培训无法保证有限的培训投入能够产出理想的培训效果。培训的效果难以评估，具体表现在以下几个方面，其内容如图 3—15 所示。

2. 建立培训成果转化机制的前提

企业若要建立一个完善、有效的培训成果转化机制，需要完成以下几项工作，即完善培训管理系统、明确培训战略导向、确立培训制度保证。企业只有完成了建立培训成果转化机制的前提工作，才能最大限度地实现培训目标。

(1) 完善培训管理系统

企业要改变培训成果转化率低的状况，首先应完善自己的培训管理系统。其具体表现为以下几个方面，具体如图 3—16 所示。

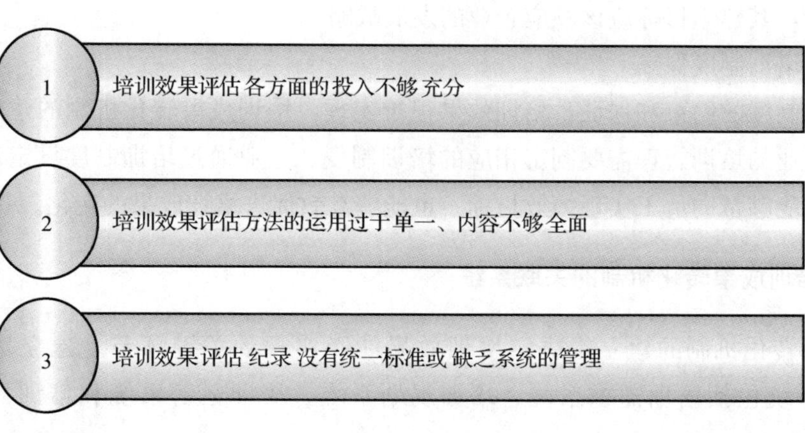

图 3—15 培训效果难以评估的具体表现

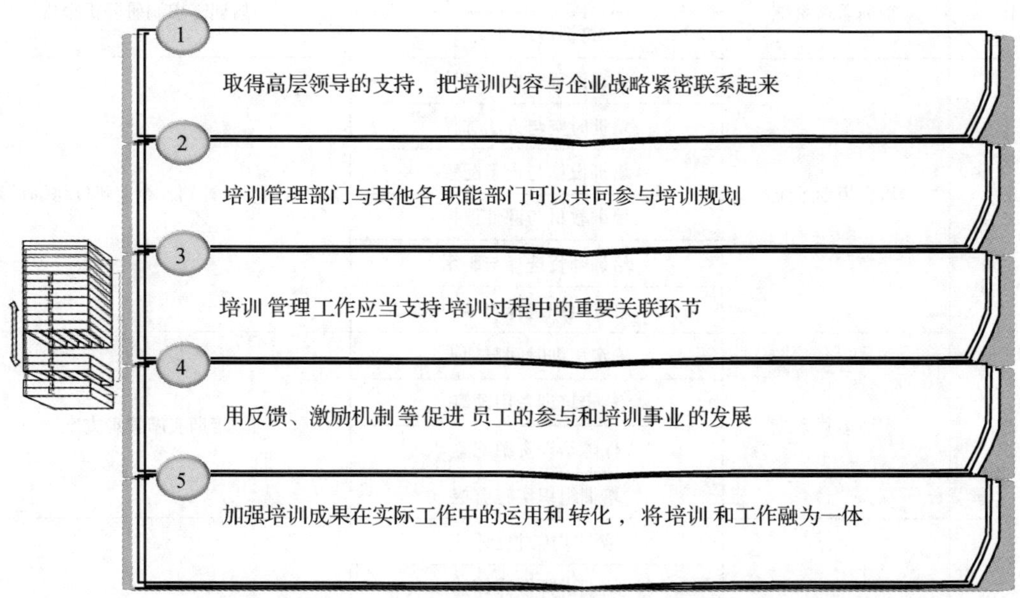

图 3—16 完善培训管理系统的表现

(2) 明确培训战略导向

培训工作应围绕企业的发展目标和战略进行，让员工能够充分明白其在培训中所学知识和技能与企业经营发展之间存在的联系，并通过目标激励促使员工在日常工作中充分运用新知识和新技能，以促进培训战略目标的实现。

明确培训战略导向，应与建立培训成果转化机制的目标相对应，这也要求在建立培训成

果转化机制时，其建立目标应该顺应企业的发展战略。

（3）确立培训制度保证

没有培训制度的约束和保证，培训效果很难实现，培训成果转化机制的建成也会十分困难。因此，企业的培训管理需要制定相应的培训制度。企业通过培训制度设定新技能、新方法的培训项目能够帮助员工实现绩效目标，也能够有效促进培训成果的转化。

3. 建立培训成果转化机制的关联系统

培训成果转化机制的建立是决定培训效果能否实现的关键环节。建立培训成果转化机制的关联系统包括培训需求系统、培训规划系统、培训运营系统和培训评估系统 4 个方面。

建立培训成果转化机制的关联系统，其具体内容见表 3—8。

表 3—8　　建立培训成果转化机制的关联系统

序号	关联系统	关键环节	系统成果
1	培训需求系统	培训需求动议	培训需求调研分析报告
		培训需求确认	
2	培训规划系统	培训课程开发与设计	培训项目计划、企业年度培训计划
		培训时空与方法选择	
		培训设施与设备配置	
		培训教材与课件选择	
		培训师资选择与聘用	
		培训组织选择与维护	
3	培训运营系统	确定培训时间与地点	培训实施管理方案
		核定培训费用预算	
		保障培训资源配置	
		培训组织实施监控	
4	培训评估系统	培训实施过程评估	培训评估反馈报告
		培训讲师授课评估	
		培训组织管理评估	
		培训结果调查反馈	

4. 不同类别培训成果转化办法

以下是不同类别的培训成果转化办法，这样可以有效地将培训成果顺利转化成企业高效的生产力。其具体内容见表 3—9。

表 3—9　　不同类别培训成果转化办法

序号	培训类型	具体转化办法
1	技能类培训	对技能类培训，可以通过建立基于员工个人能力的提升、改善计划进行培训成果的转化。员工可以将个人能力与培训内容进行比较，并评价个人的专业技能，制定个人能力改善计划
2	管理类培训	对管理类培训，可以通过提出合理化建议和小组讨论的方式进行培训成果转化，并形成可操作的具体转化方案
3	质量成本类培训	对质量或成本类培训，可以结合员工工作中的实际问题，制定提高质量、降低成本的方案，并设定质量提升或成本下降的具体指标，从而达到培训成果转化的目的
4	团队建设类培训	对团队建设类培训，可以通过优秀团队评比的方式进行培训成果转化，在评选过程中既要关注团队绩效的水平，也要关注团队绩效的提升幅度

第 4 章

培训效果评估及转化遵循的程序

无论是培训效果评估工作，还是培训效果转化工作，二者都应按照标准化的程序进行组织和实施。同时，企业在进行培训效果评估及转化过程中，应该全面考虑和权衡每个步骤的执行内容，以使培训效果评估及转化工作能够顺利完成。

4.1 培训效果评估的程序

培训效果评估应当按照一定的程序实施。培训效果评估，一般可以分为编制培训评估计划、收集整理分析数据、培训成本收益分析、撰写培训评估报告、反馈培训评估结果、培训评估结果存档 6 个阶段。

4.1.1 编制培训评估计划

培训评估计划的编制，是在充分考虑各种可行因素的基础上设计恰当的培训评估执行方案。培训评估计划主要包括界定评估目的、成立评估小组、选择评估对象、建立评估数据库、选定评估形式、确定评估方法、设计评估方案及测试工具等内容。

培训评估计划编制的具体内容见表 4—1。

表 4—1　培训评估计划编制的具体内容

序号	项目	具体内容
1	界定评估目的	在培训项目实施之前，培训管理人员就应该把培训评估的目的明确下来。培训评估目的的界定主要包括：培训评估的实施有助于对培训项目的前景做出判断，对培训系统的某些部分进行修订，或是对培训项目进行整体修改，使培训项目的实施更加符合企业的需求
2	成立评估小组	企业应在执行培训评估之前组建培训评估小组，小组人员主要包括外部培训专家、企业内部培训管理人员。成立培训评估小组，必须明确小组成员的管理职责和评估标准
3	选择评估对象	评估对象即培训评估针对的内容，其主要包括以下几个方面： 1. 培训课程。应着重对培训课程需求定位、培训课程设计、培训课程应用效果等方面进行评估 2. 培训讲师。应着重对培训讲师的教学方法、教学质量、综合能力等方面进行评估 3. 培训方式。应着重对培训课程组织、培训教材、培训课程设计、培训应用效果等方面进行评估 4. 外请培训。应着重对培训课程设计、培训成本核算、培训应用效果等方面进行评估

续表

序号	项目	具体内容
3	选择评估对象	5. 问题性培训。应着重对培训后企业内出现的工作问题或有关投诉的问题进行评估
4	建立评估数据库	在进行培训评估之前，评估小组应将培训前后的数据信息收集齐备，这些数据主要分为两类，即硬性数据和软性数据 1. 硬性数据。是对改进情况的主要衡量标准，并以比例的形式出现，是易于收集的事实数据，如产出、质量、成本和时间等 2. 软性数据。不能以货币形式直接进行衡量的数据，主要包括工作习惯、氛围、新技能、发展、满意度和主动性等
5	选定评估形式	培训评估的形式主要是以评估的实际需要以及评估形式所具有的特点为依据进行选择。常用的培训评估形式主要包括柯式四级评估、菲力普斯五级投资回报评估、CIPP 评估等
6	确定评估方法	企业较为常用的培训评估方法主要包括观察评估法、问卷调查法、集体讨论法、成本收益分析法等
7	设计评估方案及测试工具	培训评估方案和测试工具与培训项目、培训对象的匹配程度直接决定了培训评估的质量。常用的培训评估工具主要包括反应评估调查问卷、五级数据收集计划表、投资回报率数据分析计划表、学员培训结果评估表、培训成本分析表、培训收益分析表等

编制培训评估计划时，最好能够有培训项目的实施人员、培训管理人员、培训评估人员和培训评估应用人员等共同参与。如果可能的话，最好能够邀请外部培训顾问参与培训评估工作，这样可以确保培训评估计划的科学性和可行性。

4.1.2 收集整理分析数据

培训效果评估需要的信息来自于不同的渠道，信息形式也多种多样。因此，企业在培训评估之前有必要进行培训数据信息收集，对收集到的信息进行分类整理，并根据不同的评估内容进行分析，最终得出有效的结论。

1. 培训数据信息收集

(1) 培训数据信息收集的内容

培训数据信息收集的主要内容包括以下几个方面，具体如图 4—1 所示。

(2) 培训数据信息收集渠道及方法

培训数据信息收集的渠道及方法，其主要内容见表 4—2。

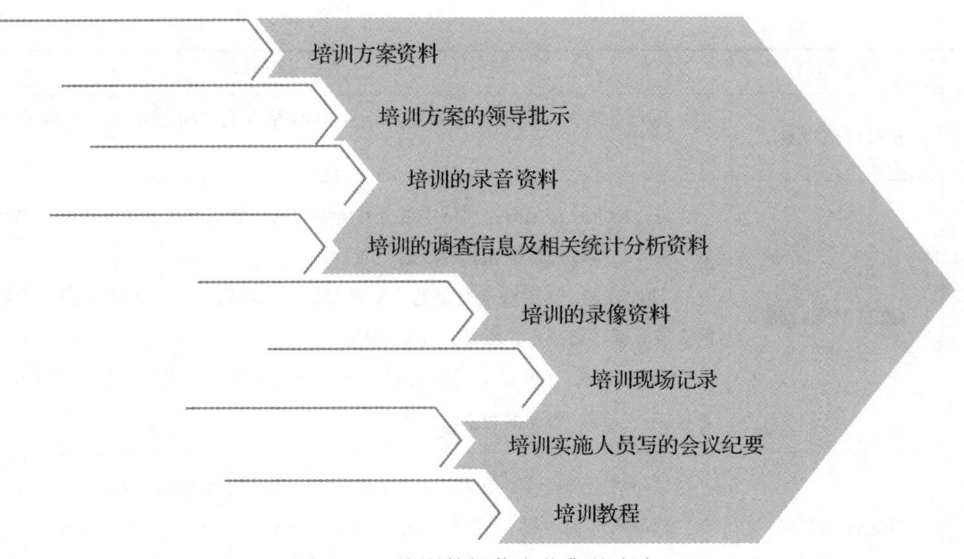

图 4—1　培训数据信息收集的内容

表 4—2　　培训数据信息收集渠道及方法

培训信息	培训信息收集渠道
培训需求评估效果信息	企业决策者、受训者、培训管理者
受训者知识、技能和工作态度效果评估信息	培训管理者、受训者、受训者的领导与下属
受训者参与培训情况效果评估信息	培训现场、受训者、培训实施者
培训内容和形式评估的信息	培训现场、受训者、培训实施者
培训效果效益综合信息	培训前、中、后有关信息，受训者领导与下属
培训环境和现代培训实施应用评估信息	培训现场、受训者、培训实施者
备注	常用收集培训数据信息的方法主要包括资料收集法、观察收集法、面谈收集法和调查问卷收集法等

2. 培训数据信息整理

在培训数据信息的整理过程中，培训管理人员应对培训评估调查信息和培训结果相关的数据进行有效分类、合并和规整，并剔除无效的数据信息。通常情况下，对培训数据信息进行整理后，可将这些数据进行存档管理。

3. 培训数据信息分析

对于培训数据信息的分析，首先可以制作一些表格对数据信息进行统计，并绘制直方图、分布曲线图等将数据信息趋势和分布状况形象地表现出来，以使培训效果数据的分析能够清晰明了。在培训数据信息分析完成后，应形成培训数据分析报告。

4.1.3　培训成本收益分析

培训成本收益分析，是指培训投资回报率（ROI）分析，即培训成本—收益分析。培训成本收益分析是指通过会计方法确定培训项目投资与收益情况的过程。以下是培训成本—收益分析的具体内容。

1. **培训成本分析**

通常情况下，培训成本主要包括以下几种类型，具体内容如图 4—2 所示。

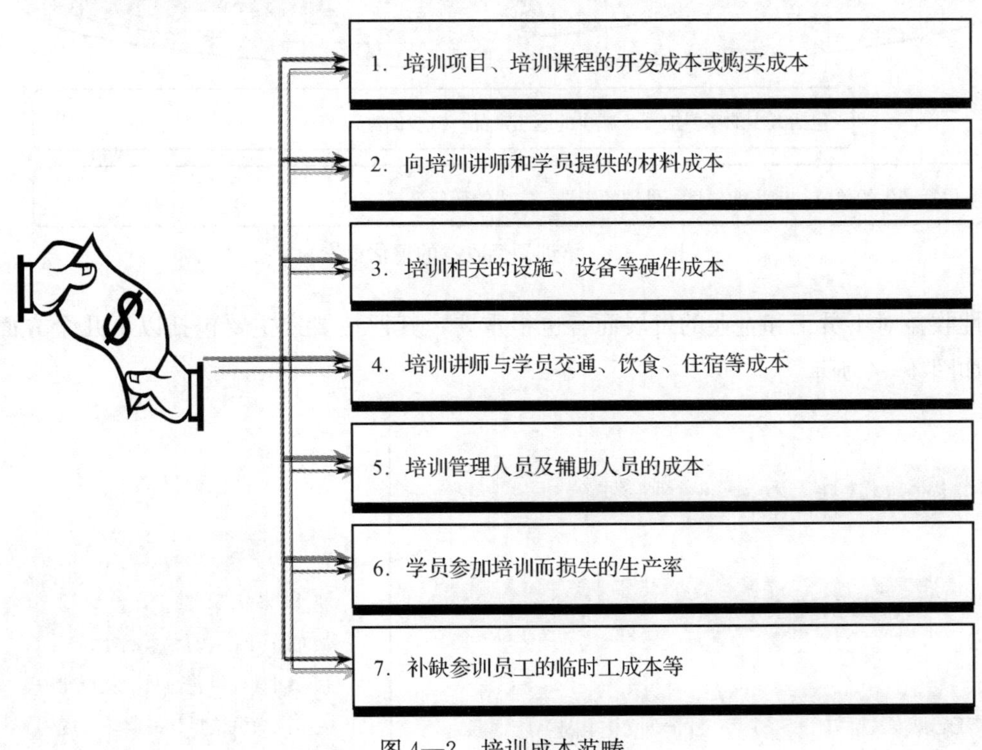

图 4—2　培训成本范畴

2. **培训收益分析**

培训收益可以分为硬性收益和软性收益两种类型。硬性收益，是指可以转换成货币价值表现形式的培训收益。软性收益，是指不能直接进行数据衡量，但可通过关联效果推断或间接衡量的培训收益。

（1）培训硬性收益的评估要素

为了计算培训的收益，需要对以下硬性收益的评估要素进行分析，具体内容如图 4—3 所示。

（2）培训软性收益的评估要素

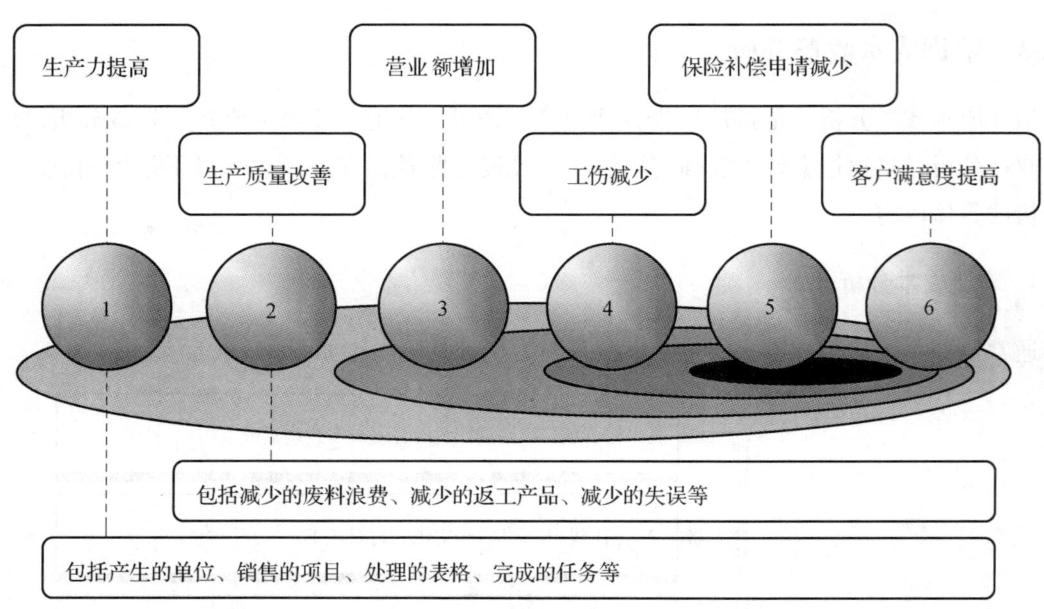

图 4—3　培训硬性收益的评估要素

软性收益对于员工和企业的发展而言也很重要，其评估要素主要包括以下几个方面，具体内容如图 4—4 所示。

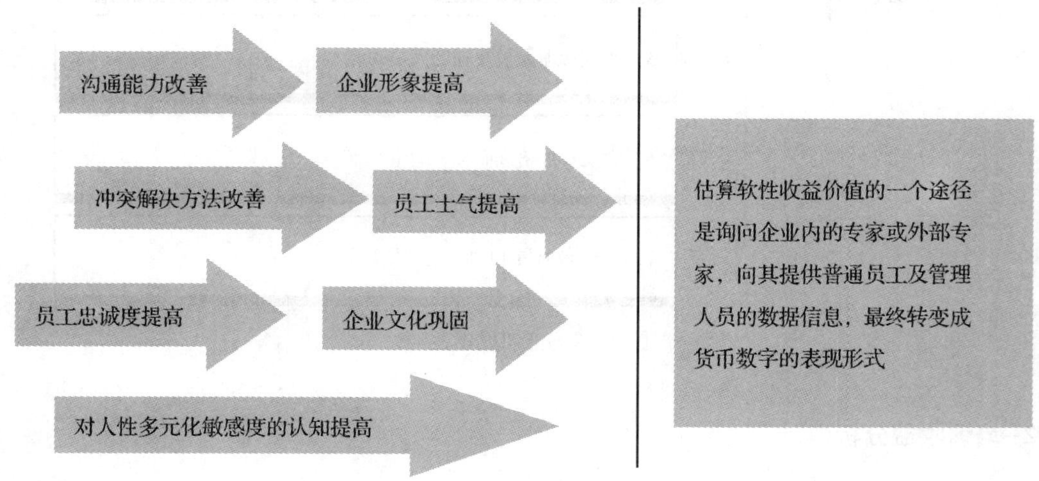

图 4—4　培训软性收益的评估要素

（3）确定培训收益的方法及公式

企业可以通过仔细衡量和评估培训的效果，并能够利用战略方式对企业培训的成果进行展示。以下是可以确定培训收益的几种方法以及培训收益的计算公式。其具体内容如图 4—5 所示。

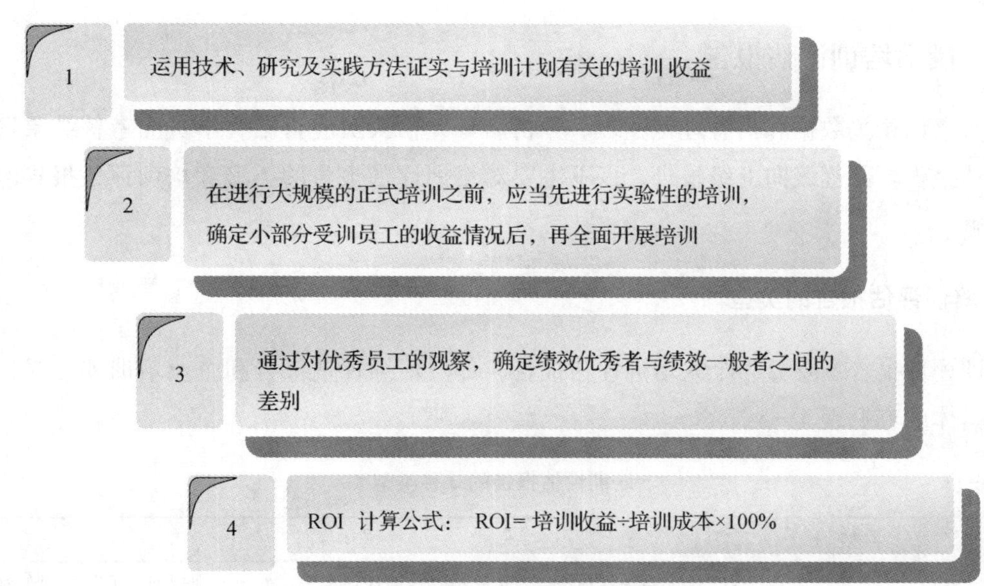

图 4—5　确定培训收益的方法及公式

3. 培训成本收益分析的注意事项

在一定意义上可将培训视为企业的一项重要投资活动，在进行培训效果评估时，可以借鉴培训成本收益分析方法。以下是在进行培训成本收益分析时应注意的几点事项，具体内容如图 4—6 所示。

图 4—6　培训成本收益分析的注意事项

4.1.4 撰写培训评估报告

在对培训相关数据和信息进行整理、分析后，评估人员应再结合学员的考核结果等撰写培训评估报告，并逐级向上级报告。以下主要对培训评估报告的类型和培训评估报告的内容进行讲解。

1. 培训评估报告的类型

培训评估报告主要分为个人培训评估报告、部门培训评估报告和企业培训评估报告 3 种类型，具体内容见表 4—3。

表 4—3 培训评估报告的 3 种类型

序号	类型	具体说明
1	个人培训评估报告	个人培训评估报告，也称员工培训评估报告，处于微观层面，但是不容忽视。员工是培训的实际参与者，通过员工个人总结，员工可以指出哪些培训是对自己的工作确有裨益的，哪些是无太大作用的。同时，可以说明通过参加培训对个人工作带来哪些影响，并提出相关的意见和建议
2	部门培训评估报告	部门培训评估报告处于中间层面。接受培训的部门最了解自己在工作中会产生哪些培训需求，通过培训又会带来哪些影响。因为部门是员工工作表现的第一观察者，最为了解培训结束后员工工作绩效的变化
3	企业培训评估报告	企业培训评估报告处于宏观层面，主要是从培训战略管理的角度来总结企业总体培训的评估结果，并通过培训总结和评价对企业未来的培训工作做出规划和调整

2. 培训评估报告的内容

培训评估报告的内容主要包括评估工作阐述、评估统计结果和评估结论建议 3 个方面。其具体内容如下：

（1）评估工作阐述

评估工作阐述，主要是指在撰写培训评估报告之前，要对培训评估工作的组织和实施进行说明。评估工作阐述主要包括培训评估背景、培训评估人员、培训评估程序 3 个方面，其具体内容如图 4—7 所示。

（2）评估统计结果

培训评估结果的统计和整理依据培训项目组织方式的不同可以分为 3 种类型，即培训预算评估结果、委托方评估结果、培训管理评估结果。以下是对这 3 种类型的培训评估结果的详细介绍。

①培训预算评估结果

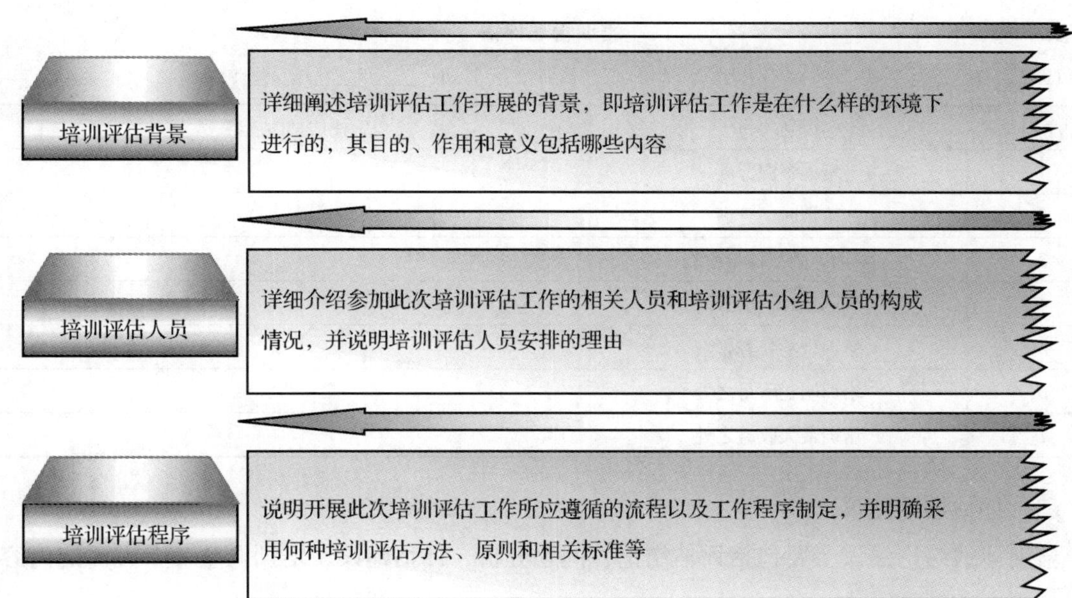

图 4—7　评估工作阐述的主要内容

培训预算评估结果，主要是对于培训费用的使用情况进行评估，详细列出每一笔培训费用的使用情况说明，并写出实际运用效果，总结培训预算评估结果。

②委托方评估结果

委托方评估结果，是指参加培训的学员、部门或者单位等对于培训组织和效果的总结和评价。其具体内容见表 4—4。

表 4—4　委托方培训评估

委托方培训评估（负责人：________）　　日期：____年____月____日

序号	评估项目	评估具体内容
1	培训课程评估	
2	培训管理评估	
3	培训讲师评估	
4	培训成果分析	
5	培训不足之处	
……		

③培训管理评估结果

培训管理评估结果，即对培训组织、实施管理工作的总结和评价。其具体内容见表 4—5。

表 4—5 培训管理评估

负责人：________ 日期：____年____月____日

序号	评估项目	评估具体内容
1	培训资源分配	
2	培训时间管理	
3	培训工具准备与检测	
4	培训对象调查与评估	
5	培训现场督查管理	
6	培训明显不足之处	
7	培训最大收益之处	

（3）评估结论建议

培训评估结论建议主要包括评估结论、问题分析、评估建议、培训调整 4 个方面的内容，具体如图 4—8 所示。

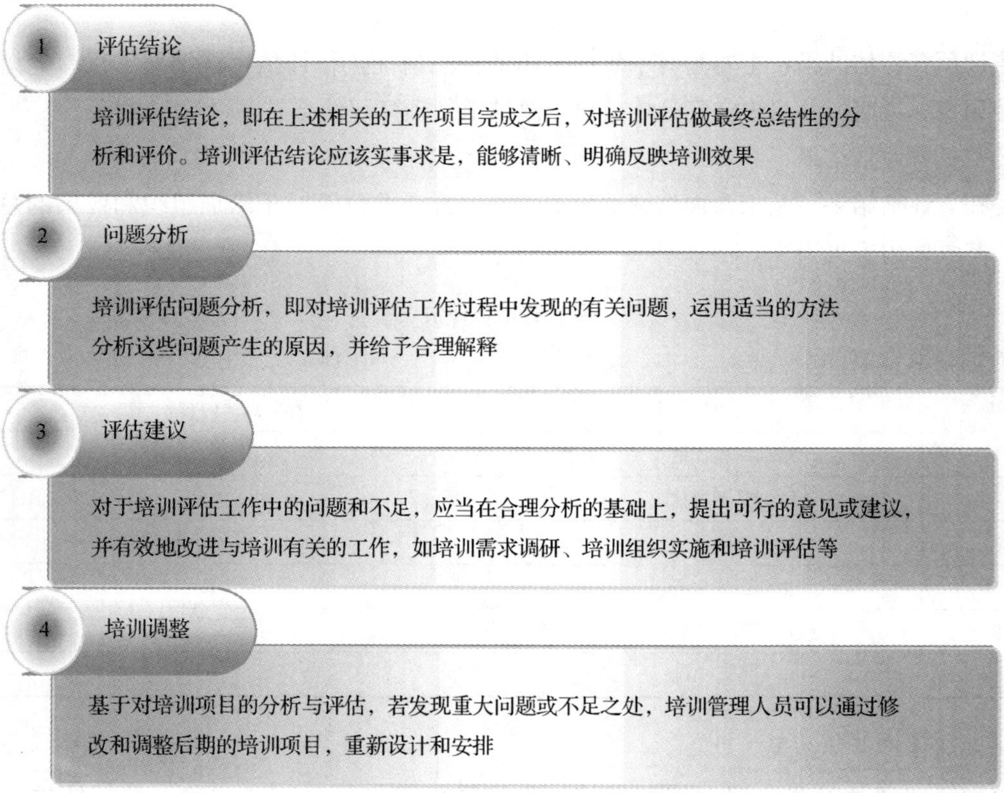

1 评估结论

培训评估结论，即在上述相关的工作项目完成之后，对培训评估做最终总结性的分析和评价。培训评估结论应该实事求是，能够清晰、明确反映培训效果

2 问题分析

培训评估问题分析，即对培训评估工作过程中发现的有关问题，运用适当的方法分析这些问题产生的原因，并给予合理解释

3 评估建议

对于培训评估工作中的问题和不足，应当在合理分析的基础上，提出可行的意见或建议，并有效地改进与培训有关的工作，如培训需求调研、培训组织实施和培训评估等

4 培训调整

基于对培训项目的分析与评估，若发现重大问题或不足之处，培训管理人员可以通过修改和调整后期的培训项目，重新设计和安排

图 4—8 培训评估结论建议的内容

4.1.5　反馈培训评估结果

在培训效果评估完成后，许多企业往往忽视对培训评估结果的反馈与沟通，从而降低了培训效果评估的效用。一般情况下，企业中最应得到培训评估结果反馈的人员主要包括以下几种，具体内容见表 4—6。

表 4—6　　培训评估结果反馈对象及说明

序号	反馈对象	具体说明
1	培训管理人员	培训管理人员是需要反馈的最重要人选。培训管理人员需要根据培训评估结果相关数据和信息对培训项目进行改进和完善
2	高层管理人员	高层管理人员是企业的决策人物，能够决定培训项目和培训事业的发展，培训效果评估基本目的之一就是为企业高层管理人员能够妥善地进行决策提供信息基础。常见的决策问题如下： 1. 这个培训项目有必要开展吗? 2. 这项培训投入的资金是不是太多了? 是否应该减少一点? 3. 任何培训工作的进展情况要及时向管理层汇报
3	受训员工	受训员工只能将自己培训后的业绩情况与其他人进行比较，其最应该了解个人的培训效果。培训评估结果对其进行反馈，可以帮助受训员工认识自己更多的不足，从而更加努力，有助于提升其工作效率
4	受训员工主管领导	受训员工主管领导是与受训员工发生工作关系最频繁的人员，除了向受训员工安排工作外，还要帮助其提升工作能力。所以，受训员工主管领导需要了解员工的培训评估结果

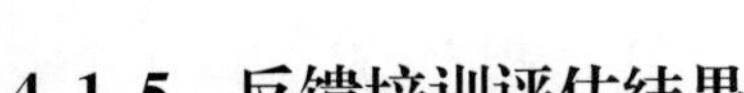

4.1.6　培训评估结果存档

将培训评估结果进行存档管理，是一项需要认真执行、严格管理的工作。培训评估结果存档，应当遵循以下原则，其具体内容如图 4—9 所示。

培训评估中的档案记录，对于企业培训管理工作而言十分重要。其重要性具体体现为以下 3 个方面，具体如图 4—10 所示。

时效性	在每次培训活动进行过程中和结束后，要及时做好培训工作的记录工作，如培训管理及评价、培训课程及评价、培训讲师及评价、培训学员及评价等
真实性	对涉及培训评估的相关数据、引用的图表、培训活动事件等都应该是真实的，虚假信息不但没有保存价值，还会对未来的培训工作起到误导的作用
条理性	培训评估档案不仅有个人的、部门的、企业的，还有月度的、季度的、年度的。培训评估记录应按照一定的标准进行分类和保存，做到条目清晰，便于查询
保密性	培训评估档案一般会涉及企业的商业机密，要求培训评估结果存档管理要具有一定的安全性和保密性，并加大档案的保管力度

图 4—9　培训评估结果存档管理原则

立卷归档

培训评估结果不仅仅是一些纸张，它还涉及许多表格、报告、文件等文本形式。这些文本都应归为正式文件，在培训评估结束后要作为重要的凭据进行立卷保存

便于查询

如果不对培训评估结果进行建档管理，许多相关表格、记录可能会杂乱无章，不便于查询，建档后，即可以按照档案类别或编号提示等进行查询

参考文献

培训评估结果的存档管理，相关档案可以作为企业培训评估或培训管理工作的参考文献，如培训评估方法选择、培训评估计划编制或培训管理工作组织实施等都可参考这些档案

图 4—10　培训评估结果存档管理的重要性

4.2　培训成果转化的步骤

培训成果转化工作应当遵循一定的流程和严格的标准来执行。培训成果转化，主要包括做好准备工作、深入调研咨询、确定工作计划、跟踪培训投入、创造转化条件、促成培训产出 6 个步骤。

4.2.1　做好准备工作

企业在进行培训成果转化活动之前，应首先做好准备工作。培训成果转化的准备工作，主要包括建立相关制度、改善工作环境、成立项目小组、召开动员大会等。

1. 建立相关制度

企业在开展培训成果转化工作之前或在日常的培训管理工作之中，应建立起完善、合理的培训成果转化的相关制度。培训成果转化的相关制度主要包括以下几个方面的内容，具体如图 4—11 所示。

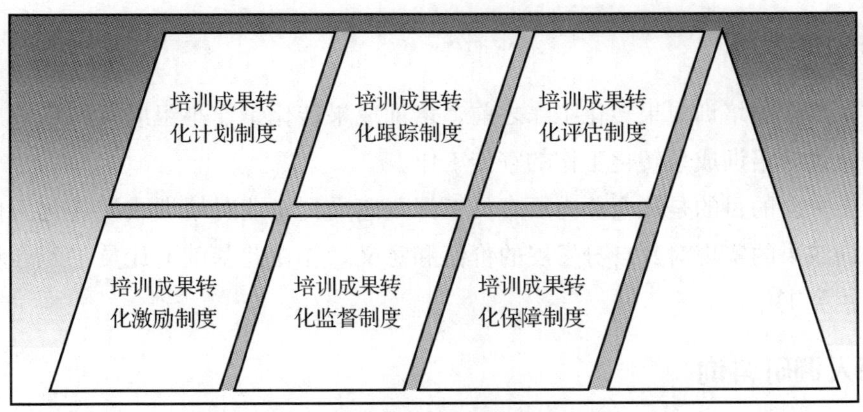

图 4—11　培训成果转化的相关制度

2. 改善工作环境

环境的复杂性对员工的态度和行为影响很大。因此，改善工作环境，营造良好的、积极向上的学习氛围，对培训成果转化具有十分重要的作用。

企业改善工作环境的途径主要包括以下几种，具体如图 4—12 所示。

3. 成立项目小组

企业在开展培训成果转化工作之前，应成立培训成果转化工作小组。工作小组成员主要

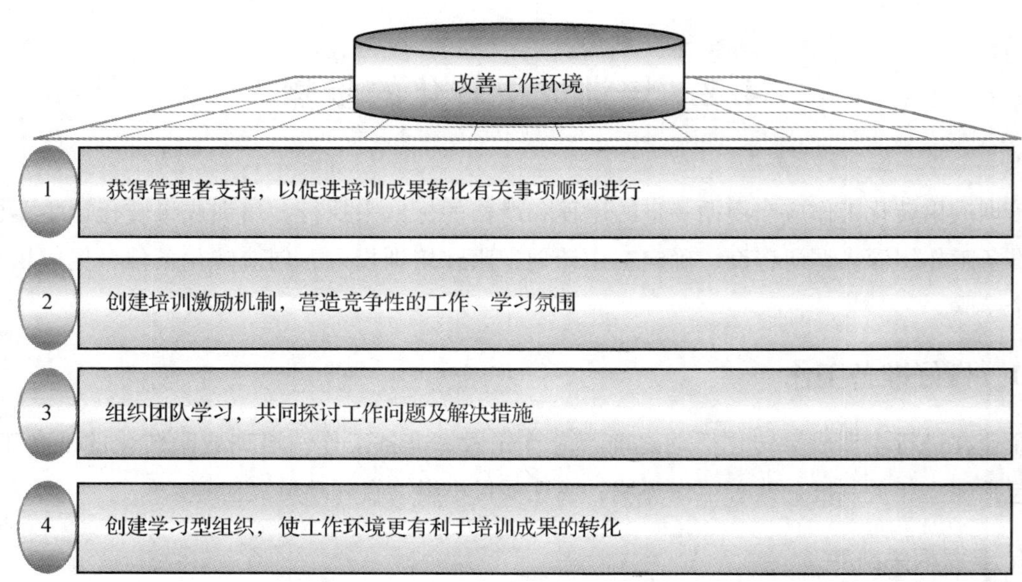

图 4—12　改善工作环境的途径

包括人力资源总监、培训部经理、培训主管、绩效主管、外部人力资源专家等。一般情况下，培训成果转化工作小组组长由人力资源总监担任。

4. 召开动员大会

企业在正式实施培训成果转化工作之前，培训成果转化工作小组应召开培训成果转化工作动员大会，做好培训成果转化工作的宣传工作。

召开动员大会的目的是让企业内所有员工深刻感受到企业对培训成果转化工作的高度重视，领会培训成果的实现对其自身发展的价值和意义，并在此基础上让员工配合和支持培训成果转化的相关工作。

4.2.2　深入调研咨询

培训成果转化工作的一个关键步骤，就是对企业培训效果评估结果、企业存在问题的根源及潜在隐患进行深入的调研和分析。

以下是培训成果转化深入调研咨询的主要程序，具体内容如图 4—13 所示。

4.2.3　确定工作计划

在正式开展培训成果转化工作之前，企业应当制定一份详细的工作计划书，明确培训成果转化的目的和目标，并对如何开展培训成果转化工作进行项目化列举，在其通过审批后开始执行培训成果转化工作计划。

以下是培训成果转化工作计划应当包含的内容，具体如图 4—14 所示。

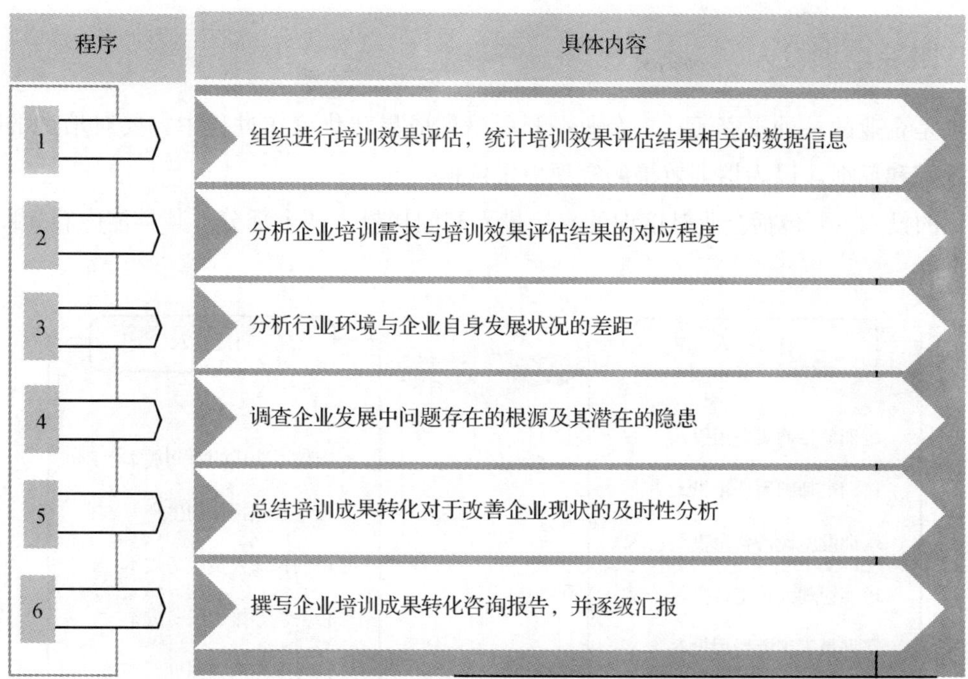

图 4—13 培训成果转化深入调研咨询的主要程序

图 4—14 培训成果转化工作计划的内容

4.2.4 跟踪培训投入

培训是企业的一种投资活动，企业在开展培训成果转化工作过程中，要对培训的投入进行有效跟踪和反馈，以为培训效果的实现提供依据。

培训的投入主要包括企业对培训的直接投入和间接投入两个部分，其具体内容如图 4—15 所示。

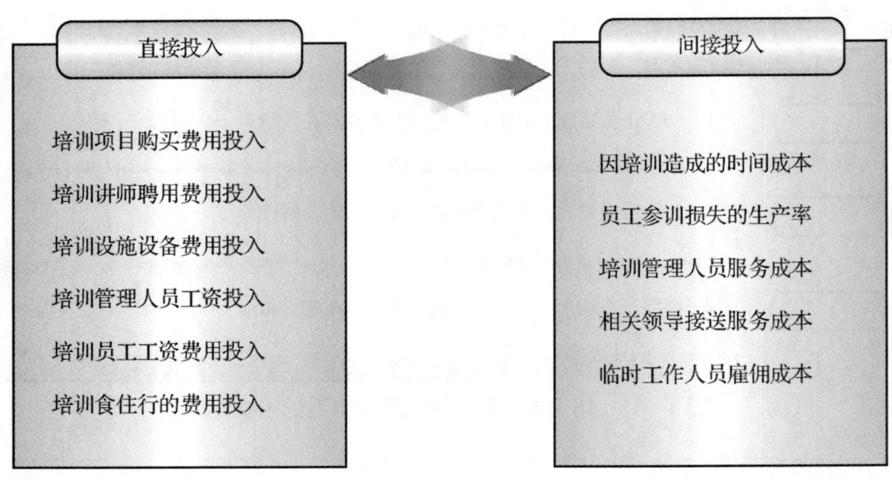

图 4—15　培训投入构成

根据培训投入的类型，在培训执行过程中有区别、有计划地对各种培训投入进行跟踪和监督，可以有效控制培训投入，使其保持在企业可以接受的范围之内。

4.2.5 创造转化条件

企业应创造多个条件以促成培训成果有效地转化。有利于培训成果转化的条件主要包括员工特征、工作环境、学习应用、管理支持、沟通支持、技术支持等。具体内容见表 4—7。

表 4—7　培训成果转化条件

序号	转化条件	具体说明
1	员工特征	1. 确保受训员工具有充分的自信 2. 让受训员工了解培训可以为个人发展带来收益 3. 使受训员工意识到自己的培训需求、职业发展兴趣以及个人目标 4. 保证受训员工具备基本的知识水平和技能水平
2	工作环境	1. 物理工作环境能够适应培训成果的转化 2. 工作氛围条件能够适应培训成果的转化
3	学习应用	企业应保证让受训员工在日常工作中广泛、有深度、经常性地使用在培训中所学的知识和技能，尤其是培训中的具有挑战性的内容，同时保证受训员工有实践的机会

续表

序号	转化条件	具体说明
4	管理支持	1. 向管理人员介绍培训项目的目的及其运营目标、运营战略 2. 鼓励受训员工将其在工作中遇到的难题带到培训活动中 3. 与管理人员共享收集到的信息 4. 安排受训员工与上级领导共同完成行动计划
5	沟通支持	1. 受训员工之间可以建立沟通反馈机制，加大培训成果转化的力度 2. 培训讲师在培训结束后，要以各种形式指导受训员工进行培训成果转化
6	技术支持	通常是指计算机应用系统，能够按照一定要求和相关标准提供技能培训、信息资料和专家建议，并能够支持培训成果的转化

4.2.6　促成培训产出

企业正常的培训，其产出应该高于其投入。企业对培训成果进行有效转化，即是促成培训的产出。通常情况下，能够促成培训产出的方式主要包括维持、运用、推广。其具体内容如图 4—16 所示。

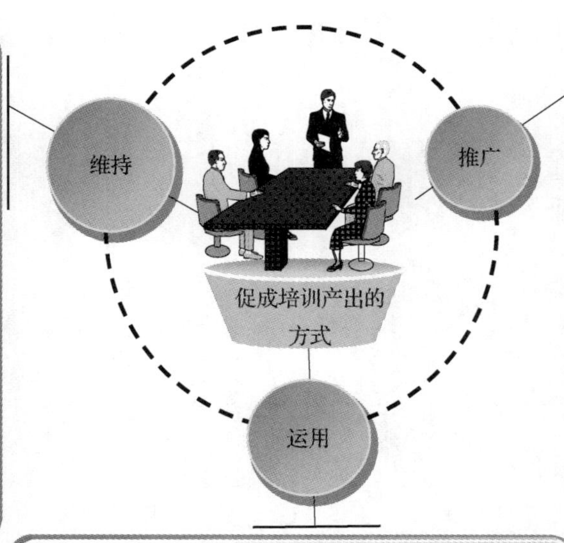

图 4—16　促成培训产出的方式

第 5 章

培训效果信息的收集

5.1 培训效果信息种类的划分

5.1.1 培训及时性

培训及时性是指培训的实施与需求在时间上是否相对应。培训的实施必须有前瞻性，不能需要时再培训，应当在岗位需要前就做好培训，以适应新工作的需要。

培训也不能太提前，这样有可能导致在工作需要时再进行补充培训或强化培训，否则，会因为受训人员忘记培训内容而失去或者削弱培训作用，使培训效果大打折扣。

生产一线人员培训时机选择有以下几种情况，如图 5—1 所示。

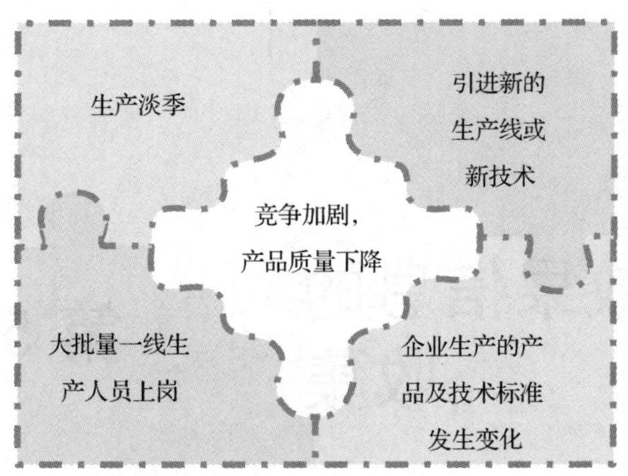

图 5—1 生产一线人员培训时机选择

5.1.2 培训目标设定

培训目标来源于对培训需求的分析，在设定培训目标时，要真正全面、细致地对培训需求进行研究。培训目标设定的相关信息是用来验证培训是否真正满足培训的有形及无形需求、长期及短期需求。

培训目标是企业希望员工在工作岗位上实现的最佳工作绩效目标，以及员工的自我满足。为了使培训达到预定的目标，就需要对培训目标做清楚的说明。对培训目标界定得越清晰、越精确、越详细，就越方便后期的活动执行。培训目标设定的主要内容如图 5—2 所示。

5.1.3 培训内容设置

培训内容设置是否合理是影响培训效果最重要的环节，内容设置合理才有可能达到培训的目的，否则只能事倍功半。

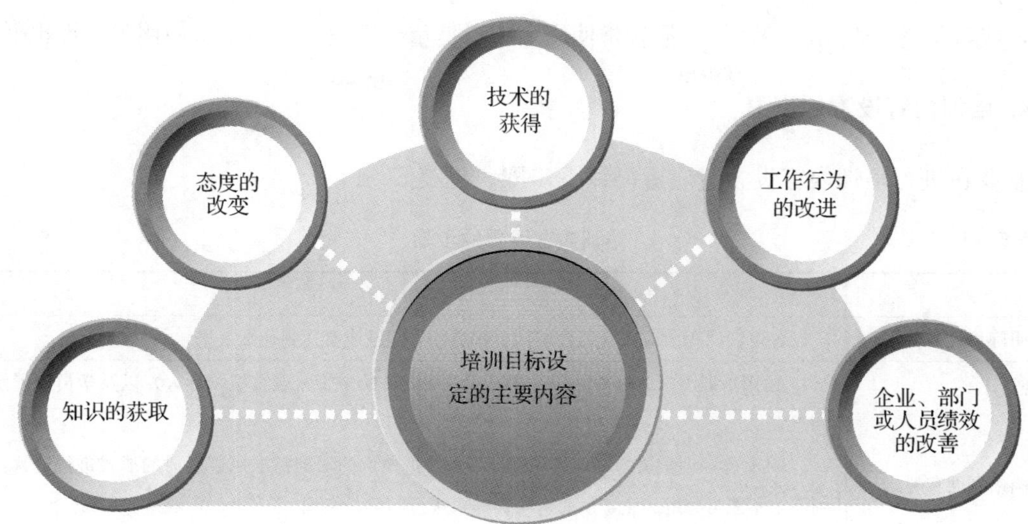

图 5—2　培训目标设定的主要内容

培训内容的设置过程是一个全员参与的过程，内容设置要求精炼、层次分明、通俗易懂，且能充分利用语音、动画等工具，做到图文并茂、生动有趣，培训内容设置的最终效果应以达到此目的为工作目标。

1. 培训内容设置的方法

（1）以学科内容为主设计培训内容。

（2）以学习者为培训内容设计依据。

（3）以社会资源作为培训内容设计依据。

2. 培训内容设置的原则

培训内容设置在知识、技能和态度方面应能满足以下原则：

（1）重要性。有些知识、技能和态度，虽然不是常用，但一旦用到时却是非懂不可的，如安全消防技能、知识的训练。

（2）常用性。即需要经常用到的知识、技能和态度，如做人的基本礼貌、礼节。

（3）阻碍性。有些知识、技能学了可能影响到日后的其他学习。有些知识、技能与态度是需要时间渐进培养的，过多过早地传授会造成揠苗助长。

3. 培训内容设置选择的标准

除了满足以上基本原则外，在进行培训内容选择时，还应满足以下标准：

（1）必须学习的。即该知识、技能和态度，具有高度重要性和常用性，但阻碍性很低。

（2）应该学习的。即该知识、技能或态度，有高度的重要性和常用性，但也具有较高的阻碍性，或者是重要性与阻碍性低，但较常使用，或者是重要性很高，但不常使用阻碍性也低。

4. 培训内容设置的步骤

企业在进行培训内容设置时应遵循以下步骤，见表 5—1。

表 5—1　　培训内容设置的步骤

步骤	实施内容
明确培训目标	设置培训课程前应明确通过培训要解决什么问题或要达到什么效果
明确培训课程要求	1. 运用培训需求调查方法，从领导者、培训对象主管（或直接领导人）以及学员处了解培训需求 2. 对所有培训学员的培训需求进行分析，把他们的培训需求用逻辑树的形式进行分解，直到需求不能再分解为止，从而对培训需求进行归类、整理 3. 将分解后的最终培训需求制成表格，分发给高层领导、培训对象主管以及培训对象本人，让其按重要程度给每一个项目打分，进而确定重点开发内容
设计培训内容大纲	1. 回收培训需求资料，统计各项分值。围绕分数最高的几项要求设计培训内容大纲，并收集详细资料 2. 按大纲制作培训教材、PPT 文件，整理课堂上可能用到的相关辅助资料
试讲、完善培训内容	设计好的培训内容要经过多次试讲并不断地修正和完善，才能最终形成正式的培训内容

5. 培训内容设置应考虑的影响因素

企业在设置培训内容时通常会有以下几个方面的影响因素，如图 5—3 所示。

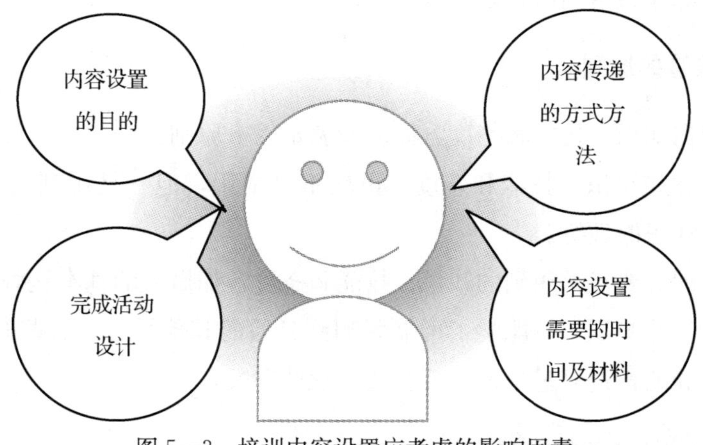

图 5—3　培训内容设置应考虑的影响因素

5.1.4　培训讲师选择

培训讲师选择方面的信息是指选择的讲师是否有能力做好这方面的培训工作，是否了解受训人员，是否有良好的教学水平，是否掌握受训人员能接受的教学方法，是否能让学员全部或者部分接受培训内容。因此，选择讲师时应把握好讲师选择的过程，一般从以下几个方面来控制：

1. 培训讲师的来源

培训讲师可以从外部聘请也可以从内部选拔。企业应根据实际情况选择合适的培训讲师，并确定内部讲师和外部讲师的合适比例，做到讲师内外搭配、相互学习、共同进步，以确保企业培训任务的顺利完成。

2. 培训讲师的选择标准

培训讲师选择的标准如图 5—4 所示。

图 5—4　培训讲师选择的标准

（1）丰富的实战经验。培训讲师必须具备足够的实战经验，方能全方位融合理论知识与管理实践，从而真正帮助学员解决实际问题。

（2）相关领域的持续研究。讲师必须持续关注相关领域的最新发展，并不断学习和研究，以确保所讲知识符合培训对象的需求。

（3）一流的授课效果。讲师必须深刻理解成人学习的特点，灵活运用多种培训方式，善于把握和控制课堂气氛，使培训效果最大化。

（4）独立的课程开发能力。讲师应具备独立的课程开发能力，能够根据组织的实际要求，开发并完善其培训课程，使所传授的知识和技能保持实用性和先进性。

（5）较强的授课能力。讲师应具备出色的表达和演绎能力以及良好的问题解答和辅导能力，能最大限度地吸引培训对象的注意力。

（6）良好的客户反馈。讲师曾经做过的培训项目，受训企业反映良好，包括课程实用性、授课风格、培训效果等，只有得到受训企业认可的培训讲师才能进入候选讲师名单。

3. 培训讲师的选择步骤

企业在选择讲师时应遵循以下步骤，如图 5—5 所示。

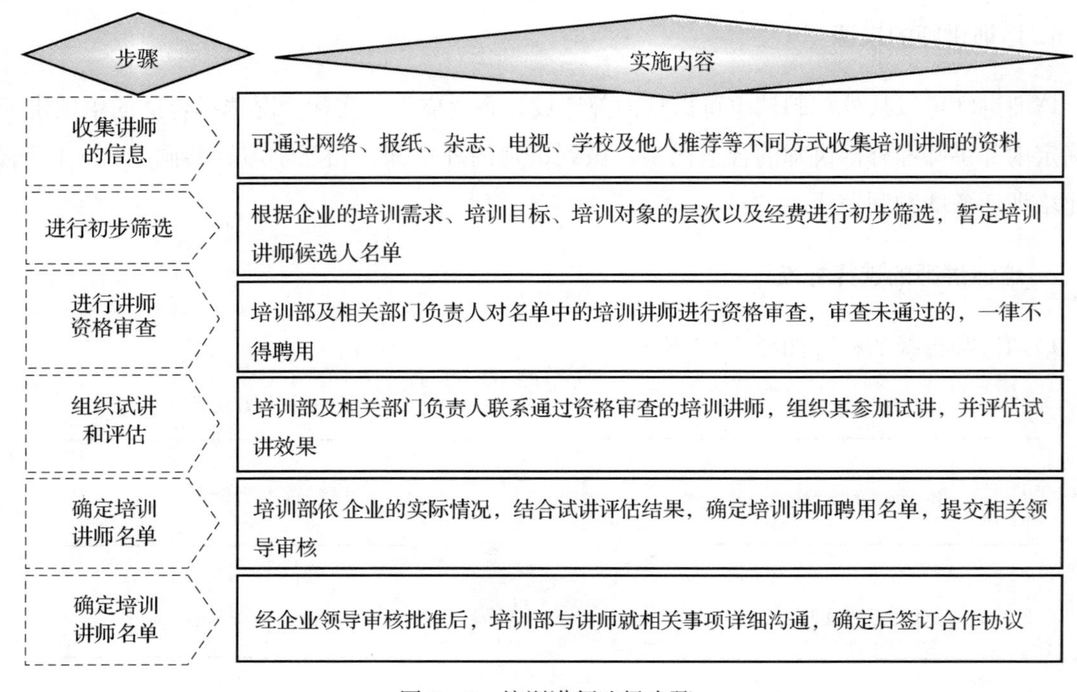

图 5—5　培训讲师选择步骤

5.1.5　培训形式方法

培训形式方法是指选择的培训形式和培训方法是否有助于学员接受培训内容，是不是最合适的方式方法。

1. 培训的形式

培训形式通常包括在岗培训、脱岗培训和自我发展三种形式，每种形式的具体内容及优缺点见表 5—2。

表 5—2　　培训的形式及优缺点

培训形式	具体做法	优点	缺点
在岗培训	通常包括主管或有经验者指导，担任职务的工作分派，部门间的工作轮岗，部门外的工作轮岗，关联企业的派遣轮岗，公司内的学习，自己部门的学习等	费用低、真实性，对不愿静态工作者有激励性	生产线上或者作业上往往以生产为重心，从而忽略培训；讲师未受过专门训练，可能会用错教学方法

续表

培训形式	具体做法	优点	缺点
脱岗培训	包括同行业学习，国内外科研单位、学校进修，厂商代训，政府或相关组织举办的学习，培训机构或公司举办的学习	学习效果容易改善，增加培训内容的广度和深度，信息量大	会耽误一定的生产作业或正常工作
自我发展	通常包括档案资料、书籍的阅读，参观、访问、考察，参加社会教育进修学习，其他	经济、灵活、方便，针对性强	可能会因为没有专业人士指导而对某些新知识理解不透

2. 培训方法

企业可选择的培训方法通常包括课堂讲授法、工作轮换法、研讨法、角色扮演法、案例研究法，培训方法及优缺点见表 5—3。

表 5—3　　培训方法及优缺点

培训方法	操作说明	优点	缺点
课堂讲授法	讲师通过语言表达，系统地向学员传授知识，期望这些学员能记住其中的重要观念与特定知识	使用方便，可以同时对许多人进行培训，经济高效；有利于学员系统地接受新知识；容易掌握和控制学习的进度；有利于加深理解难度大的内容	学习效果易受讲师授课的水平影响；主要是单向性的信息传递，缺乏讲师和学员间的必要交流和反馈，学过的知识不易巩固
工作轮换法	工作轮换法是一种在职培训的方法，指让学员在预定的时期内变换工作岗位，使其获得不同岗位的工作经验，一般主要用于新进员工	丰富学员的工作经历，识别学员的长处和短处，了解学员专长和兴趣爱好，更好地开发员工潜能；增进学员对各部门工作的了解，拓展员工的知识面，对学员以后完成跨部门、合作性的任务打下基础	学员在每个轮换的岗位上停留时间太短，所学知识不精；由于此方法鼓励“通才化”，适合于一般直线管理人员的培训，不适用于职能管理人员
研讨法	包括研讨会与小组讨论两种形式。研讨会多以专题演讲为主，中途或会后允许学员与演讲者进行交流沟通，培训的目的是为了提高能力，培养意识，交流信息，产生新知	强调学员积极参与，鼓励学员积极思考、主动提问、表达感受，有助于激发学习兴趣；讲师与学员间及学员之间的信息可以多向传递，知识和经验可以相互交流、启发，取长补短，有利于学员发现自己的不足，开阔思路，加深对知识的理解，促进能力的提高。对提高受训者的责任感或改变工作态度特别有效	运用时对培训讲师的要求较高；讨论课题选择的好坏将直接影响培训的效果，学员自身的水平也会影响培训的效果；不利于学员系统地掌握知识和技能

续表

培训方法	操作说明	优点	缺点
角色扮演法	在模拟的工作环境中，指定参加者扮演某种角色，借助角色的演练来理解角色的内容，模拟性地处理工作事务，从而提高处理各种问题的能力	学员参与性强，学员与讲师之间的互动交流充分，可以提高学员培训的积极性；特定的模拟环境和主题有利于增加培训的效果；通过扮演和观察其他学员的扮演行为，学习各种交流技能；通过模拟后的指导，可以及时认识自身存在的问题并进行改正	角色扮演法效果的好坏主要取决于讲师的水平；扮演中的问题分析限于个人，不具有普遍性；容易影响学员的态度，而不易影响其行为
案例研究法	指为参加培训的学员提供员工或组织如何处理棘手问题的书面描述，让学员分析和评价案例，提出解决问题的建议和方案的培训方法	学员参与性强，变学员被动接受为主动参与；将学员解决问题能力的提高融入到知识传授中，有利于使学员参与企业实际问题的解决；教学方式生动具体，直观易学；容易使学员养成积极参与和向他人学习的习惯	案例的准备需时较长，且对培训讲师和学员的要求都比较高；案例的来源往往不能满足培训的需要

培训讲师应根据不同的培训内容、不同的培训对象选择合适的培训方法，好的内容结合好的方法才能实现好的培训效果。

3. 培训形式方法的选择程序

（1）确定培训活动的领域

培训的目的与特性形成企业的培训目标，在具体实施培训活动时要划定培训的领域，并选择恰当的技巧和方法，确保在这些领域中有效地开展培训活动。

（2）分析培训方法的适用性

培训方法是对培训内容有效传递的手段和工具，它必须与培训内容、目的、学员情况等相适应。

（3）根据培训要求优选培训方法

每一种培训方法均有其长处和短处，有一定的适用领域，优选培训方法即选择最优的培训方法，也就是要选择最合适的培训方法。选择培训方法时应考虑以下因素，如图 5—6 所示。

5.1.6 培训时间选定

培训时间的选定包括两个方面的内容，即培训时机选择和具体培训时间确定。培训内容通常与培训的时机选择相一致，而培训的具体时间是指培训开展的具体日期，如上午或下午、几点几分等。这些信息的确定在一定程度上会影响学员及讲师的心情，决定着培训效果的好坏。

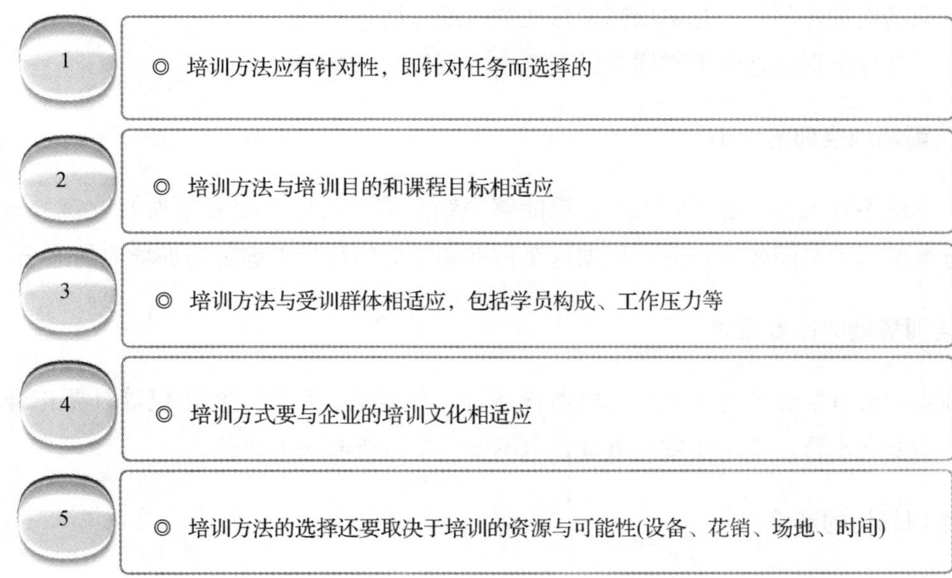

图 5—6 选择培训方法应考虑的因素

培训时间的选定是培训工作中的重要环节之一，培训时间选定的合适与否也会对培训效果产生一定程度的影响，进而会对企业的经营效益带来不同程度的影响。

培训时间的选定一般会安排在以下几种情况出现时，如图 5—7 所示。

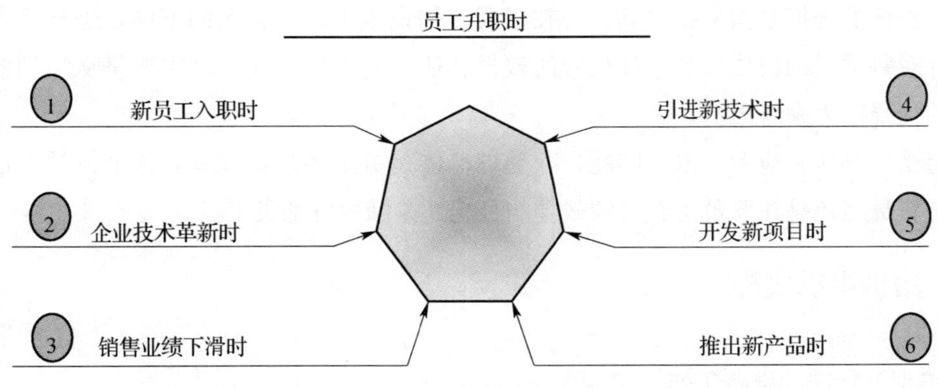

图 5—7 培训时间选定的几种情况

5.1.7 培训场地选定

培训场地要根据培训的具体内容来确定，不同的培训内容要选择不同的培训场地。原则上，理论或操作性不强的培训可以选择在教室进行，实际操作课程最好在操作现场或者能实施操作的地方进行。

在正式开始培训活动之前应先做好培训场地的选择。舒适的培训环境会令学员学习效果提升，培训场地选择的一个基本原则是保证学员授课期间不被干扰。

因此，选择培训场地时务必注意以下几个方面的问题：

1. 培训场地空间的大小

培训场地不宜太大，也不宜太小，应能够容纳全部学员，并配有相关的设施。一般以每人 4 平方米的活动空间较为合适，根据这个标准和学员的数量来确定培训场地的大小。

2. 培训场地的设备设施

培训场地要有配套的电子设备、电器设备等，如音响、话筒、投影仪等且要符合培训的要求。音响要大小合适，不要震耳欲聋，也不要让学员听起来太费劲。

3. 培训场地的环境

包括室内环境和周围环境，环境好坏也很容易影响学习效果，培训场地应该有充足的光照，太暗的培训场地容易让培训学员入睡，继而影响培训效果。因此，布置培训环境时应尽量采用明亮的颜色。培训场所的温度、噪声、通风、光线等条件也应该良好。

5.1.8 受训群体选择

受训群体的选择是指根据受训人员在素质、知识水平、经验上的不同，进行受训群体分类，并针对每类受训群体特点选择相应的教材和适宜的授课方式。这主要是从培训效果和受训人员的接受能力来考虑的。

确定受训群体时应考虑以下问题，即受训群体是员工还是管理者，是全体员工还是部分员工，是新员工还是在职员工，是绩效差的员工还是绩效好的员工。

5.1.9 培训组织实施

1. 培训开始前的准备工作

在培训各项基本条件具备以后，企业便可以着手组织实施培训工作。培训实施是培训工作中最为实质性的一个阶段。在培训工作开始实施前，应做好以下组织准备工作：

（1）确认并通知参加培训的学员

查看学员有无变化，包括学员的工作内容、工作经验与资历、工作愿望、工作绩效，公司的政策，主管人员的态度等。

（2）准备培训后勤工作

如交通工具、培训场地及培训相关配套设备、设施，座椅安排，服务、费用（场地费、餐饮费）等。

（3）确认培训时间

以与员工的工作状态相协调为最佳，培训时间长度以白天 8 小时、晚上 3 小时为宜，教学内容时间控制，方法运用。

（4）相关资料准备

包括课程资料编制，设备检查，活动资料准备，签到表印制等。

（5）确认理想的培训讲师

与事先确定的培训讲师联系，与其面谈，明确授课的目的、内容、公司的培训目标等。

2. 培训组织实施过程工作

培训组织实施过程中应做好以下几项工作：

（1）课前准备，包括准备饮用水，播放音乐，组织签到，引导入座，课程及讲师介绍，纪律宣布等。

（2）课中准备，包括培训主题介绍，讲师介绍，课程内容介绍，破冰活动，学员自我介绍等。

（3）培训设备器材维护调试，对培训的设备设施应懂得爱护，小心使用，轻拿轻放，及时除尘、清洁。

3. 知识技能传授过程

知识技能传授的方法很多，通常包括讲授法、播放视频法、组织讨论法，及提问解答法等。知识技能传授应注意以下内容：

（1）注意观察讲师表现和学员反映，及时与讲师沟通、协调。

（2）协助上课、休息时间的安排控制。

（3）做好上课记录、录音、摄影、录像等。

4. 对学习的总结、回顾

该阶段涉及培训内容的主题概括、总结，是非常关键的一个环节。通常，培训讲师应占用培训总时间的 5％来进行内容总结。

5. 授课结束时

授课结束后要及时向讲师致谢，发放调查问卷，检查和整理设备，颁发结业证书等。

5.1.10　培训后勤管理

培训后勤管理相关的信息是指与培训活动存在间接关系的信息，在培训过程中起到一定

的辅助作用。培训后勤管理工作做得好坏也在一定程度上影响着培训的效果。

因此，在培训工作中做好后勤管理工作也非常重要，通常需要准备的后勤管理工作包括以下几项：

1. 交通工具的准备

根据受训学员的规模及培训地点的距离远近选择合适的交通工具，以保证学员顺利安全及时地到达培训场地。

2. 培训场地的布置

培训场地要根据培训的性质、目的和方式进行场地布置，具体内容包括贴条幅、标语、口号、培训学员须知，饮用水摆放，各种装饰用品摆放，环境清扫，桌椅摆放，设备、设施调试等。

培训场地的桌椅或与培训有关的器材、道具摆放应保证整齐、整洁，室内光线适当，室温适度，桌椅摆放适合讲师授课，以保证给学员带来舒适、敞亮的感觉。

3. 设备安装调试

设备设施应准备齐全，安装、调试好，保证授课期间正常运行，确保培训顺利实施。各种道具、教具要提前准备好、验收好。

4. 其他工作

饮用水、洗手间、安全出口等应用明显的字体标明，以便于学员及时发现。

5.2 培训效果信息收集的渠道

5.2.1 生产计划部门

生产计划部门对培训组织实施的时机选择和培训目的的确定是最具有发言权的。因为该部门能够准确掌握生产信息，最了解培训需求，也最明确什么样的培训内容最合适，培训的深度和广度应该达到什么程度，并且培训过程占用了多少工时等。

因此，生产计划部门最有资格对培训组织部门提供培训内容方面和时机方面的意见或建议。从生产计划部门了解培训效果信息可通过观察法、访谈法和问卷调查法来获得。获取时间需要根据想要了解的信息内容具体确定。

5.2.2 企业管理部门

企业管理部门是了解受训人员受训效果的最直接途径和最公正的信息渠道。对受训人员综合素质的提高在工作中的反映，他们看得最明白，也最有发言权。

同时，企业管理部门也担负着一定的管理职务，在实际工作中也会面临着将培训所学向实际运用的转化，对受训知识、技能的适用情况也会产生一定的看法。

5.2.3 主管领导

主管领导是与受训员工接触最多的人员，对员工受训前后的表现变化最为了解，因此，也最能反映受训人员的受训效果如何。

主管领导通过对受训学员日常工作中表现的观察、记录，能够比较全面地了解受训学员在知识、技能、态度方面的改善及不足，为培训改善提供详细的、可靠的建议或方案。

5.2.4 受训人员

受训人员作为受训的主体是接受培训的主要对象，其对自身的受训效果如何最为了解，最明白自己受训前后在哪些方面发生了变化或有所提高，因此受训人员对受训效果是最具有发言权的主体。

通过自己受训前后的知识、技能和能力的掌握或改变，受训人员能够给企业培训管理人员提供更为全面、真实的培训效果建议信息，同时受训人员结合实际工作需要，能够对培训内容的广度和深度提供最有效的建议或信息反馈。

5.2.5 培训师

培训师是了解受训人员培训需求的关键人物。培训师在开展培训工作之前需要对培训目标、受训群体等进行全面、综合的评估、了解，并根据受训人员的不同学历背景、综合素质和工作经验等来确定授课方式方法，实施培训。

比如，如果受训人员的知识、能力水平参差不齐，就不能统一选择一种有针对性的教学方式和方法，否则将影响整体培训效果。这也是培训开展之前培训师对受训学员必须综合了解的根本原因所在。

5.2.6 外包培训机构

外包培训机构在正式开始培训之前及之后均需要对受训人员的综合情况进行了解。培训之前了解的目的在于根据受训学员的实际水平确定培训内容的深度和广度。培训后了解的目的在于结合受训学员对知识、技能的实际掌握情况来调整培训内容。

向外包培训机构索要培训效果信息的方法通常有以下几种：

1. 向外包机构索要培训评估方案。培训机构在开始培训前须提供科学、合理的培训评估方案，于培训结束后根据既定方案执行评估，以获取培训效果相关信息。

2. 向外包机构索要培训课件，培训课件是讲师向学员传递知识的课程软件，通过查看培训课件内容的齐全性、结构的逻辑性、知识点的深度与广度等方面了解培训课件内容。课件内容制作的完整程度直接影响着讲师向学员传递知识的精确程度。

3. 在培训结束后要求外包机构递交《专项培训效果自我评估报告》，对培训效果进行自查并提出改进意见。

5.3　培训效果信息收集的方法

5.3.1　数据资料收集法

1. 数据资料收集法的含义

数据资料收集法主要是指通过收集一些与培训效果相关的资料来获取培训效果信息的方法。

2. 数据资料收集法收集的内容

数据资料收集法通常需要收集的资料内容包括以下几项，如图 5—8 所示。

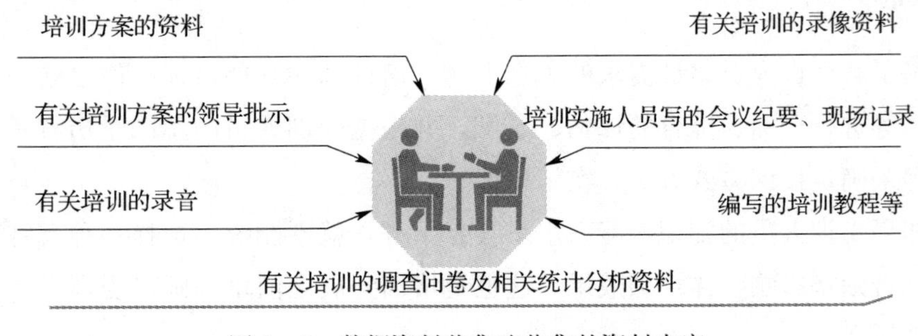

图 5—8　数据资料收集法收集的资料内容

3. 数据资料收集法的优缺点

数据资料收集法的优缺点主要表现在以下几个方面，如图 5—9 所示。

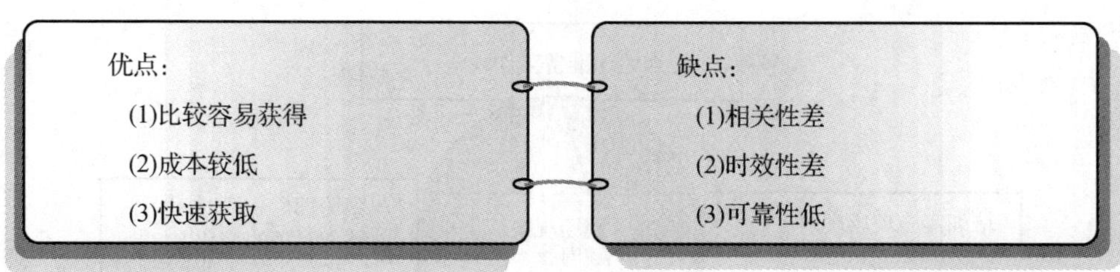

图 5—9　数据资料收集法的优缺点

4. 数据资料收集法的操作步骤

数据资料收集法在具体操作时，应遵循以下操作步骤，如图 5—10 所示。

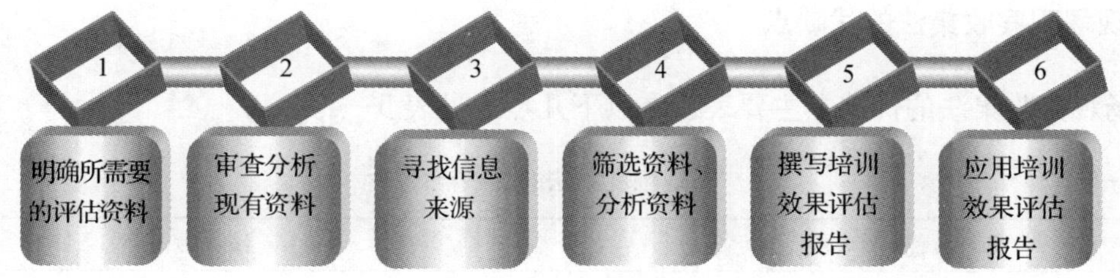

图 5—10　数据资料收集法的操作步骤

5. 培训效果信息数据资料收集表

编号	资料名称	收集时间	收集渠道	相关人员

5.3.2　现场观察收集法

1. 现场观察收集法的含义

现场观察收集法是指培训效果评估分析人员通过现场观察受训人员工作表现，来收集培训效果相关信息的方法。

2. 现场观察收集法的主要观察内容

现场观察收集法的主要观察内容包括以下几项，如图 5—11 所示。

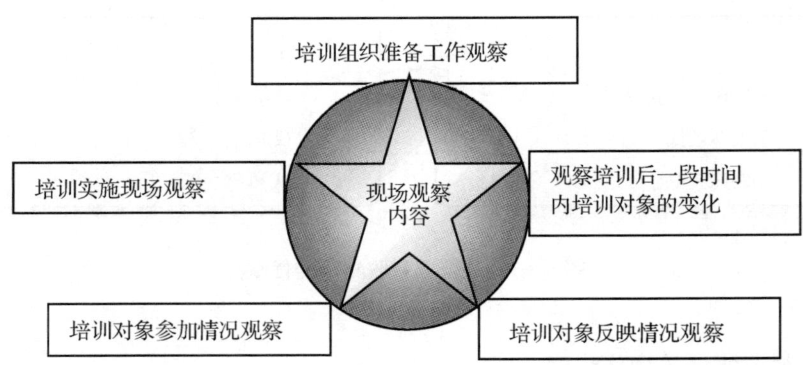

图 5—11　现场观察收集法的主要观察内容

3. 现场观察收集法的优缺点

现场观察收集法的优缺点主要表现在以下几点，见表 5—4。

表 5—4　现场观察法的优缺点

优点	缺点
1. 得到工作环境相关的资料将评估对工作的干扰降至最低 2. 工作分析人员能够比较全面和比较深入地了解工作要求 3. 观察具有直接性，能搜集到事后收集不到的信息 4. 观察是在自然状态下进行，所获资料能够全面、真实、客观地反映观察对象的实际情况 5. 观察能够比较客观地反映事情的本来面目，在一定程度上避免研究者本人的期望效应	1. 只能在观察到的环境中收集资料 2. 被观察者的行为可能因被观察而受到影响 3. 员工可能会因为受到监视，而从心理上对观察人员产生反感，进而可能造成动作变形 4. 观察法只能发现事物之间的表面联系或偶然联系，所获资料琐碎、不系统，无法真正揭示事物之间质的联系，无法推断事件之间的因果关系 5. 观察受被观察者活动空间和时间限制，比较被动，无法预测全面情况，不利于全面解释被观察者行为

4. 观察收集培训效果信息表

观察对象	培训前的观察	培训后的观察	备注
培训对象			
培训讲师			

续表

观察对象	培训前的观察	培训后的观察	备注
培训组织者			
培训环境及设施			
其他相关人员			

5.3.3　访问访谈收集法

1. 访问访谈收集法的含义

访问访谈收集法，是指通过对培训相关人员的访谈来获取培训效果相关信息的方法。

2. 访问访谈收集法的主要访问对象

访问访谈收集法的主要访问对象包括以下几类人员，如图5—12所示。

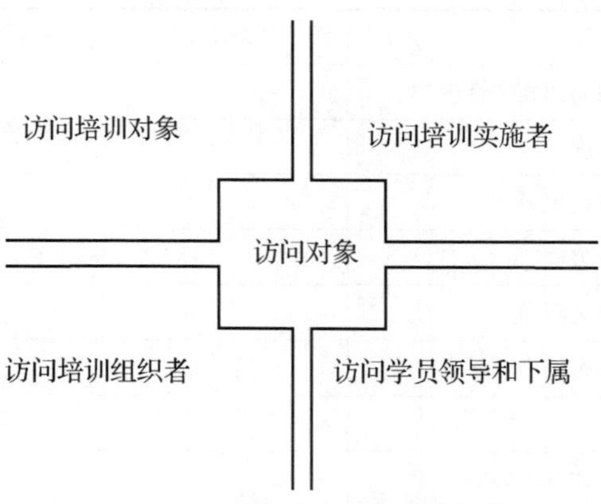

图5—12　访问访谈收集法的主要访问对象

3. 访问访谈收集法的优缺点

访问访谈收集法有其自身的优缺点，主要内容如图5—13所示。

优点

1. 有利于观察面谈对象的感受、问题的症结和解决方式
2. 可以当场追根究底，探索深层问题
3. 面谈后最后决定能够获得支持
4. 易于对数据资料进行归纳总结

缺点

1. 个别问题难以量化分析
2. 需要掌握熟练的谈话技巧
3. 可能出现面谈不充分的现象
4. 由于一些主客观的要求，可能会导致面谈对象不说出自己的真实想法，不敢反映本部门的真实情况，某些问题的面谈可能会流于形式

图 5—13　访问访谈收集法的优缺点

4. 访问访谈收集法的实施工具

访问访谈收集法可借助以下表单具体实施，如培训前决策者访问问题清单，培训后决策者访问问题清单，培训前培训对象访问问题清单，培训后培训对象访问问题清单。具体内容如下：

（1）培训前决策者访问问题清单

问题内容	答案记录
1. 请问本次培训与企业目标和战略的相关性怎样	
2. 请问您对本次培训持怎样的态度	
3. 请问您对本次培训给予的支持资源怎样	
4. 请问您对本次培训的效果预测怎样	
5. 请问通过本次培训您想解决什么问题	
6. 请问本次培训计划的前提是什么	
7. 请问本次培训的目标是什么	
8. 请谈一下本次培训采用的策略和方法好吗	
9. 请谈一下本次培训的资源配置及计划构想好吗	

（2）培训后决策者访问问题清单

问题内容	答案记录
1. 请问您认为本次培训的目的实现程度怎样	
2. 请问您认为本次培训较为成功的地方有哪些	

续表

问题内容	答案记录
3. 请问本次培训中应该改进的地方有哪些	
4. 请问本次培训计划中有哪些失误	
5. 您认为本培训项目还有必要进行推广吗	

（3）培训前培训对象访问问题清单

问题内容	答案记录
1. 您认为您有必要参加本次培训吗	
2. 你希望通过本次培训解决哪些问题	
3. 您得到了本次培训的详细通知了吗	
4. 您觉得本次培训安排合理性怎样	
5. 您会积极参与本次培训吗	

（4）培训后培训对象访问问题清单

问题内容	答案记录
1. 能谈一下您对本次培训的整体看法吗	
2. 您认为参加本次培训的目的达到了吗	
3. 本次培训哪些方面是您最为满意的	
4. 您认为本次培训主要的不足有哪些	
5. 您将培训所学应用到工作中了吗	

5.3.4　调查问卷收集法

1. 调查问卷收集法的含义

调查问卷收集法，是指在培训结束后向受训学员发放事先设计好的调查问卷以了解培训效果信息的方法。

2. 调查问卷收集法的主要调查内容

调查问卷收集法涉及的主要调查内容包括以下几项，如图 5—14 所示。

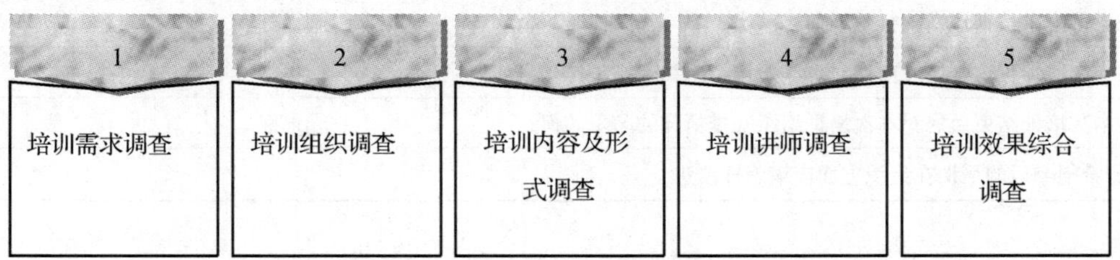

图 5—14　调查问卷收集法的主要调查内容

3. 调查问卷收集法的优缺点

调查问卷调查法有其自身的优缺点，企业在具体实施过程中应加以注意，以有效用其所长避其所短。其具体内容如图 5—15 所示。

优点：

1. 可以在短期内向大量的人员进行调查
2. 被访者回答问题时更加自然
3. 易于对数据资料进行归纳总结
4. 信息较全面且成本较低
5. 问卷可以不记名维护了受访者隐私权
6. 涉及问题较多，应答时间较长，能减少受访者的思考时间
7. 成功的问卷调查，能够帮助分析人员轻松利用分析结果

缺点：

1. 问卷编制周期较长
2. 限制受访者表达意见的自由，不够具体
3. 回收率较低，且有些答案不符合要求
4. 某些开放性问题得不到答案
5. 问题是间接得到的，真实性不好确定
6. 对于错误的问卷无法立即进行修改
7. 可能由于受访者对问题理解的错误而导致作答有误的问题

图 5—15　调查问卷收集法的优缺点

4. 培训效果评估调查问卷

学员您好： 为改善公司的培训效果，加强对公司培训工作的管理，现在需要耽误您几分钟时间填写以下问卷，以协助我们发现培训工作中的不足，为后续培训效果改善提供参考依据				
1. 在参加本次培训前您的培训要求受关注情况如何	□很高	□高	□一般	□差
2. 本次培训活动举行前培训计划的安排对您的意见和关注程度如何	□很高	□高	□一般	□差
3. 在参加本次培训前您得到通知的及时情况如何	□很好	□好	□一般	□差
4. 在参加培训之前您得到的通知对于了解本次培训的各项安排的帮助程度如何	□很高	□高	□一般	□差
5. 您觉得本次培训就餐安排情况如何	□很好	□好	□一般	□差
6. 您觉得本次培训交通安排情况如何	□很好	□好	□一般	□差
7. 您觉得本次培训住宿安排得如何	□很好	□好	□一般	□差
8. 在本次培训正式开始之前您对本次培训的组织安排工作印象如何	□很好	□好	□一般	□差
9. 在本次培训结束后您对本次培训组织安排情况的印象如何	□很好	□好	□一般	□差
10. 您希望今后的培训在组织方面应该怎样改进				

第 6 章

培训评估标准的设计

6.1　评估培训效果的标准

6.1.1　标准与培训评估标准

1. 标准及培训评估标准的含义

标准是对某一事务进行测量和评定的统一规范。培训评估标准是对培训质量、培训工作要求的具体规定，是衡量整个培训工作的尺度。培训评估的标准也是企业和培训管理人员用来评价培训成果的统一尺度和规范，企业要想提高培训管理水平，建立更全面、更系统的培训评估标准是基础。

2. 培训评估标准内容确定

培训评估标准的内容可以从学员对培训计划的反应、学员知识、学员工作绩效、组织绩效四个方面来设定。具体内容如图 6—1 所示。

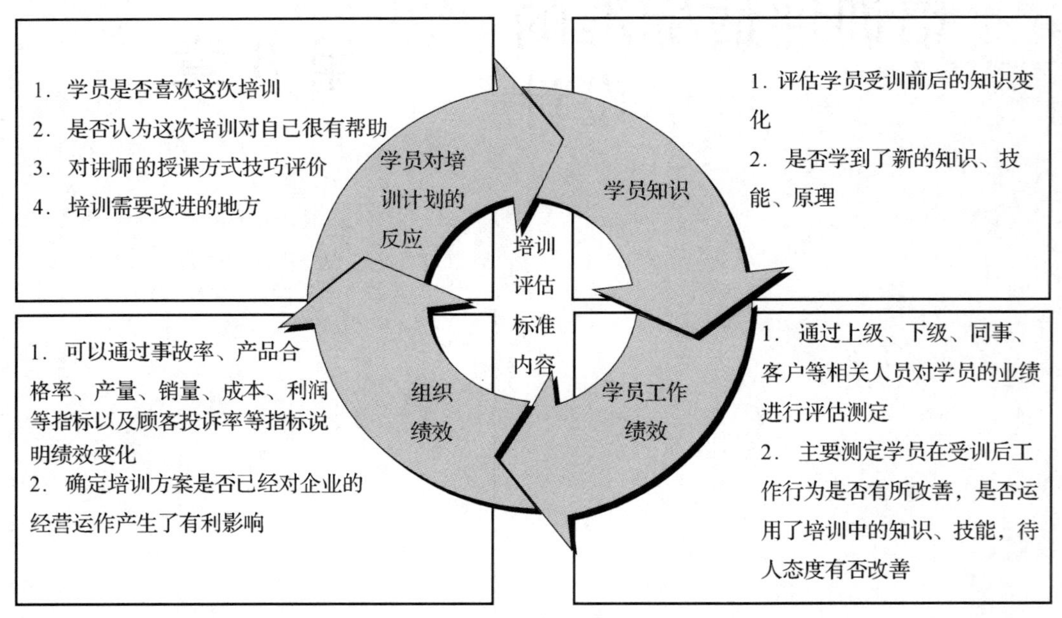

图 6—1　培训评估标准的内容

3. 培训评估标准建立的原则

由于培训评估目的不同和培训评估时间的不确定性，培训评估的标准因具体情况的不同也会相应有所变化。培训评估标准建立时应遵循以下原则，如图 6—2 所示。

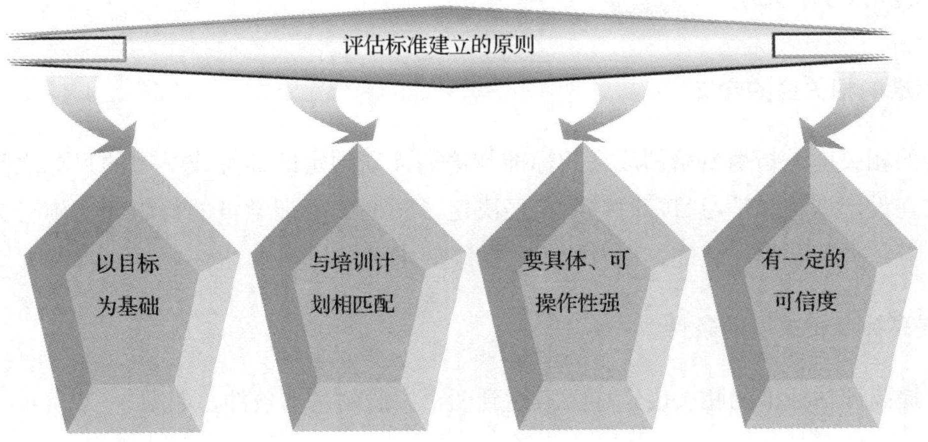

图 6—2　评估标准建立的原则

4. 培训评估标准建立的程序

培训评估标准不能一蹴而就，要根据培训项目评估时间前后保持一致性。在具体建立时应遵循以下程序，如图 6—3 所示。

步骤	说明
1. 确定培训评估的指标	根据培训目标的要求和评估对象的实际情况，提出评估指标。指标应概念清楚，言简意赅，便于操作,便于理解
2. 集合组成指标体系	指标体系通常由评估内容、具体指标构成。实施时指标体系要进一步分解，以达到可以检测的要求，分解不宜过细且具备完整性、协调性、比例性
3. 确定权重系数	衡量评估指标重要程度的数据叫权重系数。权重系数能区分各指标在评估中的主次差别，同时可根据培训目标的要求，保证重点
4. 设立指标等级	指标等级是对评估对象进行评估的衡量尺度，用以检测评估对象相对指标要求达到的程度，比如指标等级为五级制，即优秀、良好、一般、合格、不合格
5. 进行试评	指标体系、权重系数、指标等级确定后，需要进行试评，对确定的方案进行检验。试评方式可采取小规模　试评或抽样试评，通过试评对指标体系调整

图 6—3　培训评估标准建立的程序

6.1.2 标准的相关度

1. 标准的相关度的含义

标准的相关度是指衡量培训成果的标准与培训计划预定的训练或学习的目标之间的相关性。通常在设定训练和学习目标时，就已经决定了预期的受训学员的行为和实施行为所需要的条件，应掌握的知识、技能，以及应达到的绩效水平。

2. 提高标准相关度的条件

为了提高评估标准的相关度，应注意达到两个方面的基本条件，如图 6—4 所示。

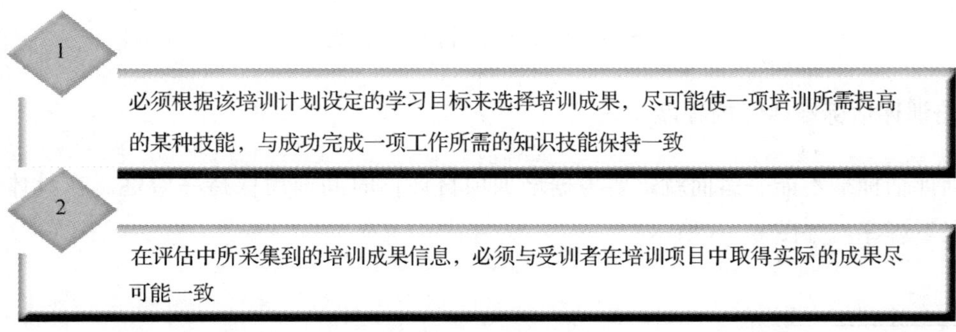

图 6—4 提高标准相关度的条件

(1) 标准的干扰因素

标准的干扰因素是指在评估培训效果时受到了额外因素的影响，是评估测量不到的相关知识和技能。比如，评估者的主观因素、评估环境的变化因素等均会对评估结果产生影响。

(2) 标准的缺陷

标准的缺陷是指在评估培训效果时，无法衡量培训目标中强调的培训成果。比如在设定培训评估标准时，对某些培训项目的标准产生疏漏，导致无法衡量培训成果。

6.1.3 标准的区分度

区分度又称鉴别力，是指题目对所要测量的内容特性的识别程度，也就是项目的效度，体现一个题目的鉴别能力。由区分度可得到三个方面的信息，即题目能否有效测量或预测所要了解的某些特征，题目能否与其他题目一致地分辨被试，以及被试在该题的得分与测验总分数间的一致性如何。区分度值一般介于（－1，＋1）。

标准的区分度是指受训者取得的成果能真正体现其绩效的差别。例如，评估者通过一定的测试方法来检验受训者在接受培训后的知识、技能水平，以发现在受训之后受训者之间的知识、技能水平差别。

6.1.4　标准的信度效度

标准的信度效度是指对培训项目所取得的成效进行测试时，其测量结果的长期稳定程度。对于同一培训项目的评估标准在不同时期也要考虑保持一致性的问题。

比如对受训学员进行测试以发现培训的效果，在学员受训前后各进行一次测试，学员对测试问题的理解和解答在经过一段时间后并没有发生变化，则说明标准的信度高。受训后的测试分数相对受训前较高，这并不是因为测试的特点或测试环境变化而造成的，而是由于受训者对培训内容的学习而造成的。

6.2　培训效果四级评估模式

6.2.1　柯氏四级评估

1. 柯氏四级培训评估概述

柯氏四级培训评估也叫作柯克帕特里培训评估，是将培训效果划分成四个级别进行评估。包括反应评估、学习评估、行为评估和结果评估，或简称“4R”，它们之间的关系是递进的。

2. 柯氏四级培训评估主要内容

柯氏四级培训评估每个层级的主要内容见表 6—1。

表 6—1　柯氏四级培训评估

层级	评估内容	操作办法	优势	劣势	改进措施
反应评估 (Reaction)	评估学员的满意程度。是指学员对培训项目的印象如何，包括对讲师和培训科目、设施、方法、内容、自己收获的大小等方面的看法	反应层评估主要是在培训项目结束时，通过问卷调查来收集学员对于培训项目的效果和有用性的反应。这个层次的评估可以作为改进培训内容、培训方式、教学进度等方面的建议或综合评估的参考，但不能作为评估的结果	可操作性强，是普遍最基本的评估方法	可能会出现以偏概全、主观性强、不够理智的现象	强调评估目的，要求大家配合，将课程评估与讲师评估分开，结合使用问卷、面谈、座谈等方式，学员自我的评估

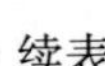

续表

层级	评估内容	操作办法	优势	劣势	改进措施
学习评估（Learning）	测定学员的学习获得程度。是目前最常见、也是最常用到的一种评价方式。它是测量学员对原理、技能、态度等培训内容的理解和掌握程度	学习层评估可以采用笔试、实地操作和工作模拟等方法来考查。培训组织者可以通过书面考试、操作测试等方法来了解学员在培训前后知识以及技能的掌握方面有多大程度的提高	对学员有一定的压力，使他们认真学习；对讲师有压力，使他们更负责、更精心地准备培训课程和培训内容	压力大，可能会导致报名不太踊跃，评估前需要学员对相关内容有所了解	针对不同的培训课程采用不同的评估方法
行为评估（Behavior）	考察学员的知识运用程度。行为的评估指在培训结束后的一段时间里，由学员的上级、同事、下属或者客户观察他们的行为在培训前后是否发生变化，是否在工作中运用了培训中学到的知识	这个层次的评估可以包括学员的主观感觉、下属和同事对其培训前后行为变化的对比，以及学员本人的自评。这通常需要借助于一系列的评估表来考察学员培训后在实际工作中行为的变化，以判断所学知识、技能对实际工作的影响。行为层是考查培训效果最重要的指标	可以直接反应培训效果，能够让高层领导看到培训效果进而支持培训工作	耗费时间和精力，问卷设计较难，需要占用较多的时间，容易遭受员工抵触，员工行为易受其他因素影响	选择适合进行行为评估的培训课程，选择合适的评估时间，充分利用专业讲师和咨询公司的力量
成果评估（Result）	计算培训创出的经济效益。成果的评估即判断培训是否能给企业的经营成果带来具体而直接的贡献，这一层次的评估上升到了组织的高度	成果层评估可以通过一系列指标来衡量，如事故率、生产率、员工离职率、次品率、员工士气以及客户满意度等。通过对这些指标的分析，管理层能够了解培训所带来的收益	详细的令人信服的调查数据能够打消高层领导对培训的疑虑，从而把有限的培训费用投入到最能为企业创造价值的课程上来	需要花费较多时间，短期内难以出现结果，对这个级别的评估缺乏必要的技术和经验，简单地对比数字意义不大	必须取得管理人员的支持，得到培训的相关数据，分析哪些结果与要评估的课程有关，并分析在多大程度上有关

3. 柯氏四级评估模型工具

（1）培训反应评估问卷

<table>
<tr><td rowspan="2">文本名称</td><td rowspan="2">××公司培训反应评估问卷</td><td>受控状态</td><td></td></tr>
<tr><td>编号</td><td></td></tr>
<tr><td colspan="4">为了了解本次培训对您的培训需求带来的满意程度，请您花费几分钟时间结合自己的真实感受填写以下问卷，在合适的答案题号上打“√”。
1. 您对认为本次培训的主题如何？
A. 非常好　B. 很好　C. 好　D. 一般　E. 差
2. 您认为本次培训的组织人员做得如何？
A. 非常好　B. 很好　C. 好　D. 一般　E. 差
3. 您认为本次培训的讲师做得如何？
A. 非常好　B. 很好　C. 好　D. 一般　E. 差
4. 您认为本次培训的设备设施条件如何？
A. 非常好　B. 很好　C. 好　D. 一般　E. 差
5. 您认为本次培训的课程安排如何？
A. 非常好　B. 很好　C. 好　D. 一般　E. 差
6. 您认为本次培训的内容安排如何？
A. 非常好　B. 很好　C. 好　D. 一般　E. 差
7. 您认为本次培训的方式如何？
A. 非常好　B. 很好　C. 好　D. 一般　E. 差</td></tr>
</table>

（2）培训效果跟踪表（见表 6—2）

表 6—2　　培训效果跟踪表

<table>
<tr><td colspan="4">学员填写内容</td></tr>
<tr><td>学员姓名</td><td></td><td>所属部门</td><td></td></tr>
<tr><td>组织部门</td><td></td><td>培训时间</td><td></td></tr>
<tr><td>培训课程名称</td><td colspan="3"></td></tr>
<tr><td>培训内容</td><td colspan="3"></td></tr>
<tr><td colspan="4">学员直接领导填写内容</td></tr>
<tr><td>该员工在日常工作中是否运用了培训中学到的知识、技能，如果有请用实例说明</td><td colspan="3"></td></tr>
<tr><td>您是否督促该员工运用培训的知识，是如何做的</td><td colspan="3"></td></tr>
<tr><td>通过本次培训该员工存在哪些方面的绩效改进</td><td colspan="3"></td></tr>
<tr><td>您对培训工作有何建议和要求</td><td colspan="3"></td></tr>
<tr><td>部门负责人签署</td><td colspan="3"></td></tr>
</table>

6.2.2 反应评估

1. 反应评估的概述

反应评估就是要让学员感受到企业对他们意见的尊重，要使培训有效，首先要使学员对培训有积极的反应，如果通过反应评估发现大多数学员是喜欢该培训项目的，则说明培训的内容是学员能接受的。否则，学员将没有积极与主动的学习态度来参加培训，对企业再有用的培训内容也难以成为学员的知识或技能，更难以转化为员工有效的实际行动。

2. 反应评估的主要内容

学员反应评估是最常用的一个培训效果评估方法。在培训结束时，向学员发放满意度调查表，征求学员对培训的反应和感受。调查表问题涉及的主要内容，如图 6—5 所示。

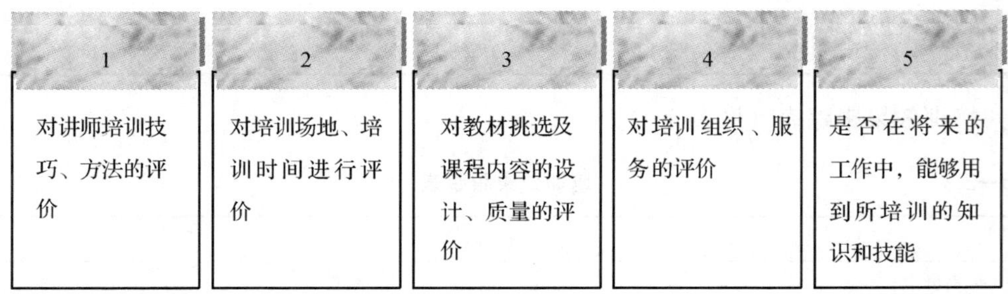

图 6—5 反应评估的主要内容

这一阶段的评估如果学员对课程的反应是消极的，就应该分析是课程开发设计的问题还是实施带来的问题。

3. 反应评估的方法

反应评估的主要方法是问卷调查法。问卷调查是在培训结束时，收集学员对于培训的效果和有用性的反应，学员的反应对重新设计或继续培训项目至关重要。反应问卷调查易于实施，通常只需要几分钟时间。如果设计适当，反应调查问卷也很容易分析、制表和总结。

4. 反应评估的作用

（1）学员的反应可以对培训组织者提供有用的意见反馈，方便培训组织者对培训做出评估。同时也方便组织者对学员提出的意见或建议进行评估，对以后的评估项目做出改善。

（2）通过反应评估让学员意识到企业实施培训是为了让他们把工作做得更好，以及培训组织人员需要了解学员的意见和反馈进而确定培训是否有效。

（3）学员的反应能为培训组织人员提供一些量化信息，培训组织人员可以以此制定出培训效果衡量的标准。

6.2.3　学习评估

1. 学习评估的概述

学习评估即明确学员在培训结束时，在知识、技能、态度等方面是否得到了提高。这一阶段的评估要求通过对学员培训前和培训结束后知识、技能测试的结果进行比较，以了解他们是否学习到新的东西，同时也是对培训设计中设定的培训目标进行核对。这一评估的结果也可体现出讲师的工作是否有效。

2. 学习评估的主要内容

学习评估主要是评估以下三项内容，如图 6—6 所示。

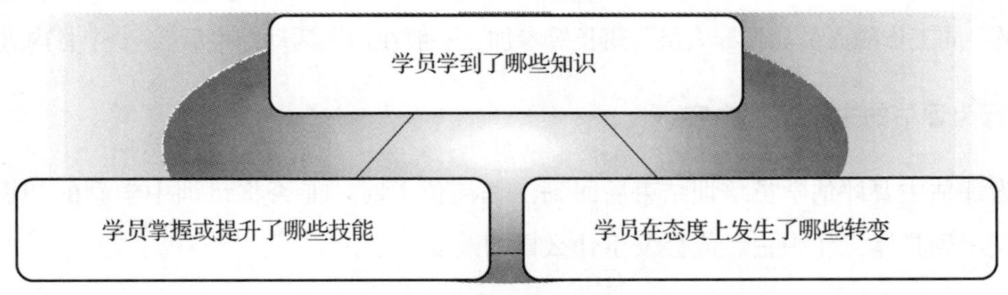

图 6—6　学习评估的主要内容

3. 学习评估的方法

对学员知识的增长和态度的转变最好的评估方法是进行笔试测试，在测试前需要进行试卷编制。另外还有工作模拟、角色扮演等方法，通常在培训活动结束后实施。

在进行试题设计时除应考虑到培训的主题内容外还要考虑一些通用的技巧和原则，保证测试题的实用性和趣味性。

试题编制完毕后，在培训前后让全体学员参与测试并分析测试结果，对培训均会起到一定的帮助作用。培训前通过测试可发现员工在哪些知识方面存在欠缺，可以帮助讲师在课程开发时将重点放在这类问题上。培训后测试不仅可以发现讲师授课在哪些方面取得了成功，也可以发现在哪些方面做得不足，方便下一次培训时作为重点项目进行强化。

4. 学习评估的作用

（1）可有效衡量培训师对知识和态度的长进情况，如果学员没有在学习方面达到很好的效果，就很难期望他们在实际行动中有什么转变。

（2）通过分析学员对某些问题答案的变化来帮助培训师了解自己在哪些方面取得了成功，哪些方面做得还不足，便于下一次培训时进行改进，以提高学员达成学习目的的概率。

（3）通过学员的反应能进一步了解该培训师下一次开课时学员的参与程度。

6.2.4　行为评估

1. 行为评估的概述

行为评估是对学员参加完培训后工作行为和在职表现方面发生的变化进行评估。这一层级的评估是确定学员通过培训在多大程度上发生了行为上的改进，或对知识、技能的运用。

这一层级的评估数据较难获得，但意义却非常重大。只有学员真正将所学的知识运用到实际工作中去时，才达到了培训的目的。只有这样，才能为开展新的培训打下基础。

需要注意的是，因为这一层级的评估只有在学员回到工作中去时才能实施，这一评估一般要求与学员一同工作的人员如督导人员、班长等参加。一般在培训活动结束后3～6个月内进行。

2. 行为评估的主要工作内容

行为评估主要评估学员培训结束后回到工作岗位上时，能否将培训中学到的知识、技能和态度应用到具体工作中去，或会发生什么样的改变。

3. 行为评估的方法

行为评估可以通过对学员进行正式的测评或非正式观察来实施。当前较为多见的评估方法还有行为访谈法、自我报告法、行为问题核对表法、自我监控法、直接观察法等。

每种评估方法的具体内容见表6—3。

表6—3　　行为评估的方法及应用

行为评估方法	操作说明
行为访谈法	通过访谈的方法来收集有关行为的资料，如了解目前的行为及其行为发生前后的条件，了解过去的行为表现及控制等
自我报告法	是一种主观色彩很浓的测评方法。自我报告主要有两种作用：一是收集有关学员的运动反应、生理反应和认知反应的资料；二是收集学员各个方面的经验或体验
行为问题核对表法	比自我报告法更系统化、规范化的测评方法。它是事先建立行为问题的有关假设，并根据这一假设编制相应的问题表，让学员做出回答。行为问题核对表紧密围绕着可能出现的行为问题，回答方式比一般标准化的测试更为灵活，针对具体的行为不足或行为过多进行有效的测评。该方法的优点是经济性，省时，目的明确，结构化的问题表使得问题非常清晰，易于量化、分类

续表

行为评估方法	操作说明
自我监控法	指个体对自己出现的某些行为反应予以记录，进行直接观察和控制。在自我监控的评估中，学员应当及时向行为评估人员报告自己的行为反应资料，行为评估人员之所以使用自我监控技术主要是想达到两种目的：一是了解学员最初阶段的监控水平，以便了解所要解决的特殊问题，最初的基线反应水平有助于证明问题的存在。二是用自我监控来收集干预计划成功与否的信息
直接观察法	它能记录自然环境中行为事件的发生，使观察者的主观偏见减至最少。直接观察可在角色扮演中进行，也可在自然环境中进行

4. 行为评估的作用

通过对学员行为评估发现学员在培训前后的行为是否改变，有没有将培训中学到的知识及时应用到实际工作中去，进而帮助培训评估人员认识到培训实施的效果，发现培训的成功之处，及改善培训的不足之处。

6.2.5　成果评估

1. 成果评估概述

这一层级的评估要考察的不是学员的情况，而是从部门和组织的大范围内，了解培训带来的组织上的改变效果，即投资回报率。也就是培训为企业带来了什么样的结果，可能是经济上的，也可能是精神上的。如产品质量得到了改变，生产效率得到了提高，客户投诉减少了等。这一层级评估的费用和时间、难度都是最大的，但对企业的意义也是最重要的。

2. 成果评估的主要内容

成果评估主要考虑以下内容，如图 6—7 所示。

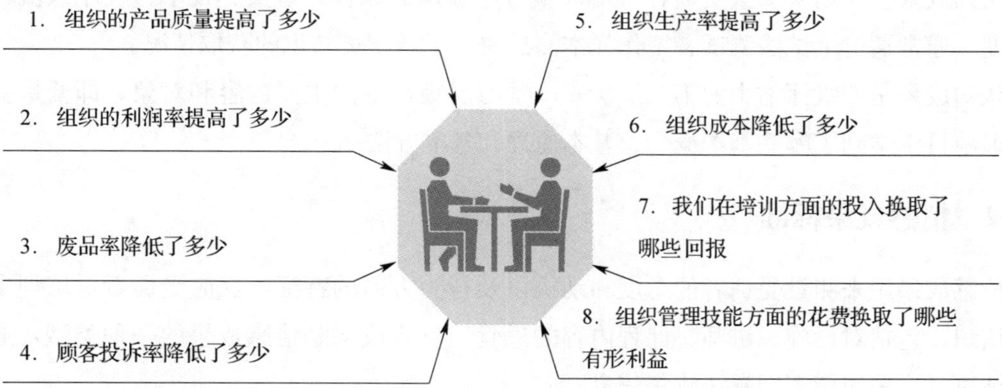

图 6—7　成果评估的主要内容

3. 成果评估的方法

对培训成果的评估可采用比较法，集体评议法，个案分析法、问卷调查法等。

（1）比较法，包括横向比较和纵向比较。即对学员培训前后的变化进行比较，及将受训学员与未受训人员进行比较。

（2）集体评议法，采用集体舆论评议、群体表决的方式对学员进行评价和估量，也可以由评估工作的业务人员参加，并邀请相关人员针对评估指标对评估对象逐个进行评定。

（3）个案分析法，通过对学员的典型案例和行为进行分析来评价培训成果。

（4）问卷调查法，是通过设计结构化的问卷来对与培训内容相关的因素，包括培训师、培训需求的满足、培训教材、培训效果等主要环节进行调查评价。

4. 成果评估的作用

通过效果评估企业可获得如下信息：

（1）检验培训项目是否达到目标或要求。

（2）证明培训的投资获得了回报。

（3）找出培训的不足以便于改进。

（4）发现新的培训需求。

（5）为管理者决策提供参考依据。

6.3 培训效果五级评估标准

6.3.1 认知成果标准

认知成果主要用来衡量受训者对培训项目中强调的原理、事实、技术、程序或流程的熟悉程度。通常通过笔试法测试、工作样本测试法。了解学员知识的获取情况。

认知成果是四级评估中的第二层级——学习层级评估的主要内容和对象，即衡量受训者从培训项目中学到了哪些基本概念、基本原理和基本方法。

6.3.2 情感成果标准

情感成果用来测量受训者的态度和动机以及行为方面的特征，反应受训者对培训项目的感性认识，包括对设施、讲师、课程内容的感觉，反应成果是情感成果的一种类型，通常在课程结束时，采用调查问卷法收集信息。

对情感成果的测评是了解学员的动机、对培训项目的反应和对态度的改变，常用的测量方法是访谈法、焦点小组、态度调查。

6.3.3　技能成果标准

技能成果用于评价技术性或运动技能和行为方式的水平，它包括技能学习和技能转化两个方面。对技能成果的测量通常是了解学员的技能掌握情况、行为方式改变情况等。测量方法常用观察法、工作样本测试法，等级评定法等。

技能成果既可用来判断受训者掌握技能的真实水平，也可以用来评判员工所掌握的技能实际被运用的程度。技能成果与行为评估、学习评估密切相关。

6.3.4　业绩成果标准

业绩成果是用来确定培训项目给公司带来的收益情况的，同时也可以为企业人力资源开发及培训费用计划等决策提供依据。业绩成果的评估因素包括成本降低、产量提高、设备停工时间减少、产品质量提升、顾客服务水平改善等数据。

业绩成果是测量公司的收益，常用的方法有观察法，从信息系统或绩效记录中收集数据。

6.3.5　投资回报率

1. 投资回报率的概念

投资回报率是指培训货币收益与培训成本收益的比较，包括直接成本和间接成本。直接成本指参与培训的所有人员的工资和福利。间接成本是指与培训没有直接关系的费用，如办公费用和交通费用。

收益是指公司从培训项目中获得的价值。投资回报率即培训带来的经济价值，测量方法是确认并比较项目的成本和收益。

2. 投资回报率的计算方法

收益成本比率（BCR）＝培训项目总收益/培训项目成本总额×100％

投资回报率（ROI）＝培训项目净收益/培训项目成本总额×100％

从公式可以看出，企业可以通过降低培训成本，提高培训收益；通过提高培训资源利用效率，来提高培训投资回报率。

3. 投资回报率模型

投资回报率模型在柯氏四级评估的基础上加入了第五个层级，即投资回报率评估。第五个层次评估的重点是将培训所带来的收益与其成本进行对比，进而测算投资回报率的指标。

投资回报率模型如图 6—8 所示。

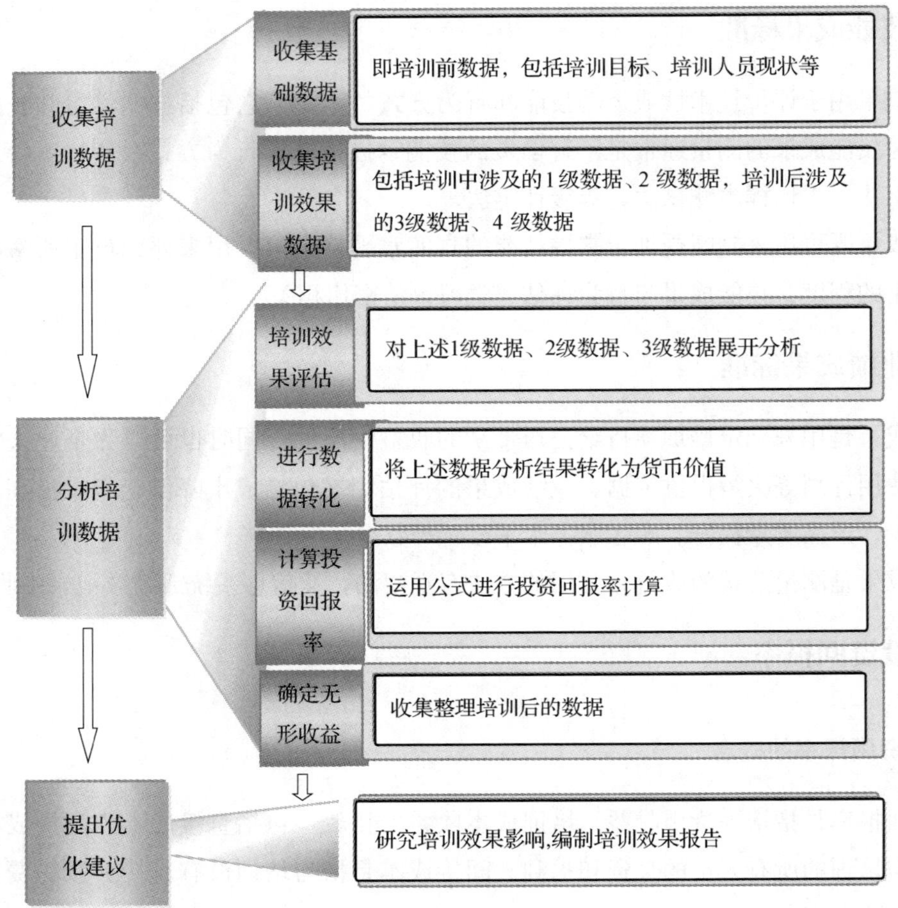

图 6—8　投资回报率模型

6.4　培训评估管理制度

6.4.1　内部培训评估管理办法

<table>
<tr><td rowspan="2">制度名称</td><td rowspan="2">××公司内部培训评估管理办法</td><td>编号</td><td></td></tr>
<tr><td>受控状态</td><td></td></tr>
<tr><td colspan="4">第 1 章　总则
第 1 条　目的
为规范公司培训评估管理工作，制定科学有效的培训评估办法，选择合适的培训评估工具、方法，帮助公司及时发现培训工作的不足之处，推动公司培训绩效的改善。</td></tr>
</table>

续表

第 2 条 适用范围

本办法适用于公司内所有与培训评估和改进相关的活动。

第 3 条 责任划分

1. 培训部经理全面负责公司的培训评估监督和指导工作。

2. 培训部经理负责公司培训评估的组织和实施工作。

3. 其他各职能业务部门负责配合培训部执行培训涉及的具体工作内容。

第 4 条 术语解释

1. 反应评估，是指培训结束时通过调查问卷等方式了解学员对培训项目的看法，包括对培训资料、培训讲师、培训设施、培训方法和内容的看法等。

2. 学习评估，指培训结束后通过笔试、技能操作、工作模拟等方式对学员知识的掌握程度进行评估，以测量学员对原理、事实、技术和技能的掌握程度。

3. 行为评估，是指培训结束一段时间后，由上级、同事或者客户观察学员是否在工作中运用培训中学到的知识以及行为，确定其在培训前后是否存在差别。

4. 成果评估，是指观察培训对员工流失率、销售业绩、员工士气、客户满意度等指标的影响，并对其进行有效评价，确定培训对组织的影响是否积极，组织是否因为培训而经营得更加顺畅，业绩有所提高。

第 2 章 培训评估类型及方法

第 5 条 培训评估的类型

公司培训评估包括反应评估、学习评估、行为评估和成果评估，各种评估类型的详细说明见下表。

培训评估类型说明表

评估类型	评估内容	问题类型	衡量方法
反应评估	观察学员反应	1. 学员是否喜欢该培训课程 2. 课程对学员是否有作用 3. 学员对培训讲师及培训设施等有何意见 4. 学员课堂反应是否积极	问卷调查法、填写评估调查表、评估访谈法
学习评估	检查学员学习成果	1. 学员在培训项目中学到了什么 2. 培训前后学员的知识、理论、技能有多大程度的提高	填写评估调查表、笔试、绩效考核、案例研究
行为评估	衡量学员培训前后变化	1. 学员在学习上是否有行为上的改善 2. 学员在工作中是否用到培训内容	由上级、同事、下级进行绩效评价，观察绩效记录
成果评估	衡量公司培训前后的经营业绩变化	1. 学员行为的改变对组织是否有积极影响 2. 组织是否因培训而经营得更加顺畅 3. 考察质量、事故、生产率、工作动力、市场发展、客户关系维护等各方面是否有改善	通过事故率、生产率、员工离职率、次品率等指标衡量

第 6 条 评估类型选择

公司培训评估人员可根据培训的实际情况，综合考虑各种因素，针对不同的培训项目采取相应的培训类型。具体做法如下：

续表

1. 新员工入职培训及部门内部培训，常用学习评估。

2. 公司级别内训常采用二级评估及三级评估相结合的方式。

3. 内部讲师培训常采用一级培训、二级培训及三级培训相结合的方式。

具体的培训评估类型在实施时，培训部还要根据实际需要有所调整。

第7条　培训评估的方法

培训评估的常用方法有问卷调查法、直接观察法、笔试测试法、操作测试法、成本收益法等。

1. 问卷调查法

该方法是培训评估的常用方法，借助于事先设计好的调查问卷，在培训结束后向培训主体或受训对象了解培训效果相关信息的方法。此方法执行的关键点是针对调查对象和调查目的设计一份有效的调查问卷，包括受训学员调查问卷和培训讲师调查问卷。

2. 直接观察法

直接观察法是评估者通过观察受训学员在培训中的反应，及其在培训后工作中的具体表现来进行评估的一种方法。通过对比培训前后的业绩来发现培训效果。此方法执行的关键点在于对观察的现象及观察的内容进行完整、准确的记录，最好是边观察边记录。

3. 笔试测试法

笔试测试法是对受训学员的知识掌握情况进行评估的一种方法，一般在培训结束后实施，笔试结果作为学员考核是否通过的依据。

4. 操作测试法

操作测试法是指对学员掌握的技能、技术的熟练程度进行评估的一种方法，一般应用于整个培训过程，通过学员对实际操作过程的掌握程度来测试其受训效果。

此方法适用于技能方面的培训，执行的关键点在于对学员在操作测试中要表现的动作进行事先规定，包括动作标准、时间间隔、生产定额等内容，需要随时记录被测试学员在测试过程中具体表现指标数据。

5. 成本收益法

成本收益法是通过分析培训成本及培训所带来的各项硬性指标的提高，计算出培训的投资回报率，从而对培训效果进行评估，是一种比较常见的定量分析方法。运用成本收益法对培训进行评估涉及两个公式。

公式一：培训收益＝（$E2-E1$）$\times N\times T$。其中，$E1$、$E2$ 分别代表培训前后的每个学员的年效益，N 代表参加培训的总人数，T 代表培训效益可持续的年限。

公式二：投资回报率（ROI）＝（培训收益/培训成本）×100%。如果计算出来的ROI数值小于1，则培训收益低于培训成本，表明此次培训没有收到预期的效果，或者企业存在的问题不能通过培训解决。此方法的前提条件是每个学员的年收益可量化。利用此方法的关键点在于准确计算出培训成本费用，包括培训相关资源成本、培训相关人员成本。

第3章　内部培训评估的实施

第8条　内部培训评估的实施步骤

1. 公司各部门根据要求对培训计划中需要进行评估的课程进行效果评估，并做好相关评估记录，包括考试试卷、考试成绩表、实际操作评定表等。

2. 需要进行行为评估的课程，各级部门负责人应按照公司相关制度要求进行评估。

3. 各部门、培训部应在培训检查工作中对培训评估的执行情况进行评定。

续表

第9条　内部培训评估工作执行

相关部门与培训部领导应定期对培训评估工作进行检查。具体检查内容包括以下三个方面：

1. 需要进行评估的课程记录是否齐全。

2. 学习层面的评估记录是否齐全。

3. 行为改善计划执行中的各项记录是否齐全。

第10条　培训效果检查

培训效果检查主要通过以下两个方面，见下表。

培训效果检查的内容一览表

培训效果检查层面	评估办法具体内容
对学员的知识和技能掌握情况进行检查评估	1. 每次培训完成后，授课人员将授课内容整理，与培训记录一并存档 2. 培训部根据培训内容对学员的知识技能掌握情况进行抽查，专业知识可由授课人员与管理人员共同抽查 3. 对学员的知识掌握情况进行分级评定，并根据抽查的总人数计算各部门的培训效果 4. 将检查结果作为评定各部门培训工作效果的依据 5. 将培训结果和记录及时归档
学员行为改善期间或改善期结束后1～4周内，培训部对学员的培训效果进行检查评估	1. 根据改善内容对学员在工作中是否实施改善行为进行抽查对比，抽查人数应不少于学员总数的20% 2. 根据对学员行为改善的观察结果按照“无改善”“略微改善”“基本改善”和“改善较好”四个级别进行评定 3. 培训人员在对培训效果进行评定时，应根据学员上级领导、学员同事的建议进行综合评定 4. 评定完成后，培训部需根据总人数的评定情况计算各部门培训行为改善的执行效果

第11条　培训评估结果应用

各部门员工的培训评估结果将应用在员工人事变动和评选优秀部门等方面。

第4章　附则

第12条　本办法由培训部组织制定，并负责解释。

第13条　本办法经总经理审批确认后实施。

编制日期		审核日期		批准日期	
修改标记		修改处数		修改日期	

6.4.2 外派员工培训评估细则

制度名称	××公司员工外派培训评估细则	编号	
		受控状态	

第1章 总则

第1条 目的

为规范公司外派员工培训评估管理，提高外派员工培训效果，保证公司外派员工培训的质量，特编制本评估细则。

第2条 适用范围

本细则适用于本公司内部的所有外派员工培训效果评估。

第3条 术语解释

外派员工培训，是指企业将有发展空间的管理人员、业务精英、技术骨干外派到异地工作，培训其在异地文化环境下的适应能力，降低其在异地任职失败的风险。

第2章 外派员工培训评估的内容及方法

第4条 对培训机构评估

对培训机构的评估主要从以下几个方面进行：

1. 培训机构的场地选择是否存在问题，培训设备的准备是否齐全。
2. 培训讲师的配备是否符合课程要求。
3. 培训实施过程中的各项服务工作是否热情周到。
4. 培训过程中突发事件的处理情况。

第5条 对培训效果评估

对培训效果的评估可采用多种方法，如撰写研究论文、培训内容内化、外派员工异地化程度考核等。

1. 撰写研究论文

即通过外派员工根据培训所学及工作实际撰写一篇研究论文、报告或培训总结、学习心得等，公司根据论文的质量来研究、分析、评估、衡量培训效果。

2. 培训内容内化

对于那些培训效果无法立刻显现的外派培训项目，培训部可通过监督、考核受训员工的培训内化工作，从而对培训效果进行评估。此过程相对来说，执行时间距离培训结束时间较漫长。

3. 外派员工异地化程度

通过对外派员工的异地化程度评估来判断培训效果。外派员工的异地化程度评估一般从以下几个方面进行，见下表。

外派员工异地化程度评估表

评估项目	评估标准
对异地情况的了解程度	外派员工对外派地政治法律、文化历史、风土人情、民俗习惯等方面有一定的了解，能敏感意识到母公司所在地与外派地之间的各种差异
对异地语言的掌握程度	外派员工应熟练掌握外派地的语言，派往国外的人员应掌握该国家的官方语言，派往国内其他地区的人员应尽量听懂当地的方言

续表

评估项目	评估标准
对跨地域文化的适应程度	外派员工能够对外派地的文化背景、文化本质和有别于其他文化的主要特点有一定的理性认识，并对外派文化在知识和感情上具备一定的适应能力
跨地域管理能力	根据管理的职能分类评估，如营销管理人员是否具备总营销、分销、广告和市场调查的管理技能，财会管理人员是否掌握母公司所在国和东道国会计准则差异、会计电算化、财务报表分析和外汇风险分析等方法

第3章　外派员工培训评估的实施及结果应用

第6条　确定评估方法

针对以上评估内容分析其特点，并根据评估内容的特点确定是选用撰写研究论文法，还是培训内容内化法的评估方法。

第7条　确定执行工具

根据确定的评估方法编制相应的表单，或设置相应的指标标准，以作为培训效果评定时的执行工具。

第8条　实施培训评估

在这一环节涉及的很多数据需要搜集，除了参与评估人员填报的一些数据之外，评估组织人员需要对数据的来源及真实、可靠性进行认真核实，以确保评估结果的有效性。

第9条　撰写培训评估报告

培训评估结束后应根据评估结果及时进行分析总结，记录评估实施过程、数据来源、发现的问题等，并将其撰写成评估报告，上报领导查看。

第10条　外派员工培训评估结果的应用

外派员工培训评估结束以后应及时撰写外派员工培训评估报告，并将评估的结果用于培训前期双方签订的培训协议内容兑现，也可作为今后人事决策的参考依据及公司今后培训途径选择的参考依据。

第4章　附则

第11条　本细则由人力资源部组织编制，其解释权亦同。

第12条　本细则经总经理批准后实施。

6.4.3　外包培训项目评估细则

<table>
<tr><td rowspan="2">制度名称</td><td rowspan="2">××公司外包培训项目评估细则</td><td>制度编号</td><td></td></tr>
<tr><td>受控状态</td><td></td></tr>
</table>

第1章　总则

第1条　目的

为规范公司外包培训管理工作，提高培训效果，根据公司培训相关制度，结合外包培训工作的特点，特制定本评估细则。

第2条　适用范围

本细则适用于本公司内部的外包培训相关业务。

续表

第 3 条　职责分配

公司培训部组织成立培训评估小组，评估小组成员包括培训部经理、培训主管、受训学员代表、各部门主管领导等。培训评估小组的主要职责包括以下内容：

1. 确定外包培训的目标。

2. 选择评估方法，设计外包培训问卷，收集评估信息。

3. 组织开展外包培训评估工作，制作培训问卷，收集评估信息。

4. 与外包服务商进行沟通、协调，提出外包工作具体改进建议。

5. 编写外包培训评估报告。

第 2 章　培训过程评估

第 4 条　培训方案评估

培训评估小组对外包服务商提供的培训方案从以下四个方面进行评估：

1. 培训目标、培训内容等是否合理。

2. 培训的方式方法选择是否科学、恰当。

3. 培训讲师安排是否符合培训外包项目的需要。

4. 培训项目的预测效果是否达到公司的要求，是否符合公司的发展规划。

第 5 条　培训课程评估

评估内容包括课程内容设计的难易程度，实用性与适用性，对受训者培训需求的满足程度，能否为受训者解决实际工作中遇到的困难，提供可以使用的方法和工具等。在学员受训后进行评估，评估小组负责收集、整理、分析反馈信息，并编写培训课程评估报告。

第 6 条　培训讲师评估

受训学员上完培训课程之后需填写培训讲师评估调查表，并对讲师进行评估。对培训师的评估依据主要从学员满意度和培训部门评价两个方面进行。具体内容如下：

（1）学员满意度，指培训讲师授课结束后，学员通过问卷调查对培训讲师进行评价。

（2）培训部门评价，主要包括教学质量、教学效果、工作态度、授课技巧、课程内容的熟练程度等。

第 3 章　培训项目评估方法、程序及结果应用

第 7 条　外包培训项目评估的方法

对外包培训项目效果评估常用的方法有问卷调查法、小组讨论法、访谈评估法及加权分析法等，一般应将定量分析法与定性分析法相结合，力求全面、系统地探析公司外包培训效果。

1. 问卷调查法

问卷调查法的调查内容主要包括：公司从业人员对所接受的外包培训的频度、培训内容、培训方法、培训效果的意见和从业人员对培训现状的看法及其对未来的期望。

问卷调查兼顾公司性质、公司规模、职位层级、教育背景、年龄结构与性别特征的人员对公司培训的看法与期望。在进行问卷收集时，培训管理者应该多了解被调查者信息，以利于分层次统计分析。

2. 小组讨论法

是将所有学员集中到一起开座谈会，在座谈会上，每个学员陈述自己通过培训学到了什么，及如何应用到实际工作中去。该方法一般在培训结束后马上进行。

此方法的执行关键点在于编制好座谈提纲，营造畅所欲言的环境，尽量给每个学员陈述自己所学、所得、所感的机

续表

<table>
<tr><td colspan="4">会。同时要严格按计划执行，目的明确，中心议题集中。
3. 访谈评估法
访谈评估法是访谈者与一个或多个受访对象直接进行交谈，以了解受访对象对培训的态度和看法的方法。包括正式访谈和非正式访谈、个别访谈、团体访谈、电话访谈、面对面访谈等。该方法灵活性强，适应性强，方便执行。
此方法执行的关键点在于事先设计好一套完善的访谈清单，一一列明需要访谈的问题，准备好访谈记录。
4. 加权分析法
该方法是对效果进行定量分析的方法之一。培训人员首先就培训评估内容建立指标体系，确定其相应的权重并划分不同的等级，然后对结果进行统计分析。
第 8 条　外包培训项目评估的程序
外包培训项目效果评估一般遵循以下程序：
1. 确定评估的目标。
2. 确定评估所要搜集的信息、资料。
3. 确定评估信息、资料搜集的途径方法。
4. 搜集资料并汇总。
5. 设计评估方案。
6. 组织实施评估。
7. 评估结果检查验证。
8. 评估结果统计分析编写评估报告。
第 9 条　评估结果的应用
外包培训项目评估结束后，培训部应建立外包服务商档案，将外包培训项目评估结果作为下一次外包培训项目服务商选择的重要参考依据。
第 4 章　附则
第 10 条　本细则由培训部组织编制，并负责解释。
第 11 条　本细则经总经理审批同意后实施。</td></tr>
</table>

6.4.4 培训评估组织与实施细则

<table>
<tr><td rowspan="2">制度名称</td><td rowspan="2">××公司培训评估组织与实施细则</td><td>制度编号</td><td></td></tr>
<tr><td>受控状态</td><td></td></tr>
<tr><td colspan="4">第 1 章　总则
第 1 条　目的
为了规范培训评估的组织与实施工作，采用合适的评估方法，验证培训活动的作用和效果，利用评估数据提高培训质量，对培训项目进程实现有效控制，特制定本细则。
第 2 条　适用范围
本细则适用于公司内部的培训评估组织与实施管理。</td></tr>
</table>

续表

第 3 条　职责界定

1. 培训总监全面负责公司培训效果评估的监督和指导工作。

2. 培训部经理负责公司培训效果评估的组织与审核工作。

3. 培训主管具体负责培训工作的组织与实施。

4. 其他各业务部门需全力配合培训部开展培训效果评估工作。

第 2 章　培训评估的类型及选择

第 4 条　培训评估的类型

1. 反应评估（一级评估）

反应层次是培训评估中的最低层次。它要解决的问题是，通过学员对培训项目注意力、兴趣以及教学方法、教学内容、服务环境等方面的研究，得出学员对培训的看法和态度。学员的反应对于终止或继续人力资源开发培训项目至关重要。对反应层次的评估常采用问卷调查、座谈等形式进行。

2. 学习评估（二级评估）

学习评估要解决的问题是学员从培训项目中学到了什么，是用来衡量学员对原理、事实、技术和技能的掌握程度。对学习层次的评估有多种衡量方法，包括书面测试、技能操作和情景模拟等。

3. 行为评估（三级评估）

行为评估要解决的问题是培训学员的行为是否发生了变化？其目的是为了确定从培训项目中学到的技能和知识在多大程度上转化为实际工作行为的改进。这个级别的评估可通过学员的上级、下级、同事以及学员的主观感受和培训前后行为变化的对比等方法来进行。

4. 成果评估（四级评估）

成果评估要解决的问题是行为的变化是否对组织产生了积极的影响。其目的是评定培训后员工对组织业绩改进的提高程度。可通过学员的跟踪调查，了解事故率、产量、成本、利润等指标来测定。

第 5 条　评估类型的选择

针对不同的培训项目选择差异性的评估类型，通常情况下遵循以下原则：

1. 新员工入职培训及部门级内训采用二级评估。

2. 公司级内训选择二级评估并根据实际情况确定是否需要加入三级评估。

3. 公司内部讲师培训选择一级及二级评估，并根据实际情况确定是否需要加入三级评估。

4. 外聘讲师培训须同时进行三级评估。

第 3 章　评估实施的内容及步骤

第 6 条　一级评估

一级评估的主要评估内容是学员反应。在培训结束后向学员下发培训效果评估表，学员根据评估表内容，对课程内容、讲师授课技巧等进行打分，并提出自己的改进意见与想法。评估结束以后培训部负责对评估表进行统计分析，评估结果作为内部讲师授课薪酬与课题修改的参考依据。

第 7 条　二级评估

二级评估的主要内容是学习评估。培训结束后根据既定的评估方式，对学员的知识掌握情况进行评估，并做好评估记录。评估结束后相关资料存档保存。

第 8 条　三级评估

三级评估主要为行为评估。培训结束后学员根据自己所学知识拟定工作改进计划及改进方法。培训部在必要的情况

续表

下与讲师沟通关于学员改进的方面和改进计划，并要求学员执行。改进计划编制完毕后下发至学员本人及直接主管、部门负责人等并立即执行。

在改进计划执行期间，学员的直接上级负责对学员的改进情况进行监督、指导，并要求学员每周做一次自评。改进计划执行完毕后，将改进计划表递交给部门负责人签字后报培训部。学员改进突出的，在月度绩效考核中可以给予加分。管理层学员的行为改进情况作为当月的一项工作计划进行考核。

第 9 条　成果评估

成果评估主要衡量内容是公司的经营业绩变化情况，包括员工行为改变对组织的影响是否积极，组织是否因为培训经营的更加顺利，产品质量、客户投诉率、员工流失率、市场份额等各方面是否实现了好转。

第 10 条　培训评估的实施步骤

1. 公司各部门根据要求，对月度培训计划中需要进行评估的课程进行效果评估，并做好相关评估记录，包括考试试卷、考试成绩表、实际操作评定表等。

2. 需要进行行为评估的课程，各级部门负责人根据公司相关制度要求推进评估工作。

3. 各部门应在月度培训检查工作中，对培训评估工作的执行情况进行评分。

第 3 章　培训评估结果检查及沟通

第 11 条　培训评估结果的检查

检查内容通常包括以下几项：

1. 检查要求进行评估的课程记录是否齐全。

2. 检查学习层面的评估记录是否齐全。

3. 检查行为改进计划的各项记录是否齐全。

第 12 条　培训评估结果的沟通

1. 与培训课程设计人员进行沟通

培训课程设计人员需要培训效果信息来改进培训项目，只有在分析培训效果的基础上，才能提高培训项目的质量。

2. 与公司高管沟通

公司管理层决定培训项目的资金投入情况，培训效果评估可为管理层对此类培训项目的投入决策提供依据。

3. 与学员沟通

使学员明确自己的培训效果，并且将自己的业绩表现与其他人的业绩表现进行比较，有助于他们提高工作业绩。

第 4 章　附则

第 13 条　本细则由培训部组织编制，并负责解释。

第 14 条　本细则经总经理审批同意后实施。

6.5 培训评估管理表单

6.5.1 培训课程评估问卷

<table>
<tr><td rowspan="2">文书名称</td><td rowspan="2">××公司培训课程评估问卷</td><td>制度编号</td><td></td></tr>
<tr><td>受控状态</td><td></td></tr>
<tr><td colspan="4">
尊敬的学员：
您好！为了及时了解我们的培训课程设计实施是否满足了您的工作需求，取得了哪些成绩或存在哪些不足，便于我们今后完善，请您花费几分钟的时间协助我们完成此份培训课程评估问卷。您的意见对我们改善培训课程至关重要，您的鼓励和支持能够帮助我们做得更好。感谢您对我们工作的配合！
一、个人信息
姓　　名：________　部　　门：________　职　　务：________
受训时间：________　受训地点：________　培训讲师：________
培训主题：____________________________________
以下内容请将您认为合适的答案填在题后的括号里。
二、对培训课程内容的满意度评价
1. 课时安排（　　）
A. 太长　B. 适中　C. 太短
2. 课程内容的难易程度（　　）
A. 非常难，难以理解　B. 适中，完全可以理解　C. 很容易
3. 课程的实用性（　　）
A. 课程提供了许多可以使用的方法和工具　B. 课程提供了少量可以使用的方法和工具
C. 课程提供了方法和工具，但无法使用　D. 课程没有提供方法和工具
4. 本次课程内容对您需要的满足程度（　　）
A. 太简单，一点都用不上　B. 不太需要　C. 一般　D. 比较需要
E. 非常需要
5. 所学知识是否能应用到工作中（　　）
A. 完全能够　B. 大部分能够　C. 有一些能够　D. 完全不能
6. 您认为本次培训课程学习过程中存在问题的事项为（　　）（可多选）
A. 进度　B. 讲师授课技巧　C. 学习材料的发放　D. 培训服务
E. 其他
7. 您是否愿意推荐本课程（　　）
A. 是　B. 否
三、对培训讲师的满意度评价
8. 培训讲师专业知识熟练程度（　　）
A. 非常熟练　B. 比较熟练　C. 不够熟练　D. 很不熟练
</td></tr>
</table>

续表

9. 讲师的培训技巧（　　） A. 非常专业　　B. 比较专业　　C. 不够专业　　D. 很不专业 10. 讲师控制课堂气氛的能力（　　） A. 非常好　　B. 比较好　　C. 不够好　　D. 很不好 11. 请您选择对本次培训课程实施的整体满意程度评价（　　） A. 很满意　　B. 满意　　C. 一般　　D. 不满意 E. 很不满意 四、其他建议 12. 您从本课程中学到的最重要的东西是什么？ 13. 本课程中您最喜欢的内容（部分）是什么？ 14. 您认为，本次课程对您的帮助是什么？ 15. 今后还希望开展哪些培训课程？ 16. 请列出您的其他改进意见或建议。

6.5.2　培训讲师评估问卷

<table>
<tr><td rowspan="2">文本名称</td><td rowspan="2">××公司培训讲师评估问卷</td><td>受控状态</td><td></td></tr>
<tr><td>编　号</td><td></td></tr>
<tr><td colspan="4">尊敬的学员：
为了提高公司的培训效果，及时为您提供工作需要的知识、技能和能力，针对每次培训的课程内容公司希望能够安排合适的培训讲师，选择恰当的授课方法，及时将相应的知识、技能最大限度地传授给您，便于您对新知识、新技能的吸收。为此，请您花几分钟时间，对本次培训的培训讲师进行评价反馈，您提出的宝贵意见对于我们提高培训工作质量至关重要，衷心感谢您的合作！
请您根据自己的感觉据实回答以下问题，将合适的答案填在后边的括号里。</td></tr>
</table>

续表

一、选择题

（一）课程内容方面

1. 课程目标的明确性（　　）

A. 很不满意　　B. 比较满意　　C. 满意　　D. 非常满意

2. 课程内容的适用性（　　）

A. 很不满意　　B. 比较满意　　C. 满意　　D. 非常满意

3. 课程理论知识的系统性（　　）

A. 很不满意　　B. 比较满意　　C. 满意　　D. 非常满意

4. 课程结构设计，内容编排的合理性（　　）

A. 很不满意　　B. 比较满意　　C. 满意　　D. 非常满意

5. 课程对个人需求的满足程度（　　）

A. 很不满意　　B. 比较满意　　C. 满意　　D. 非常满意

（二）培训讲师

6. 对课程主题和重点的把握程度（　　）

A. 很不满意　　B. 比较满意　　C. 满意　　D. 非常满意

7. 语言表达清晰易于理解（　　）

A. 很不满意　　B. 比较满意　　C. 满意　　D. 非常满意

8. 对学员意见的关注程度（　　）

A. 很不满意　　B. 比较满意　　C. 满意　　D. 非常满意

9. 与学员之间的互动和交流（　　）

A. 很不满意　　B. 比较满意　　C. 满意　　D. 非常满意

10. 对学员提问的答复的清楚及完整度（　　）

A. 很不满意　　B. 比较满意　　C. 满意　　D. 非常满意

11. 对课程气氛的调动和掌控能力（　　）

A. 很不满意　　B. 比较满意　　C. 满意　　D. 非常满意

12. 对授课的热情与责任心（　　）

A. 很不满意　　B. 比较满意　　C. 满意　　D. 非常满意

13. 授课进度是否合适（　　）

A. 很不满意　　B. 比较满意　　C. 满意　　D. 非常满意

14. 您对讲师的综合评价（　　）

A. 很不满意　　B. 比较满意　　C. 满意　　D. 非常满意

15. 注重理论与实践相结合程度（　　）

A. 很不满意　　B. 比较满意　　C. 满意　　D. 非常满意

二、问答题

16. 您认为哪些内容对您帮助最大？

续表

17. 您认为哪些内容最需要调整和补充？为什么？
18. 您对本次培训的其他建议或意见有哪些？请详述。

6.5.3　培训效果评估反馈表

培训效果评估反馈表见表 6—4。

表 6—4　　**培训效果评估反馈表**

项目名称		培训内容		学员姓名	
讲师姓名		培训时间		学员职位	

评估项目		评估得分（满分 100 分）				
		不合格（0）	合格（2）	一般（3）	良好（4）	优秀（5）
培训内容	难度适中、易于理解					
	切合实际、便于应用					
	能提高客户服务技巧					
	有助于提高工作沟通能力					
	有助于应对特殊问题					
	有助于纠正不良工作习惯					
	有助于提高工作效率					
	有助于满足客户需求					
	培训形式新颖性					
	课程理论知识的系统性强					
培训讲师	教学方法得当					
	课堂气氛良好					
	内容讲授清晰、有条理					
	能够与学员进行互动					
	讲解语言准确、易懂					
培训组织	培训时间安排得当					
	培训课程安排合理					
	培训设备运行良好					
	培训资料齐全性					
	培训场所安全与舒适					

培训对本人工作的帮助	
对此次培训的整体评价	
对下次培训的建议	
希望公司组织哪方面的培训	

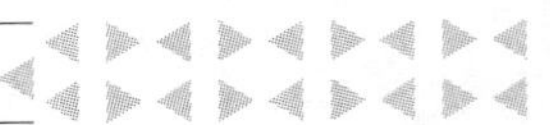

6.5.4 外包课程评估问卷

<table>
<tr><td rowspan="2">文书名称</td><td rowspan="2">××公司外包课程评估问卷</td><td>编号</td><td></td></tr>
<tr><td>受控状态</td><td></td></tr>
</table>

尊敬的学员：

您好！为了及时了解本次外包培训课程产生的效果，请您花费几分钟时间帮助我们完成此份培训课程评估问卷，您的反馈对我们改善培训课程很重要，您的反馈能够帮助我们做得更好，衷心感谢您的配合！

一、个人信息

姓　　名：________　部　　门：________　职　　务：________

培训时间：________　培训地点：________　培训讲师：________

培训主题：____________________

二、对课程内容的满意度评价

1. 课时安排（　　）

A. 太长　B. 适中　C. 太短

2. 课程内容的难易程度（　　）

A. 非常难，难以理解　B. 适中，完全可以理解　C. 很容易

3. 课程的实用性（　　）

A. 课程提供了许多可以使用的方法和工具　B. 课程提供了少量可以使用的方法和工具

C 课程提供了方法和工具，但无法使用　D. 课程没有提供方法和工具

4. 本次课程内容满足您工作需要的程度（　　）

A. 太简单，一点都用不上　B. 不太需要　C. 一般　D. 比较需要

E. 非常需要

5. 所学的知识能在实际工作中应用到的程度（　　）

A. 完全能够　B. 大部分能够　C. 有一些能够　D. 完全不能

6. 您认为本次培训课程学习过程中存在问题的事项为（　　）（可多选）

A. 进度　B. 讲师授课技巧　C. 学习材料的发放　D. 培训服务

E. 其他

7. 您是否愿意推荐本课程（　　）

A. 是　B. 否

三、对培训讲师满意度评价

8. 培训讲师专业知识熟练程度（　　）

A. 非常熟练　B. 比较熟练　C. 不够熟练　D. 很不熟练

9. 讲师的培训技巧（　　）

A. 非常专业　B. 比较专业　C. 不够专业　D. 很不专业

10. 讲师控制课堂气氛的能力（　　）

A. 非常好　B. 比较好　C. 不够好　D. 很不好

续表

11. 请您选择对本次培训课程实施的整体满意程度评价（　　）

A. 很满意　　B. 满意　　C. 一般　　D. 不满意

E. 很不满意

四、其他建议

12. 从本课程中您学到的最重要的知识是什么?

13. 本课程中您最感兴趣的内容（部分）是什么?

14. 您认为，本次课程对您最大的帮助是什么?

15. 您希望今后还应开展哪些方面的培训课程?

16. 请您列出其他的改进意见或建议。

6.5.5　外包讲师评估问卷

培训课程名称		讲师姓名	
以下项目，请在您认为最合适的答案前打“√”			
讲师授课方法非常新颖	□是　□有创新　□常用的方法		
讲师授课对本人的吸引力很大	□非常有吸引力　□有吸引力　□没有吸引力		
讲师授课备课很充分	□是　□不太充分　□没有备课		
讲师注重与学员互动，有目光交流	□是　□有一些　□几乎没有		
教学中使用案例，理论与实践相结合	□大量使用　□很少使用　□几乎没有使用		
讲师语言表达简练	□很简练　□一般化　□不太简练		
讲师授课内容条理性强	□条理性强　□尚可　□缺乏条理性		
讲师语言表达速度适中	□适中　□尚可　□过快　□过慢		
教学气氛活跃，局面控制好	□极好　□尚可　□不太好　□差		
讲师授课内容容易听懂	□是　□基本能听懂　□不太懂　□不懂		

续表

培训课程名称		讲师姓名	
本人对讲师的总体评价	□优秀　□良好　□一般　□差		
本人是否会向他人推荐此讲师的课程	□会推荐　□不推荐		
若有其他未提及问题，请您补充其他建议或意见			

6.5.6　外包培训效果评估反馈表

外包培训效果评估反馈表见表6—5。

表6—5　外包培训效果评估反馈表

培训机构		培训地址		合作期限	
培训效果评估记录表					
培训课程					
学员评价					
培训师整体授课水平					
培训教材的提供情况					
课程时间的安排情况					
培训后期跟踪辅导情况					
培训收益情况					
其他					

第 7 章 培训效果的跟踪与监控

7.1 培训前对培训效果的监控

7.1.1 培训管理人员的监控

培训管理人员是指在培训中行使管理职能、指挥并协调相关人员完成具体培训任务的人员，其工作绩效的好坏直接关系着培训的成败。

企业监控有助于帮助培训管理人员改善其工作绩效，为培训的具体实施提供支持和保障。企业监控培训管理人员工作的内容主要有如图7—1所示的七个方面。

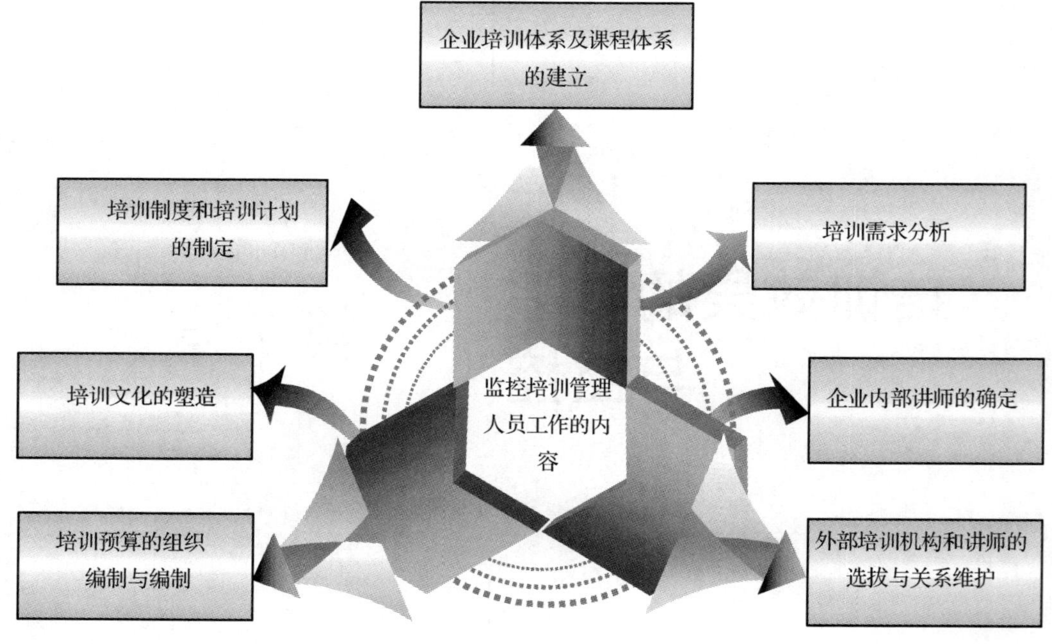

图7—1 监控培训管理人员工作的内容

7.1.2 培训执行人员的监控

培训执行人员主要负责培训活动的具体实施。培训执行人员主要包括培训主管、培训课程运营主管、培训讲师和培训专员等。

针对不同的培训执行人员，应有区别地开展监控工作，以确保培训的活动顺利进行。企业培训执行人员工作的内容见表7—1。

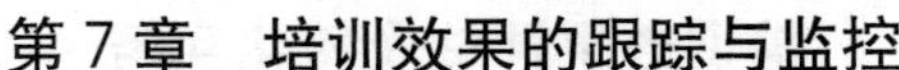

表7—1　培训执行人员工作的内容

监控对象	工作内容
培训主管	1. 建立并维护培训体系的协助工作
	2. 培训工作的策划、组织与推进
	3. 培训项目方案的撰写（依据为企业培训规划和计划）
	4. 培训需求调研实施，调研报告撰写
	5. 企业培训的组织实施
课程运营主管	1. 课程平台的建立、宣传推广和内容策划
	2. 课程整合计划的制定与实施
	3. 培训课程的导入与课程培训的优势宣传
	4. 相关人员改进并确定原有课程的组织工作
	5. 课程现状评估
培训讲师	1. 企业各类员工的培训需求调研的协助和参与工作
	2. 相关课程与学习资料的搜集和评估，培训课程开发与设计
培训专员	1. 培训主管开展培训调查的协助工作，培训需求调查结果的分析和整理
	2. 企业培训工作策划的协助工作
	3. 相关资料的收集
	4. 组织实施培训项目的协助工作
	5. 培训主管交代的培训前的其他工作完成情况

7.1.3　受训者本人的测试

培训前企业对受训者本人的测试，有助于帮助企业了解与受训者实际工作高度相关的知识、技能和能力水平，以便于与培训后的状况进行比较并最终确定培训的效果。

针对受训者本人的测试，企业通常采用笔试和面谈测试的方法来了解培训前学员的知识、技能和能力水平，并将测试结果汇总在受训学员测试报告表内，见表7—2。

表7—2　受训学员测试报告表

受训学员姓名		工作名称		填表日期	____年____月____日
知识与技能	（主要是介绍受训学员目前掌握的知识和技能，内容应详细到每项工作、任务的名称、所需的工具、器材和其他支持设备的名称）				
心理品质和能力素质	（主要接受受训学员目前的心理品质的水平，即人格、态度、一般和特殊的能力等，内容应根据受训学员所在岗位的要求进行排列）				
特殊因素	（主要介绍所有可能影响培训内容的领域、文化、环境或语言因素等）				

7.1.4 控制实验法的运用

1. 控制实验法内涵界定

控制实验法（Experimentation）指的是在特定的实验情境下进行，而且在研究进行时对某些实验因素加以人为控制的一种方法。控制实验法适用于探究因果关系的研究，主要具有如图 7—2 所示的两个特点。

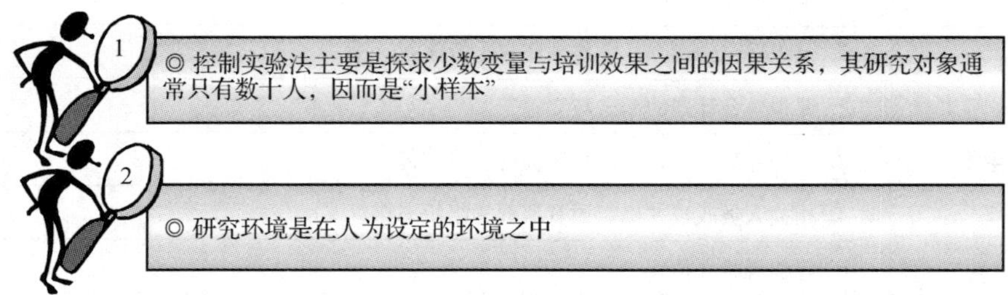

图 7—2 控制实验法的特点

2. 控制实验法运用的操作要点

控制实验法是评价培训计划，检验培训计划效益时所使用的最佳方法。其运用的操作要点如图 7—3 所示。

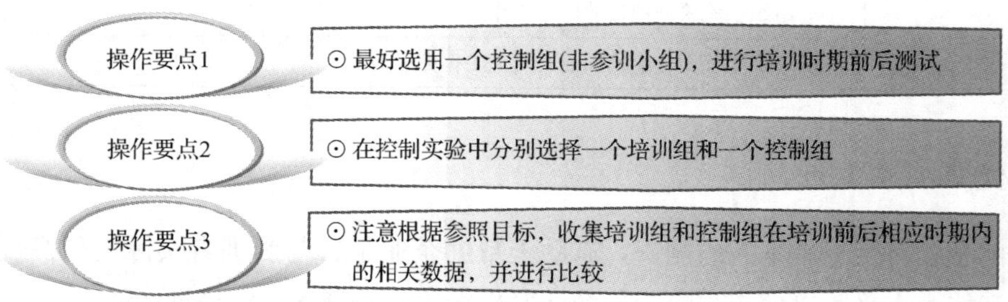

图 7—3 控制实验法运用的操作要点

企业通过运用控制实验法进行培训组和控制组在培训期前后的比较，能确定培训组中员工的工作绩效，是由培训而不是由整个企业的某些变化（如涨工资等）引起的，进而保障培训效果。

7.2 培训中对培训效果的监控

7.2.1 受训者对培训项目的认知

在企业培训中，只有当受训者对培训项目比较了解后，其才能对培训本身产生兴趣并有接受培训的积极性。企业提高受训者对培训项目的认知程度主要借助于以下三个渠道实现，具体如图 7—4 所示。

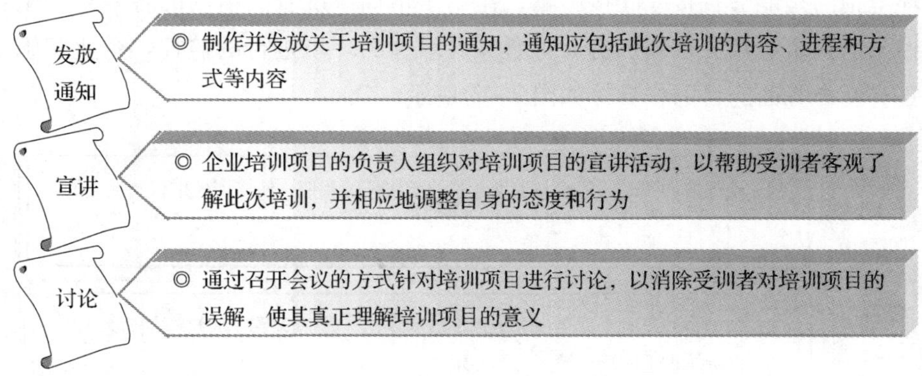

图 7—4　企业提高受训者认知培训项目的渠道

7.2.2　受训群体与培训内容设置

企业培训若要取得预期的效果，须保证培训内容与受训者的实际需求的合理链接，即把培训有针对性地提供给真正需要培训的人员。实际运作中培训内容与受训者的实际需求合理衔接的方式主要有两种，具体如图 7—5 所示。

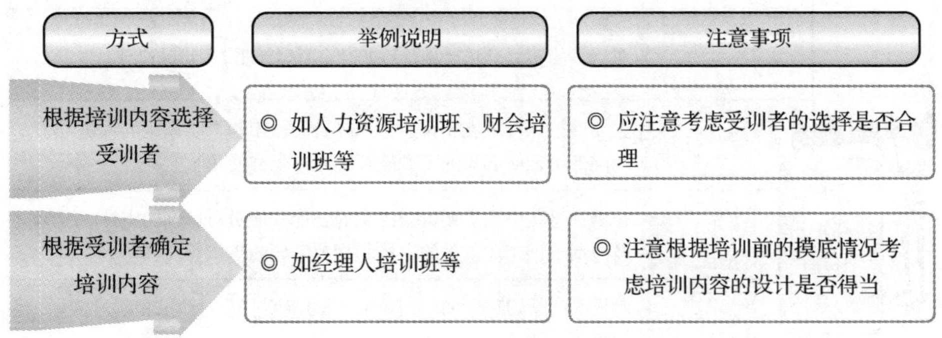

图 7—5　培训内容与受训者实际需求合理衔接的方式

7.2.3　培训进度和环节的监控

企业培训进度监控是保证培训项目在时间进度和资源投入进度等方面与规划投入进度保持一致性。

培训环节监控指的是评估受训者在不同培训阶段的提高和进步幅度，及时发现受训者取得的进步同规划预期的差距并及时采取补救措施。

培训进度和环节的监控主要适用于大型培训项目，更适用于承接性很强的培训项目。

7.2.4 培训环境的监控

培训环境指的是能够直接或间接影响、作用于培训系统及其活动的各要素的组合。培训环境的监控指的是企业相关培训负责人对所开展培训的环境进行的监控，企业实施培训环境监控主要具有两个方面的目的，具体如图 7—6 所示。

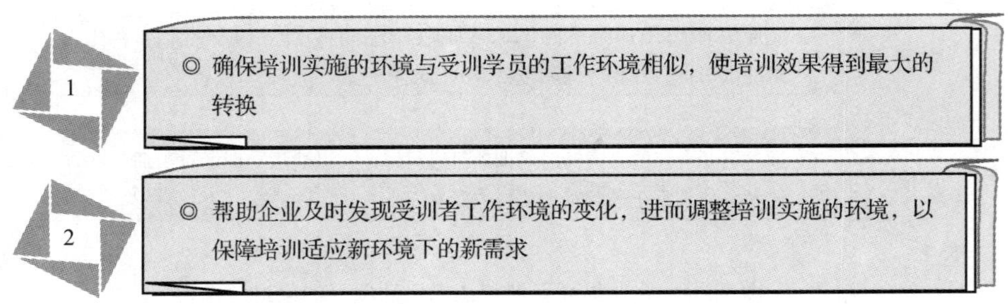

图 7—6 企业实施培训环境监控的目的

合理的培训环境监控可以加速培训过程的进行，并确保培训活动的顺利开展，培训环境监控具体包括如图 7—7 所示的六个方面的内容。

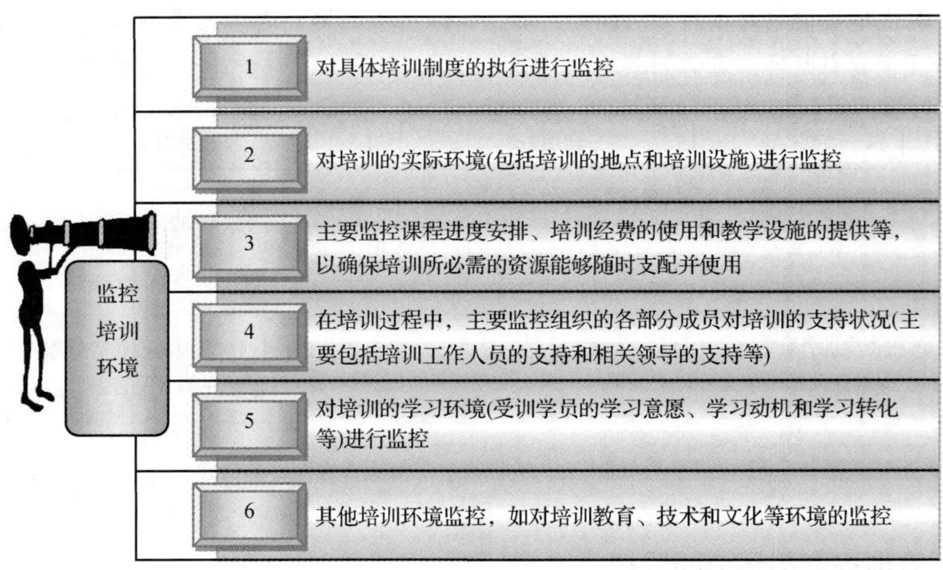

图 7—7 企业培训环境监控的内容

7.2.5 培训经费的监控

培训经费是支持培训活动开展的资金保障，主要包括培训的场地费用、交通费用、授课费用、餐饮费用、住宿费用、教材费用、设施费用和培训用具费用等。

必要的培训经费保障是培训活动得以顺利实现的物质基础，为了将企业的培训经费控制在合理范围内并使其得到有效利用，企业在培训过程中，应注重对培训经费进行如图 7—8 所示的四个方面的监控。

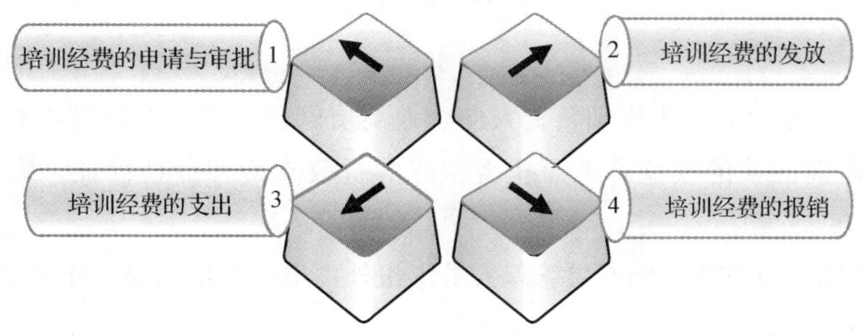

图 7—8　培训经费监控的内容

7.2.6　外包机构和相关人员的监控

培训外包机构是企业根据自身的实际状况（主要包括企业规模和企业战略等）选择对本企业员工进行培训的外部培训机构。相关人员包括外包机构培训管理人员和培训讲师，培训管理人员和培训讲师都是培训的具体执行者，培训最终效果的好坏与两者的工作密切相关。

为了让外包机构和相关人员有能力做好培训，企业应在培训外包实施的过程中加强对如图 7—9 所示的七个方面的监控。

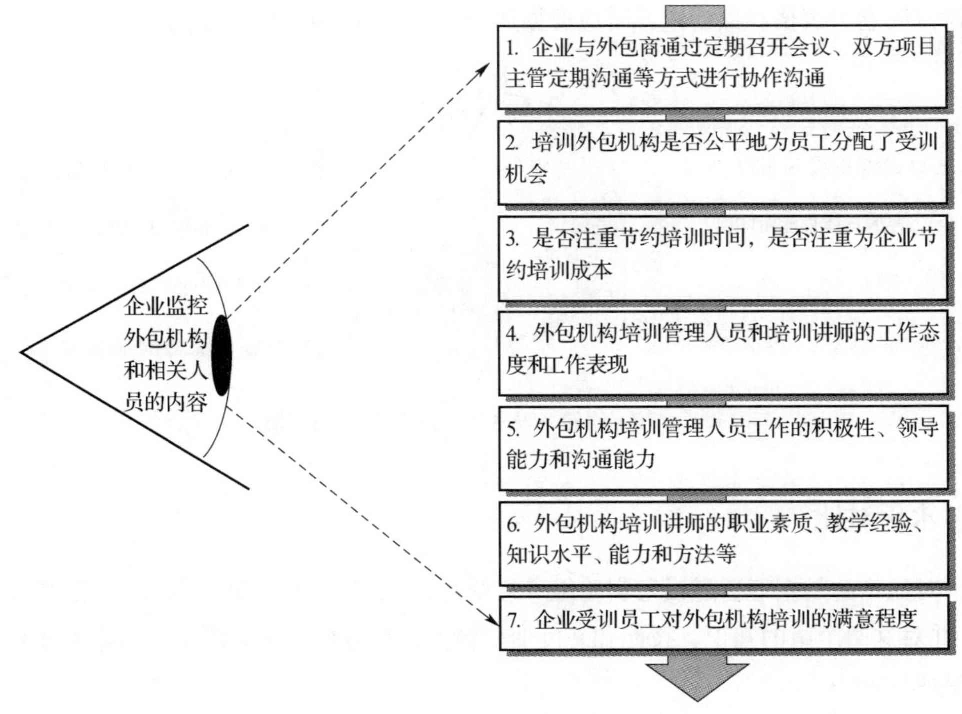

图 7—9　企业监控外包机构和相关人员的内容

7.3 培训效率评估

培训效率评估结束后要求培训负责人向企业高层管理人员提交培训项目评估报告，以让其获知支持培训所获的收益，进而获得相应的行政支持和资金保证，确保培训的顺利开展。

此外，培训效率评估除了向高层管理人员汇报外，也是对培训部工作很好的总结，有助于提高培训效率。

通过培训效率评估，企业可以将受训学员培训前效率与培训后效率进行纵向对比，受训学员与其他受训学员的培训效率进行水平对比，受训学员实际达到的效率和应该达到的效率进行基准对比，从而找出差距，制定改进措施，进一步提高培训质量。

7.3.1 纵向对比

纵向对比指的是在培训课程前和培训完成后，通过调查问卷和表格等工具，针对不同课程的具体内容要求而实施的对受训人员知识、技能和态度的变化程度的了解和分析。

纵向对比针对的是个体受训人员的知识、技能和态度的变化情况。企业在运用纵向对比中设计调查问卷、表格和面谈内容时应遵循如图 7—10 所示的两个原则。

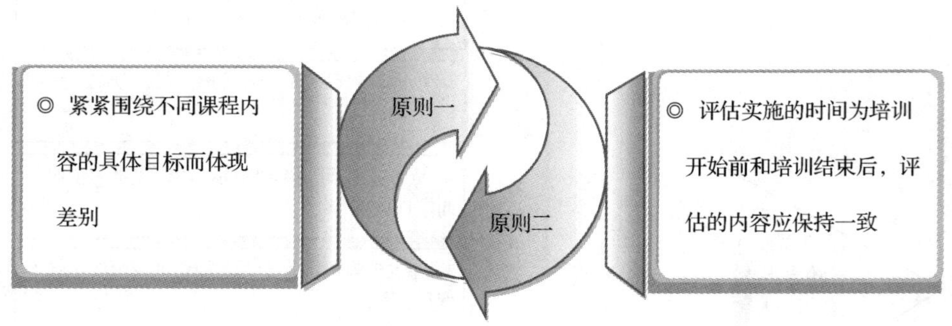

图 7—10 问卷、表格和面谈内容的设计原则

7.3.2 水平对比

水平对比指的是企业通过设定实验组（接受过培训的人员）和参照组（未接受过培训的人员），并对这两个组的知识、技能和态度变化情况进行分析，从而测定培训内容效果的一种培训效率评估方法。

其中，企业在确定实验组和参照组时，必须确保参照组和实验组具有相同的特征，如工作时间、工作内容、年龄特征和人员数量等。大多数企业在开展培训时，主要通过进行综合测评的方式进行可量化的水平对比。图 7—11 给出用综合测评的方式进行水平对比的例子，供读者参考。

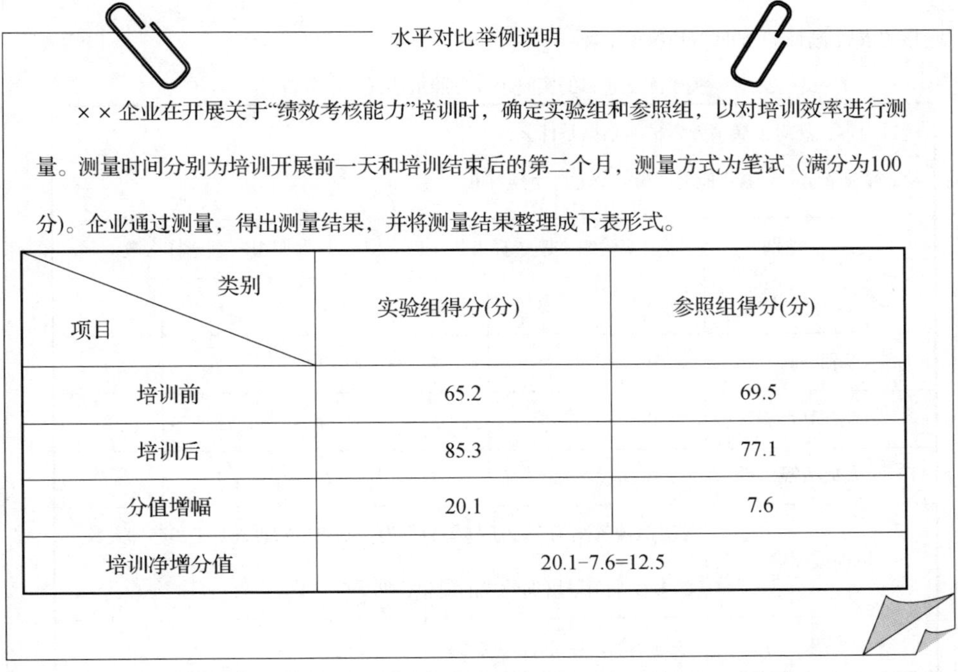

水平对比举例说明

××企业在开展关于"绩效考核能力"培训时，确定实验组和参照组，以对培训效率进行测量。测量时间分别为培训开展前一天和培训结束后的第二个月，测量方式为笔试（满分为100分）。企业通过测量，得出测量结果，并将测量结果整理成下表形式。

类别 项目	实验组得分(分)	参照组得分(分)
培训前	65.2	69.5
培训后	85.3	77.1
分值增幅	20.1	7.6
培训净增分值	20.1-7.6=12.5	

图 7—11　运用综合测评方式进行水平对比举例说明

企业通过对实验组和参照组培训前后实施的测量，可以对培训的知识、技能和态度的变化情况进行整体的把握。而要想对培训在具体哪类知识和技能，哪些方面的态度等情况进行测量，就需要对相关题目的选择人数进行分析。本书以××企业为例加以说明，具体如图 7—12 所示。

7.3.3　基准对比

基准对比要求企业在拟订培训计划时，将受训学员完成培训计划后应学到的知识、技能，应改进的工作态度及行为和应达到的绩效标准列入其中。

培训课程结束后，企业应将受训学员的测试成绩和实际工作表现与既定的培训标准进行比较，以衡量出培训效果。

企业通常采用任务分析法和绩效分析法两种方法来确定培训标准，具体内容如图 7—13 所示。

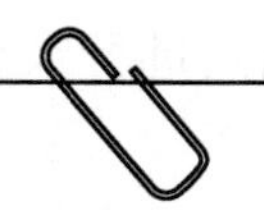

××企业水平对比分析说明

在××企业关于“绩效考核能力”的测试题中，实验组和参照组对题目“您对下属绩效考核的依据是什么”的回答情况见下表。

关于测试题目的实验组和参照组选择人数分析表

题目内容：您对下属绩效考核的依据是什么？ A. 客观事实　　B. 他人评价　　C. 主观判断						
类别／项目	实验组本题选择人数			参照组本题选择人数		
	A	B	C	A	B	C
培训前	12	9	3	12	7	4
培训后	18	5	2	14	8	2
人数增幅	6	-4	-1	2	1	-2
培训贡献度	若以A项答案为企业所提倡的行为，则可以根据A项答案选择人数的多少来衡量培训效果的转化，即为6-2=4					
结果	通过培训，增加的人数为4					

图 7—12　××企业“绩效考核能力”测试题目选择的水平对比说明

任务分析法

企业的培训部门设计任务分析表，详细列明有关工作任务和工作技能的信息，信息包括主要任务、各任务的频率和绩效标准、完成任务所必需的知识和技能等内容

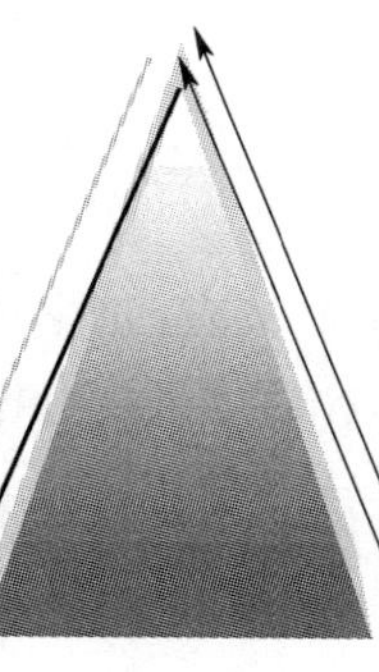

绩效分析法

1. 绩效分析法需要与绩效考核相结合，以确定标准绩效

2. 通过比较受训员工的实际考核结果与期初制定的标准绩效的差别，确定培训效率

图 7—13　培训标准确定的方法

7.4　培训信度与效度评估

培训信度与效度评估是对培训评估过程中所使用方法的正确性与有效性进行的检验，这无疑会提高培训效果评估的质量。信度和效度是对测试方法的基本要求，只有信度和效度达到一定水平的测试，其结果才适用于作为决定培训效果的依据，否则将误导测评人员，影响其做出正确的判断。

7.4.1　信度评估与反馈

培训信度是指企业对培训项目所取得的成效进行测试时，其测量结果的长期稳定程度。培训信度主要具有如图7—14所示的两方面的意义。

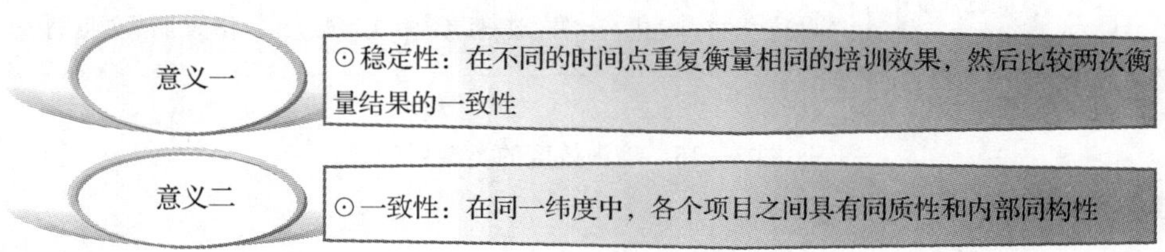

图7—14　培训信度评估的意义

通常情况下，培训信度可分为稳定系数、等值系数和内在一致性系数三种类型，具体如图7—15所示。

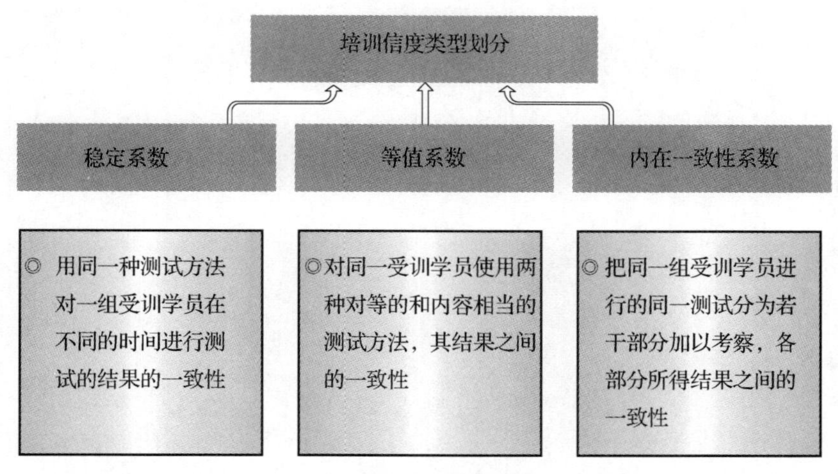

图7—15　培训信度评估的类型划分

7.4.2 效度评估与反馈

培训效度，即培训的有效性和精确性，是指实际测到的受训者的培训效果与想要测到的培训效果的符合程度。培训效度主要有预测效度、内容效度和同侧效度三种类型，具体如图7—16所示。

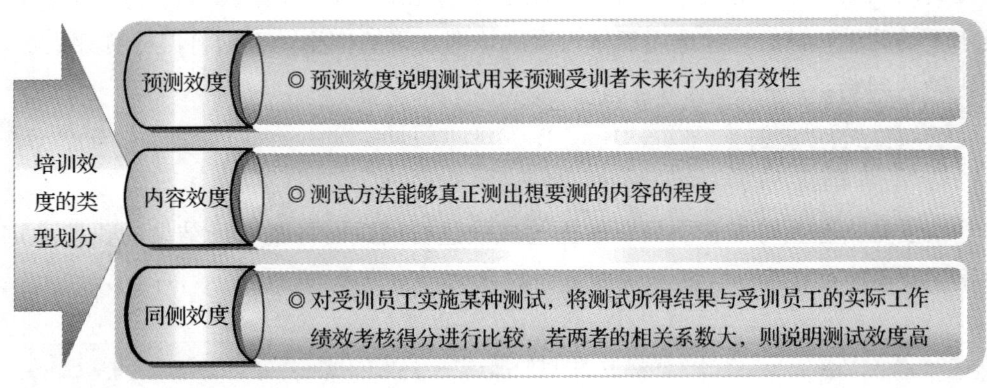

图7—16 培训效度的类型划分

第 8 章 培训效果评估方法的选择

8.1　培训效果评估方法的类型

8.1.1　培训效果评估类型划分

用于培训效果评估的方法有很多种，总而言之，有定量评估法和定性评估法两种。定量评估法和定性评估法的区别如图 8—1 所示。

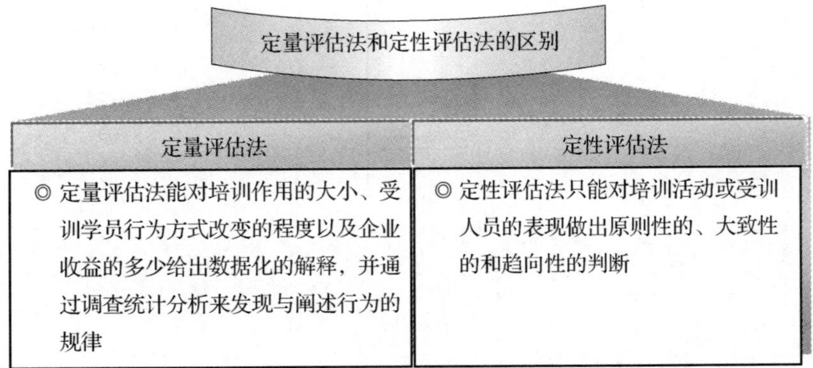

图 8—1　定性评估法和定量评估法的区别

按照具体形式的不同，定性评估法和定量评估法可以划分为如图 8—2 所示的方法。

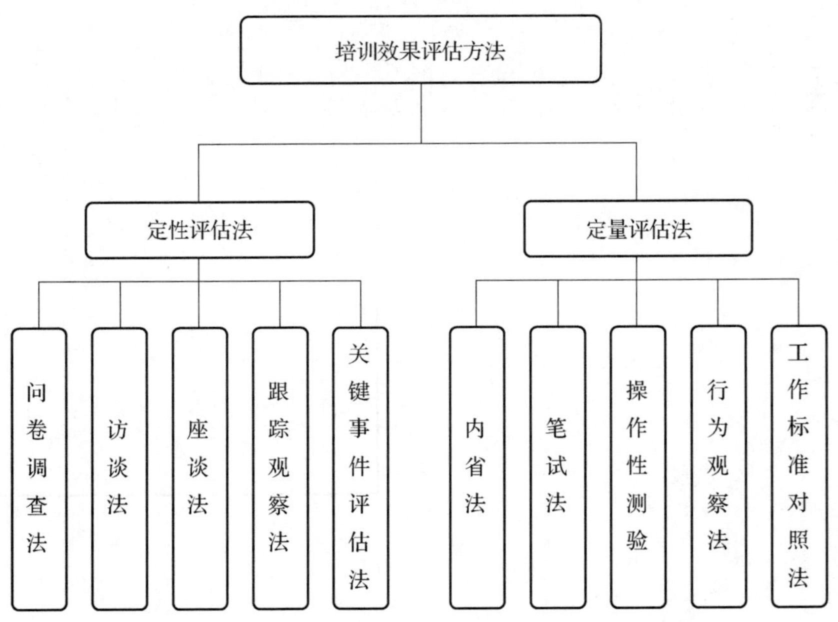

图 8—2　定量评估法和定性评估法的方法种类

企业培训效果评估是一项较为复杂的管理活动，并没有一个固定的模式。因此，不同的企业需要根据自身的具体情况选择合适的培训效果评估方法，这样才能得到真实、客观的评估结果。

8.1.2 定量评估法

定量评估法指的是通过将与培训相关的成本、收益等信息和数量进行量化，从而对培训的效果进行衡量的一种方法。

运用定量评估法所获得培训效果评估的成果主要是硬性的指标，如成本收益分析、产量增加、质量改进、生产效率提高、成本节约和利润增加等。

8.1.3 定性评估法

1. 定性评估法适用范围

定性评估法指的是培训效果评估者在调查研究和了解实际情况的基础上，根据自身的经验和相关标准，对培训效果做出评估的一种方法。定性评估法主要适用于对不能量化的培训因素进行评估，如员工工作态度的变化等。

2. 定性评估法的优缺点

定性评估法所得的评估结果是一种价值判断。企业在运用定性评估法对培训效果进行评估时，不仅要关注其优点，更要注意规避其带来的风险。定性评估法的优缺点如图 8—3 所示。

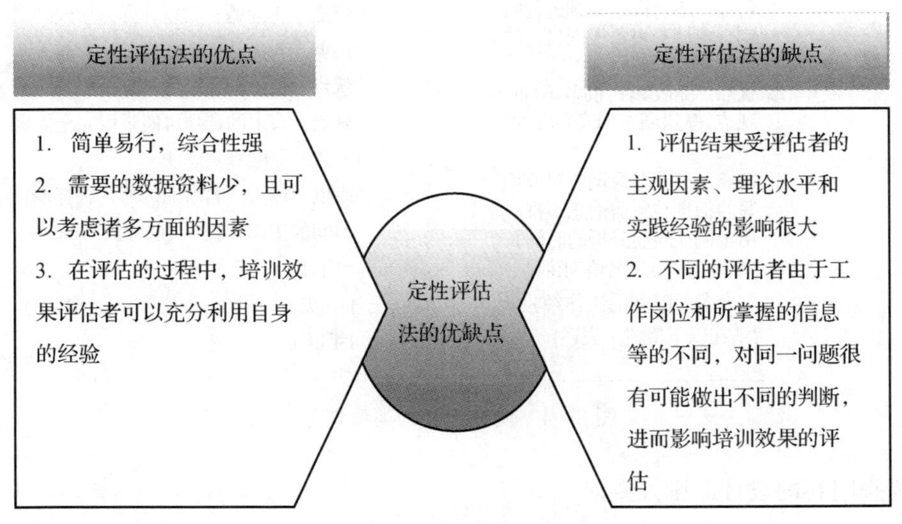

图 8—3 定性评估法的优缺点

8.2 定性评估

8.2.1 问卷调查法

1. 问卷调查法内涵界定

问卷调查法指的是借助预先设计好的培训效果调查表或调查问卷，在培训课程结束后向参训学员了解相关培训效果信息的一种方法。

2. 调查问卷的设计

（1）调查问卷的类型划分

调查问卷按照不同的标准可以设计出不同的问卷。其中，最常见的是按照问题的表达方式可以将调查问卷划分为开放式调查问卷和封闭式调查问卷，具体如图 8—4 所示。

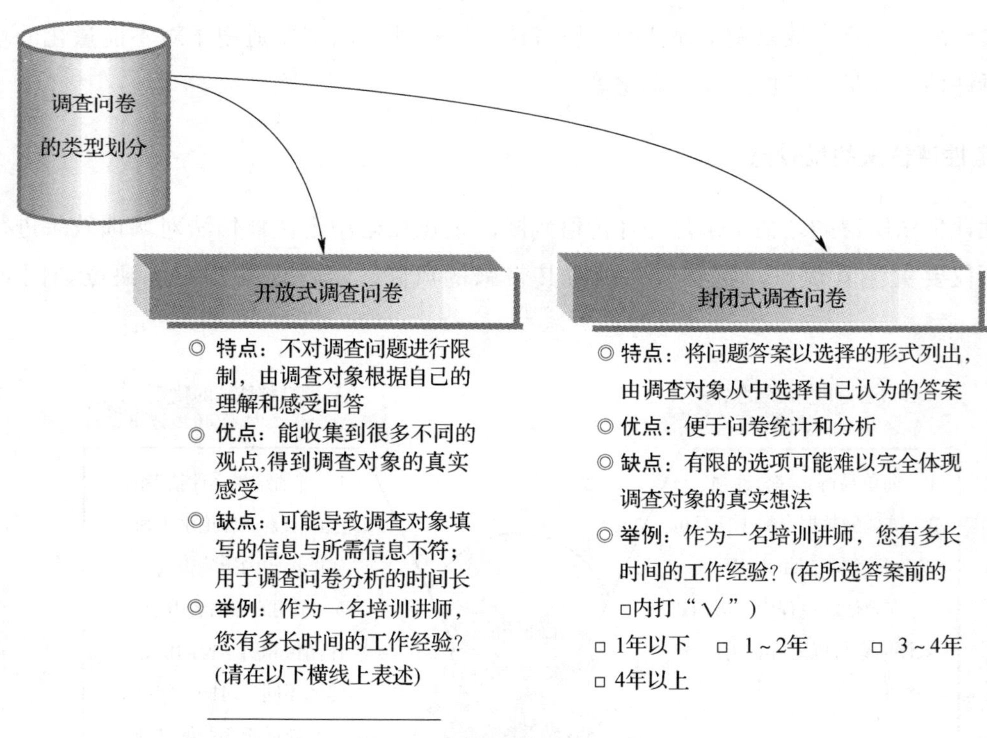

图 8—4 调查问卷的类型划分

（2）调查问卷的设计原则及要求

问卷调查法实施的关键在于设计出一份优秀的问卷。一份完整的调查问卷应包含问卷名称、填写说明、致谢等内容。

为了便于调查对象回答问题和整理、分析调查问卷的资料，企业应遵循相应的原则设计出符合一定要求的调查问卷，具体如图 8—5 所示。

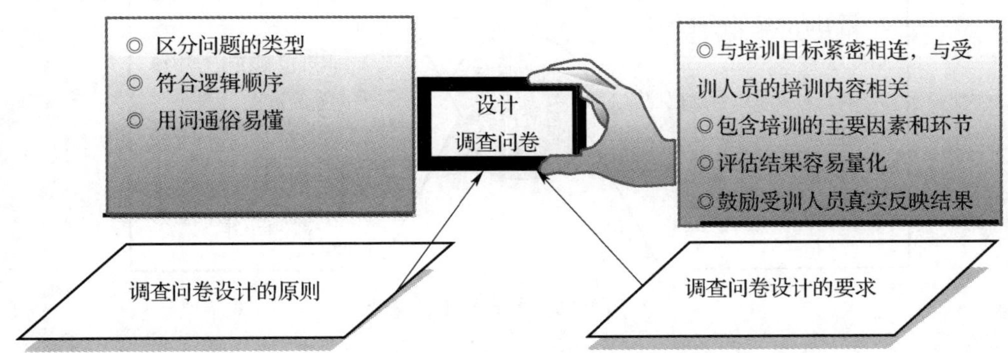

图 8—5　调查问卷设计的原则及要求

(3) 调查问卷的设计流程

问卷调查能否取得成功，关键在于调查问卷的质量。因此，问卷调查设计必须严格遵守设计的流程，以确保问卷具有较高的信度和效度。调查问卷设计的流程如图 8—6 所示。

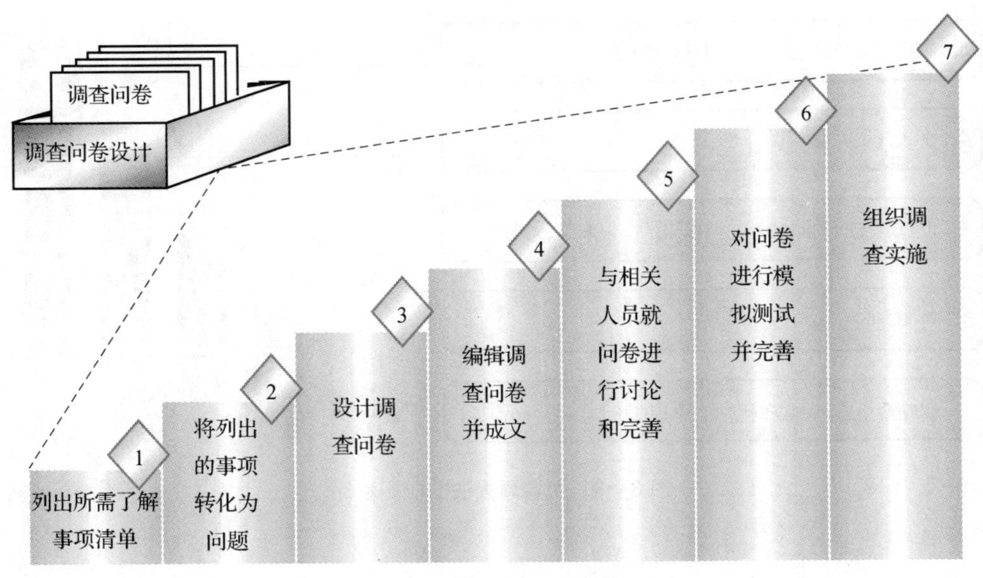

图 8—6　调查问卷设计的流程

3. 问卷调查法的优缺点

运用问卷调查法对培训效果进行定性评估时，不仅要关注其优点，更要注意规避其带来的风险。问卷调查法的优缺点如图 8—7 所示。

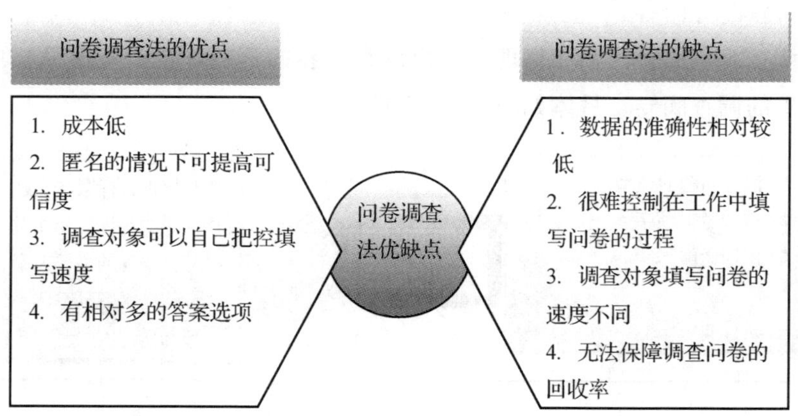

图 8—7　问卷调查法的优缺点

4. 问卷调查法的操作步骤

要做好问卷调查工作，应该分步骤进行，并且严格按照问卷调查的流程，注意明确调查目的，并根据调查的目的设计出符合评估要求的问卷，以确保问卷调查的顺利开展，进而确保调查问卷测试的效果。问卷调查法的应用程序如图 8—8 所示。

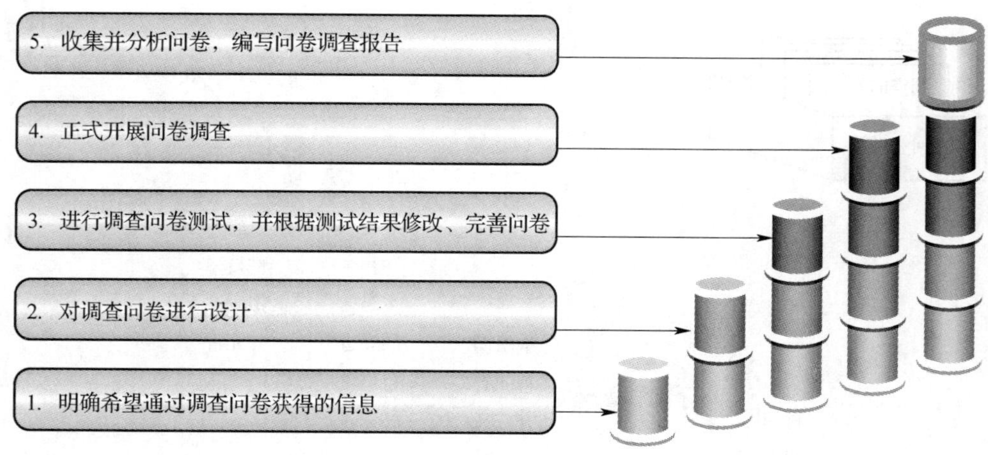

图 8—8　问卷调查法的应用程序

5. 问卷调查法配套工具

问卷调查法的测试范围较广，涉及培训课程、培训讲师、培训组织和受训人员参与程度等多个方面的内容。以下是××企业根据调查测试内容所设计的五个培训效果调查配套工具，即学员表现调查表、培训效果调查表和培训效果调查问卷，见表 8—1 至表 8—4。

（1）学员表现调查表（培训讲师填写）

表 8—1　　学员表现调查表

<table>
<tr><td colspan="2">培训课程</td><td colspan="2"></td><td>参训人数</td><td></td></tr>
<tr><td colspan="2">参训日期</td><td colspan="2"></td><td>填表日期</td><td></td></tr>
<tr><td>序号</td><td>调查项目</td><td colspan="4"></td></tr>
<tr><td>1</td><td>学员参与情况</td><td colspan="4"></td></tr>
<tr><td>2</td><td>对培训内容的理解情况</td><td colspan="4"></td></tr>
<tr><td>3</td><td>回答问题的积极性</td><td colspan="4"></td></tr>
<tr><td>4</td><td>回答问题的准确性</td><td colspan="4"></td></tr>
<tr><td>5</td><td>参与课程游戏情况</td><td colspan="4"></td></tr>
<tr><td rowspan="5">6</td><td rowspan="5">培训结束后学员的测试结果</td><td colspan="4">成绩统计表</td></tr>
<tr><td rowspan="4">存在的问题说明</td><td colspan="3">1</td></tr>
<tr><td colspan="3">2</td></tr>
<tr><td colspan="3">3</td></tr>
<tr><td colspan="3">……</td></tr>
</table>

（2）培训效果调查表（一）

表 8—2　　培训效果调查表（一）

<table>
<tr><td>培训课程</td><td colspan="2"></td><td colspan="2">培训讲师</td><td colspan="2"></td></tr>
<tr><td>受训人员</td><td colspan="2"></td><td colspan="2">所属部门</td><td colspan="2"></td></tr>
</table>

评估项目	评估内容	评估得分				
		1 分	2 分	3 分	4 分	5 分
培训组织	1. 对此次培训的整体评价					
	2. 本次培训组织的整体安排和配合是否到位					
培训课程	1. 课程培训的目的和意义是否了解并能够阐释					
	2. 课程内容是否清晰明确					
	3. 课程所用的教材是否合适					
	4. 课程的难易程度是否合适					
	5. 课程是否得到了有效的总结					
培训讲师	1. 讲师的仪表仪态是否得当					
	2. 讲师语言表达是否顺畅					
	3. 所采用的授课方法是否合适					
	4. 讲师把控授课进程是否合适					
	5. 是否留有时间回答问题					

续表

评估项目	评估内容	评估得分				
		1分	2分	3分	4分	5分
培训讲师	6. 问题问答的准确性					
	7. 授课技巧的运用程度					
	8. 培训工具的使用是否娴熟					
备注	1. 为了了解您对本次培训效果的意见和建议，不断改进我们的培训工作，请您客观评价此次培训的课程					
	2. 评分说明：5分表示优秀，4分表示良好，3分表示中等，2分表示一般，1分表示不合格。请您在接近您认可的分值对应栏里打“√”					
	3. 请您在________年____月____日之前将您填写完毕的调查表交还培训部					

（3）培训效果调查表（二）

表8—3　　培训效果调查表（二）

基本信息					
受训人员		岗位		部门	
培训课程		培训讲师		调查日期	
调查说明					
1	本调查表是一份反映培训课程、讲师、环境和培训组织的调查问卷				
2	请详细认真地填写，并按时上交培训部门				
3	请在您所选择的答案前打“√”				
4	希望您给予真实的回答和批评，以便我们工作的改进。感谢您的支持与配合				
调查内容					
评价项目	评价维度	评价标准			
培训课程、素材	针对性	□ 好	□ 一般	□ 差	
	信息量	□ 强	□ 一般	□ 差	
	案例运用	□ 丰富	□ 一般	□不丰富	
	现场演练	□ 好	□ 一般	□ 差	
	课程设置	□ 合理	□ 一般	□ 不合理	
	培训素材适应程度	□ 好	□ 一般	□ 差	

续表

调查内容				
培训讲师	语言表达能力	□ 好	□ 一般	□ 差
	对教材理解能力	□ 好	□ 一般	□ 差
	解答问题能力	□ 好	□ 一般	□ 差
	时间把控能力	□ 好	□ 一般	□ 差
	专业知识水平	□ 好	□ 一般	□ 差
	实践经验	□ 好	□ 一般	□ 差
培训环境	培训场地设施	□ 好	□ 一般	□ 差
	培训场地卫生	□ 清洁	□ 一般	□ 差
培训组织	现场服务	□ 好	□ 一般	□ 差
	座位安排	□ 合理	□ 一般	□ 不合理
	设施设备准备	□ 好	□ 一般	□ 差
总体评价	培训管理	□ 很满意	□ 满意	□ 不满意

(4) 培训效果调查表（三）

表 8—4　　培训效果调查表（三）

工具名称	培训效果评估调查表

调查说明：请在接近您的看法的分值之前的“□”内打“√”，并认真填写您的意见。填写完成后请及时以部门为单位交由培训部。

为及时、准确地评估本次培训效果，请各参训学员对此次参与的培训进行评估，并将您的建议和意见如实填入下表中，以帮助我们改进和完善今后的培训工作，感谢您的合作！

姓名		性别	
岗位		学历	
参训课程			

评估项目	评估内容	评价标准		
培训目标	培训是否达到了目标	□达到	□部分达到	□未达到
培训方式	教学方式是否满意	□满意	□一般	□不满意
培训内容	对支持和改进工作是否有利	□非常有利	□一般	□没用
培训教材	教材是否适用	□非常适用	□一般	□不适用
培训环境	对培训场所设施的评价	□好	□一般	□差

1. 请列出本次培训课程实用性较强的两个方面

2. 请列出本次培训课程实用性较差的两个方面

3. 您对本次培训课程是否还有其他改进意见，请详细说明

（5）培训效果调查问卷

<table>
<tr><td rowspan="2">问卷名称</td><td rowspan="2">培训效果评估调查问卷</td><td>执行部门</td><td></td></tr>
<tr><td>监督部门</td><td></td></tr>
<tr><td colspan="4">
此次问卷调查的目的是为了了解此次参训学员的满意度，调查结果作为评价及改善公司培训工作的依据。公司对问卷调查的信息只做统计使用并严格保密。感谢您的积极参与！
一、调查说明
1. 请详细、如实地填写，并在________年____月____日之前提交到培训部门相关人员处。
2. 本问卷采用开放式和封闭式问题相结合的形式，请您在封闭式问题中所选择的答案前打“√”，并在“____”上填写您对问题的理解和感受。
3. 希望您给予真实的回答和评价，这会大大有利于我们工作的改进。
二、基本信息
姓　　名：________　所在岗位：________　所属部门：________
培训课程：________　培训讲师：________　培训时间：________
□管理技能　□销售技巧　□营销策略　□时间管理　□职业生涯规划与指导
三、关于培训课程
1. 您认为本次课程对您的工作是否有所帮助？
□帮助很大　□ 帮助较大　□ 帮助一般　□ 没有帮助
2. 您认为本次课程是否解决了您工作上的实际需要？
□得到很好解决　□ 部分得到解决　□ 丝毫没有得到解决
3. 通过参加此次培训，您觉得有哪些收益？
□ 接触到了一些实用的新知识　□ 获得一些在工作上的技巧和技术　□ 帮助我印证了某些观点
□ 帮助我改变自身的工作态度　□ 给了我一个客观认识自己及所从事工作的机会
4. 本次培训课程对您工作最有帮助的内容有哪些？
____
5. 对您来说，本次培训课程最不适用的内容有哪些？
____
四、关于培训讲师
1. 本次培训的讲师有哪些优缺点？
优点：____
缺点：____
2. 培训讲师对培训目标和教学内容的阐述效果（是否具体、明确和完整）如何？
□ 优秀　□ 良好　□ 中等　□ 较差　□ 差
3. 您对此次培训所采取的教学方式是否满意？
□ 很满意　□ 满意　□ 一般　□ 不满意
</td></tr>
</table>

续表

4. 若不满意，您认为此次培训应采用何种教学方式？（可多选） □ 普通讲座　□ 小组讨论　□ 讲师演示＋学员实际操作　□ 提问＋回答　□ 多媒体教学 □ 角色扮演　□ 游戏训练　□ 其他________ 五、关于培训组织 1. 您认为此次培训的后勤协助工作（包括场地的选择、培训资料和辅助设备的配备等）做得如何？ □ 很好　□ 好　□ 一般　□ 不好 2. 在培训前，您收到了哪些有关本次培训的详细资料？ ________________ 六、其他 1. 您对本次培训的整体满意程度如何？ □ 很满意　□ 满意　□ 一般　□ 不满意　□ 很不满意 2. 下次若有类似的培训，您是否愿意参加？ □ 愿意　□ 不愿意　□ 不确定 3. 您对本次培训是否还有其他改进意见？请详细说明。 ________________ 4. 您在未来的一段时间内将如何运用您在本次培训中所学到的内容？ ________________ 5. 您认为还需要公司组织哪些方面的培训？ ________________

8.2.2　访谈法

1. 访谈法适用范围

访谈法指的是在受训学员结束培训后，访谈者通过与受训学员进行面对面的交流，获得其对培训的理解，并据此判断培训效果的一种方法。访谈法主要适用于如图 8—9 所示的七个方面。

2. 访谈法的类型

访谈法的类型有很多种，根据不同的标准可以划分出不同的类型。图 8—10 中列出了三种常用的划分方法。

其中，最通用的一种划分方法是根据访谈过程中可控的程度，将其划分为结构性访谈、半结构性访谈和非结构性访谈，具体内容见表 8—5。

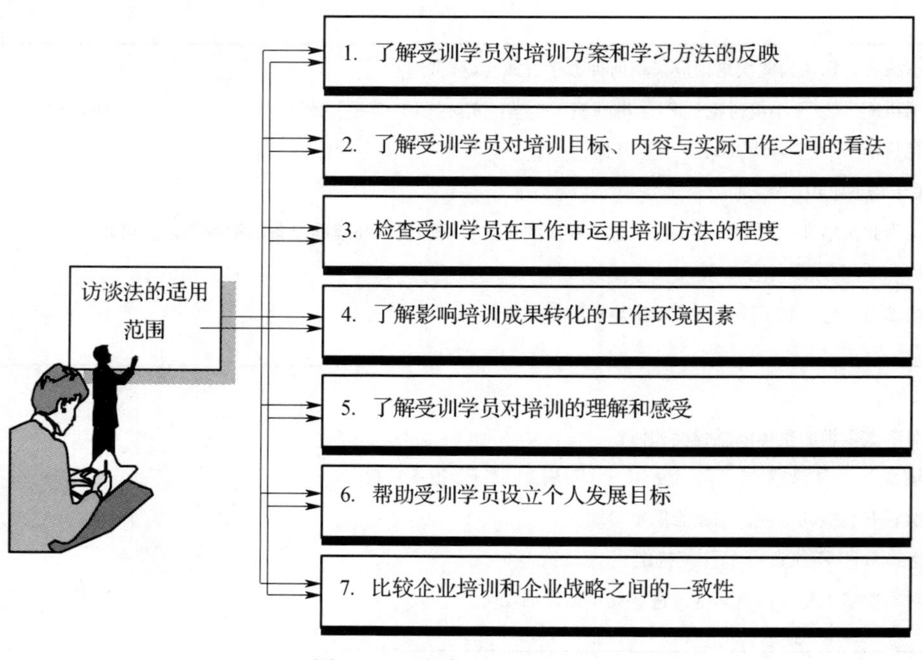

图 8—9　访谈法的适用范围

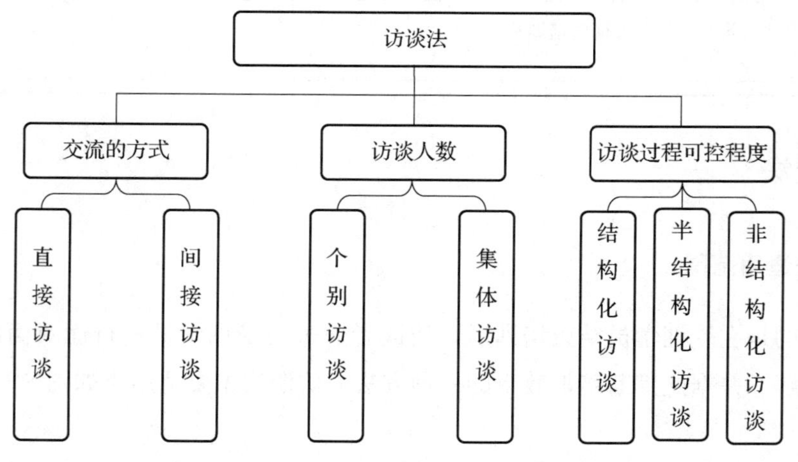

图 8—10　访谈法的类型划分

表 8—5　　访谈法按照访谈可控程度划分的说明表

类型	具体说明	
结构性访谈	含义	由访谈者按照所需资料的要求，以较为固定的方式或固定的标准程序编制出访谈提纲和问卷，向受训学员依次提出问题，并让其按照要求作答的一种访谈方式
	特点	访谈提纲的标准化，可以把调查过程的随意性控制到最小限度，能比较完整地收集到评估所需的资料

续表

类型	具体说明	
半结构性访谈	含义	半结构性访谈是介于结构性访谈和非结构性访谈之间的一种访谈方式，其事先准备好各类问题，但又不完全拘泥于某种固定的方式和顺序
	特点	访谈者在对访谈过程进行控制的同时，也给被访谈者留有较大的表达自己观点和意见的空间。访谈者可以根据访谈的进程随时调整事先拟定的访谈提纲
非结构性访谈	含义	也称自由式访谈，企业事先不制定完整的访谈提纲和问卷，也不规定标准的访谈方式，而是由访谈者按某一个主题，与被访谈者进行自由交谈
	特点	非结构性访谈较有弹性，能根据访谈者的需要灵活地转换话题，变化提问方式和顺序，追问受训学员对课程培训的深层次理解

3. 访谈法优缺点

访谈法作为一种培训效果评估工具具有自身的优点和缺点，具体内容如图 8—11 所示。

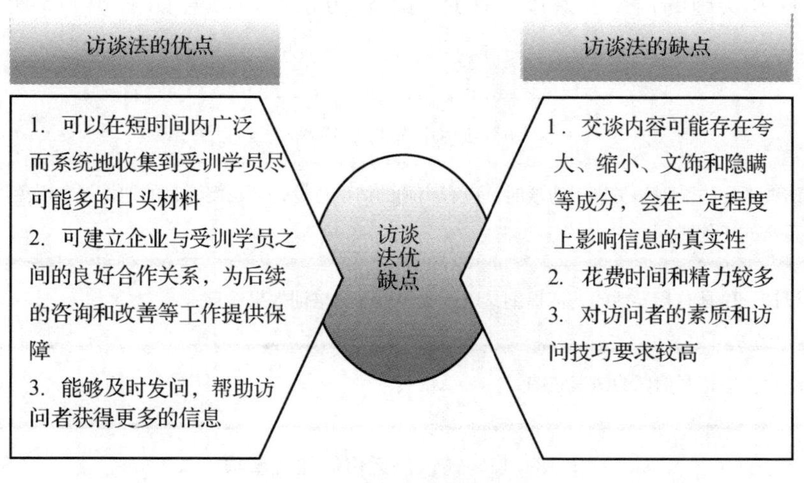

图 8—11　访谈法的优缺点

4. 访谈法的运用程序

访谈法在企业培训效果评估中的应用应严格按照一定的程序进行，以确保访谈结果的真实性和有效性。访谈法的运用程序如图 8—12 所示。

5. 访谈法运用的注意事项

访谈法是通过培训效果评估人员与受训员工面对面的谈话来收集培训效果信息资料的一

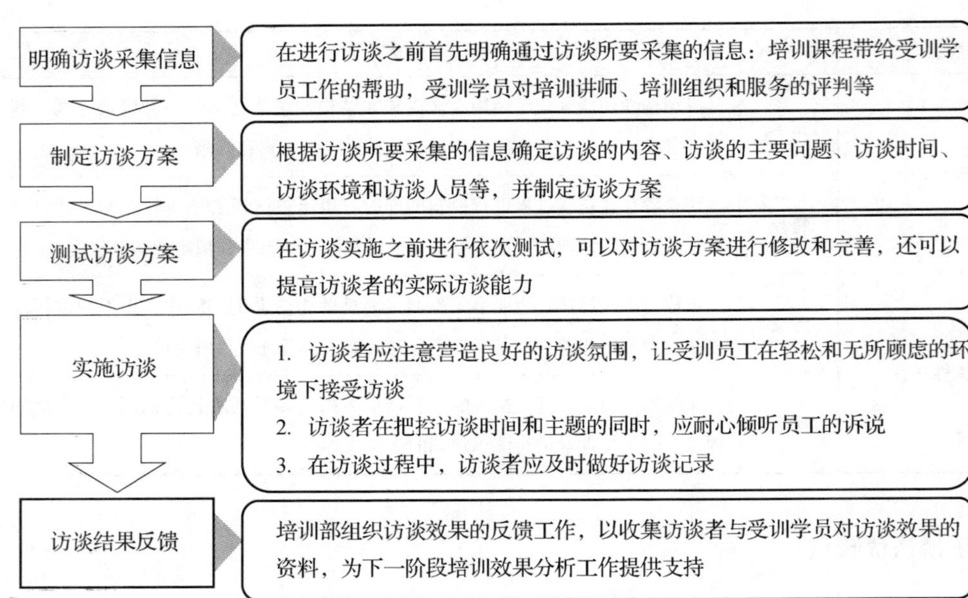

图 8—12　访谈法的运用程序

种方法。为确保其实施的信度和效度，在运用这一方法时应注意如图 8—13 所示的三个方面的内容。

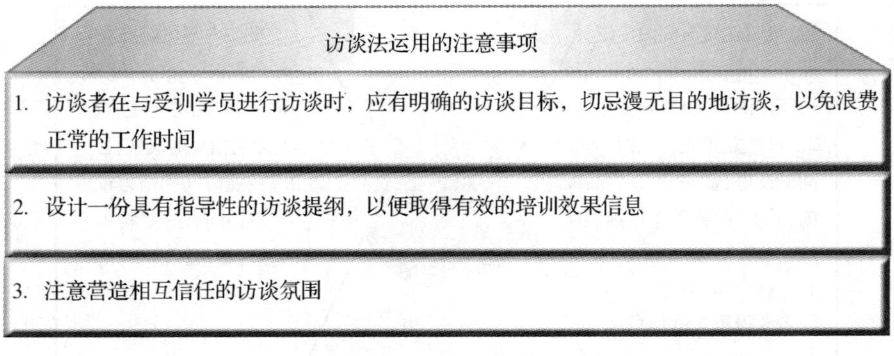

访谈法运用的注意事项

1. 访谈者在与受训学员进行访谈时，应有明确的访谈目标，切忌漫无目的地访谈，以免浪费正常的工作时间

2. 设计一份具有指导性的访谈提纲，以便取得有效的培训效果信息

3. 注意营造相互信任的访谈氛围

图 8—13　访谈法运用的注意事项

6. 访谈法的配套工具

访谈法最常用的配套工具之一是“访谈记录表”，访谈人员通过填写“访谈记录表”，可以及时并详尽地记录受训学员所提供的信息，并为培训效果评估提供支持。以下列举××企业培训部制定的访谈记录表，见表 8—6。

表 8—6　　××企业访谈记录表

访谈主题			
访谈时间		访谈地点	
访 谈 者		联系方式	
受访学员信息			
姓名		职 位	
部门		联系方式	
访谈信息			
访谈情况概要			
反映哪些问题			
问题处理意见			
辅助说明			
访谈总时间		记录时间	

8.2.3　座谈法

1. 座谈法内涵界定

座谈法指的是企业通过组织受训学员开座谈会的形式，让每一位受训学员讲述通过培训学会了什么，是如何将所学知识运用到工作中去的，以及他是否需要进一步的帮助等问题，并从中获取关于培训效果信息的一种方法。

鉴于培训效果显现的滞后性，企业召开座谈会时应选择恰当的时间，避免在培训刚刚结束时进行，而应在培训结束一段时间之后进行，以确保得到有效的评估信息。

2. 座谈法优缺点

企业在培训效果评估中运用座谈法不仅要关注其优点，更要注意规避其带来的风险。座谈法的优缺点如图 8—14 所示。

3. 座谈法的运用程序

为确保座谈法在培训效果评估中的运用效果，企业应严格按照一定的程序实施座谈。一般来说，座谈法的运用分为座谈前的准备、座谈过程的组织和控制、座谈后续工作三个阶段，具体内容如图 8—15 所示。

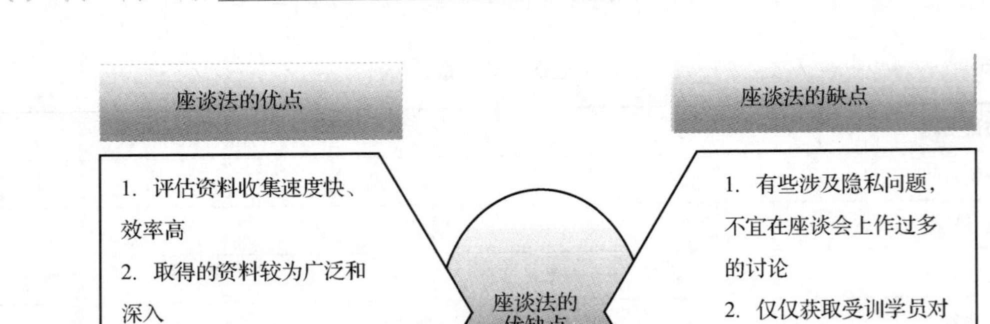

图 8—14　座谈法的优缺点

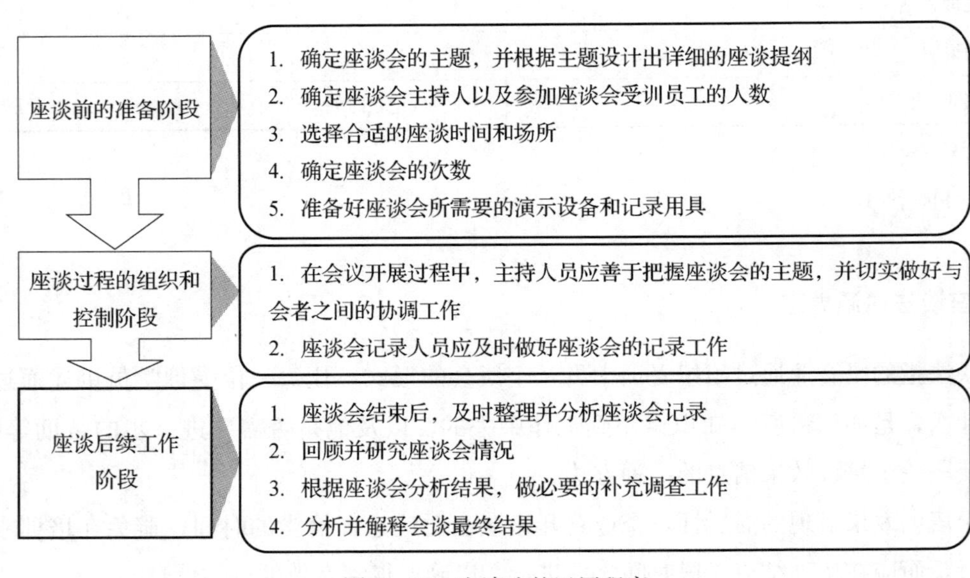

图 8—15　座谈法的运用程序

8.2.4　跟踪观察法

1. 跟踪观察法适用范围

跟踪观察法指的是企业在培训结束后，亲自到受训学员所在工作岗位，通过仔细观察、记录受训学员在工作上的业绩表现，并与其以往的业绩进行比较，以此来衡量培训对受训学员所起到的效果的一种方法。

企业运用跟踪观察法对培训效果进行评估所花费的时间较多，并不能大范围使用，一般只针对一些投资大，且对企业发展影响较大的培训项目。

2. 跟踪观察法的优缺点

企业了解受训员工培训后工作表现的最佳方式之一就是跟踪观察，通过仔细观察可以发现受训员工工作方式和态度等的转变，进而判断培训效果。跟踪观察法的优缺点如图 8—16 所示。

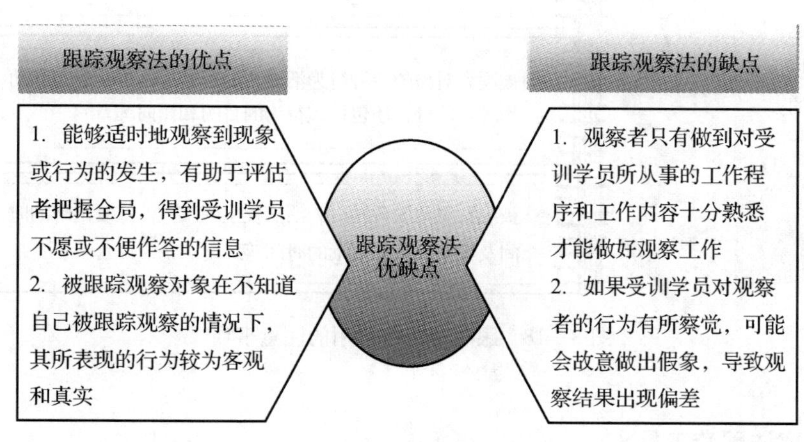

图 8—16　跟踪观察法的优缺点

鉴于跟踪观察法存在的缺点，企业在运用跟踪观察法把握培训效果时，可以采取如图 8—17 所示的两种改进方法。

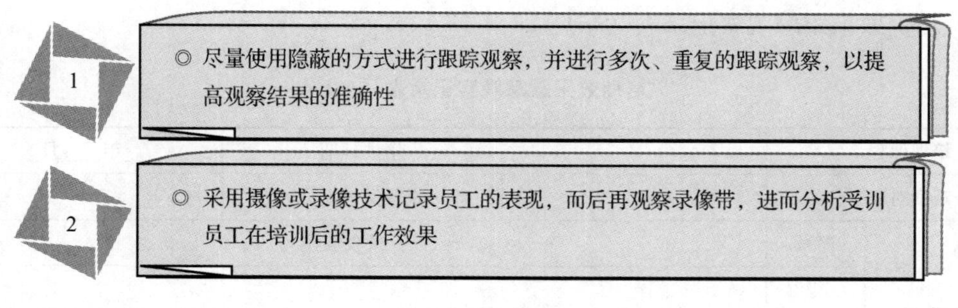

图 8—17　跟踪观察法改进的两种方法

3. 跟踪观察法运用的注意事项

运用跟踪观察法的关键在于将跟踪观察到的现象和内容进行完整、准确的记录。一般来说记录方法是观察和记录同时进行，以便能够及时将所观察到的内容详尽地记录下来。在进行跟踪观察记录时，观察人员应注意如图 8—18 所示的四个方面的内容。

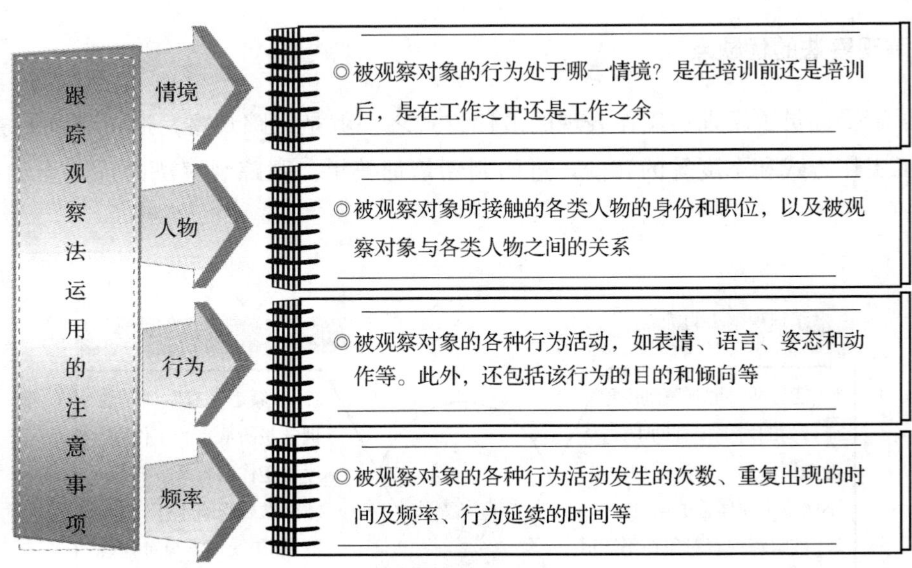

图 8—18　跟踪观察法运用的注意事项

4. 跟踪观察法配套工具

在观察过程中，跟踪观察责任人利用观察记录，或利用录像的方式，将相关信息记录到"培训学员工作观察记录表"中，以通过比较受训学员在培训前后的工作业绩，来衡量培训所达到的效果。本书列举了三个培训效果跟踪观察记录表，见表 8—7、表 8—8、表 8—9。

（1）培训效果跟踪观察记录表（一）

表 8—7　　培训效果跟踪观察记录表（一）

培训课程			培训日期	____年____月____日
观察对象			观察记录人员	
培训前所观察到的现象	序号	现象表述		
	1			
	2			
	3			
	……			
培训后所观察到的现象	序号	现象表述		
	1			
	2			
	3			
	……			

续表

培训课程		培训日期	____年____月____日
观察结论			
其他特殊情况	序号	情况表述	
	1		
	2		
	3		
	……		
备注			

（2）培训效果跟踪观察记录表（二）

表 8—8　培训效果跟踪观察记录表（二）

员工姓名		所在职位	
所属部门		观察日期	____年____月____日
培训项目			
培训内容		培训后的工作表现	
部门主管意见			
		签字：	日期：____年____月____日
员工姓名		所在职位	
所属部门		观察日期	____年____月____日
培训项目			
培训内容		培训后的工作表现	
部门主管意见			
		签字：	日期：____年____月____日

（3）培训效果跟踪观察记录表（三）

表 8—9　　培训效果跟踪观察记录表（三）

观察对象		职务		培训课程	
观察地点		观察时间		记录人员	
观察结果 观察内容	评价标准				
	优秀	良好	好	一般	差
遵守工作纪律					
按照工作流程工作					
工作中使用工作技巧					
工作中的成本意识					
工作中的安全意识					
工作中的沟通					
团队合作					
工作成果的质量					
整体工作状态					
……					
需要改善的内容	1.				
	2.				
	3.				
	……				

8.2.5　关键事件评估法

1. 关键事件评估法内涵界定

关键事件评估法指的是企业相关培训负责人通过观察、记录反映培训成败的关键事项，并据此对培训效果进行评估的一种方法。

企业在运用关键事件评估法进行关键事件信息收集时，为提高关键事件相关信息的有效性和准确性，提高培训效果评估的效果，通常采用如图 8—19 所示的四种方法对关键事件信息进行收集。

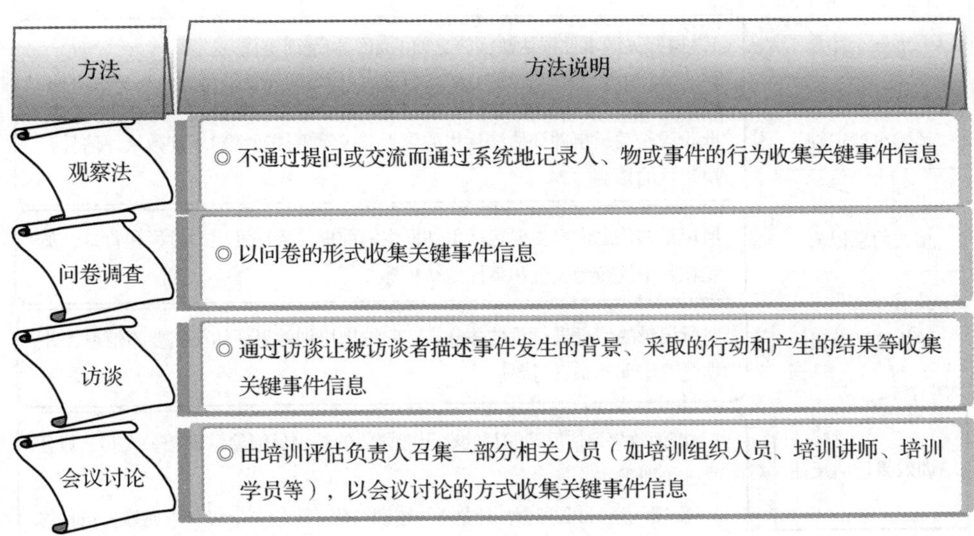

图 8—19　收集关键事件信息的方法

2. 关键事件评估法优缺点

关键事件评估法的主要优点是其所研究的焦点集中在培训行为上，且记录的行为是可观察、可衡量的。但关键事件评估法也有其难以克服的缺点，主要是费时且费力。具体内容如图 8—20 所示。

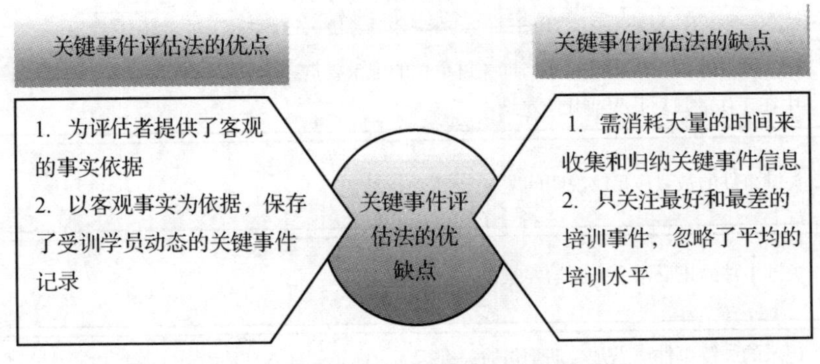

图 8—20　关键事件评估法的优缺点

3. 关键事件评估法的运用程序

关键事件评估法主要是由调查人员将培训过程中的关键事件加以记录，在收集大量信息之后对培训效果所进行的评估。为了确保关键事件评估法的预期效果，其运用需遵循一定的程序，具体内容如图 8—21 所示。

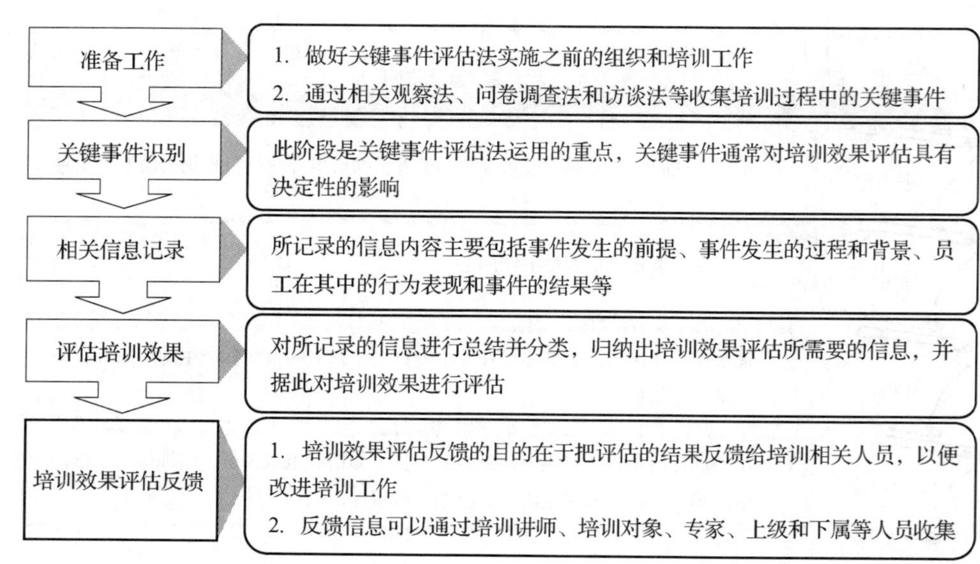

图 8—21 关键事件评估法的运用程序

4. 关键事件评估法运用的注意事项

采用关键事件评估法进行培训效果评估时应注意以下四个关键事项，具体内容如图8—22所示。

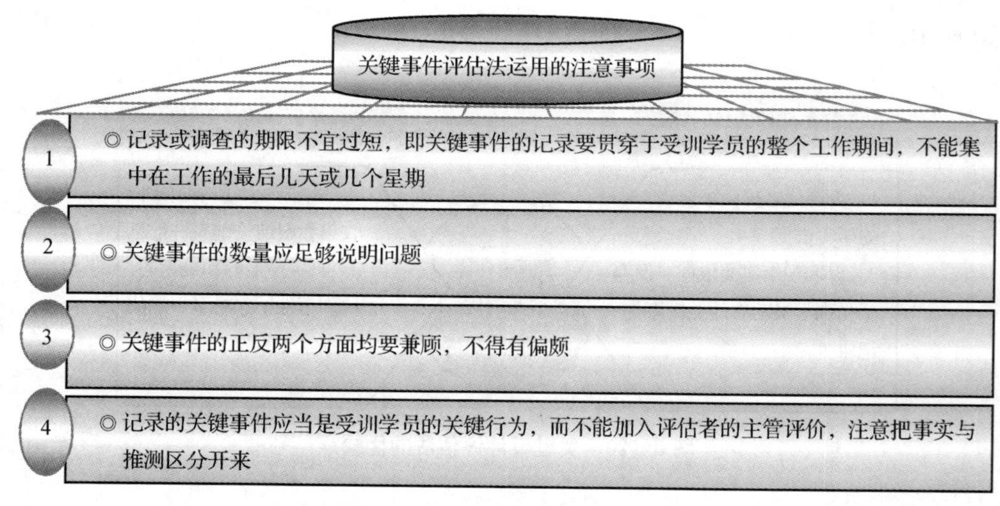

图 8—22 关键事件评估法运用的注意事项

5. 关键事件评估法配套工具

关键事件评估法要求观察人员、分析人员或其他相关人员将培训过程中的关键事件进行详细的记录，为了对关键事件记录提供支持，企业通常采用填写“关键事件记录表”的方式进行。以下给出一个“关键事件记录表”（见表 8—10）的样例，供读者参考。

表 8—10 关键事件记录表

培训课程			
记录人员		事件名称	
记录时间		记录地点	
事件记录项目	事件记录内容		
事件发生过程描述			
事件发生的情景			
做这件事情的原因			
当时采取的行动			
行动后的结果			

8.3 定量评估

8.3.1 内省法

1. 内省法的起源

内省法又称自我观察法，是由美国心理学家乔治·凯利（George Kelly）研究出来的一种方法，属其个性形成理论的一部分。内省法主要有如图 8—23 所示的两种方式。

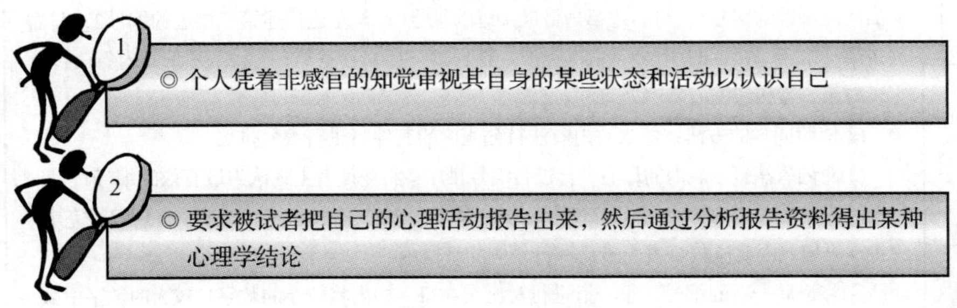

图 8—23 内省法的两种方式

2. 内省法的运用程序

通过内省法对培训效果进行评估，能够使个人清楚地了解到自己的观念，让个人可以用一面镜子找出自己对某类事物的看法，因此，内省法能够预测到调查对象对事物认识的变化，可以评估改变受训学员态度的培训效果。为了保障这一效果，内省法的运用应按照如图8—24

所示的程序进行。

1	决定分析主题阶段 内省法的分析主题应确保与培训的目标相关，如好的培训讲师和差的培训讲师的区别是什么
2	分析工具准备阶段 准备6张50毫米×50毫米的小纸片或卡片，并制作一份如表8—11所示的内省法的打分表
3	人员准备阶段 (1)根据分析主题选择6名人员(也可选择8人或10人，但边际效益是递减的)，要求对每个人员有充分的了解，并能够详细说出他们的工作表现 (2)根据6名工作人员水平的差异，将其分为三组：最有能力的两人一组，较有能力的两人一组，最没有能力的两人一组 (3)每张卡片上写一个人的名字(要求是假名，以确保评估的效果)，将卡片顺序打乱，再用A~F这6个字母分别给6张卡片做上标记
4	全面实施阶段 (1)内省法打分表中每一行都有3个星号，其中第一行的星号在A、B、C三栏，从6张卡片中挑出标有A、B、C的卡片 (2)①把卡片A、B、C并放在一起；②考虑这三个人所做的与内省法主题相关的事情，找出其中两人共有的行为(找出一个能表明两人特征的可观察到的行为，填入第一行左边第一格内)，该行为把他们与第三个人区分开来；③找出第三个人与另外两人在行为上的区别，并将这一区别描述出来，填入第一行右边第一格内 (3)将卡片A、B、C放回，并以相同的方法依次分析以下各行
5	排序计分阶段 (1)对内省法打分表内的第一行进行编号排序：①将6张卡片在面前摆开。②6人中与左边描述最接近的编号1，与右边第一格最接近的编号6；与左边描述第二接近的编号2，与右边第一格第二接近的编号5；依次类推，直到第一行编号完毕。③将编号填入内省法打分表内第一行相应的表格中 (2)依照同样的方法，依次对内省法打分表内的其他行进行编号排名 (3)对内省法打分表内的最后一行进行编号排序：将测评者主观认为最有效的编号1，最无效的编号6；主观认为第二有效的编号2，第二无效的编号5；依次类推，直到编号完毕。将编号填入内省法打分表内最后一行相应的表格中 (4)将最后一行的编号与第一行进行对比，在每一栏内将较小的数字从较大的数字中减去，然后把所有的差相加，再将相加所得的总数圈起来，填入表中最后一格内 (5)以同样的方法，依次将最后一行的编号与其他各行进行对比，直至完成 (6)看画圈的分数列，若有12分(包括12分)以上的数，表明该行左侧的行为对整体效果排序不重要，应做出相应处理：把该行排名反过来，即1变成6，2变成5等；再将该行与最后一行重新进行对比计算 (7)看画圈的分数列，将4分(包括4分)以上的行为舍弃，剩余的行为则是测评者认为的与整体排序效果密切相关的指标，体现了测评者自己的主观看法

图 8—24　内省法的运用程序

内省法运用程序图中分析工具准备阶段中所指的“内省法打分表”见表 8—11。

表 8—11　　内省法打分表

主题	作为一名________的行为						
作为一名________的行为时，相似的两人共有的行为是什么（但第三人的行为不是这样的）？	A	B	C	D	E	F	作为一名________的行为时，什么行为使得第三人与另外两人区分开来？
	*	*	*				
	*		*	*			
	*			*	*		
	*				*	*	
		*	*	*			
		*		*	*		
		*			*	*	
			*	*	*		
			*		*	*	
				*	*	*	
	*	*		*			
		*	*		*		
			*	*		*	
	*	*			*		
		*	*			*	
	*	*				*	
	*		*		*		
	*			*		*	
	*		*			*	
		*		*		*	
整体效果名次排列							

8.3.2　笔试法

1. 笔试法内涵界定

笔试法是企业对受训学员的知识掌握状况进行评估的一种方法。其中，受训学员的知识掌握包括对企业规章制度、产品知识、行业知识和产品知识的掌握等。

企业在运用笔试法对培训效果进行评估时，应注意遵循如图 8—25 所示的五个环节。

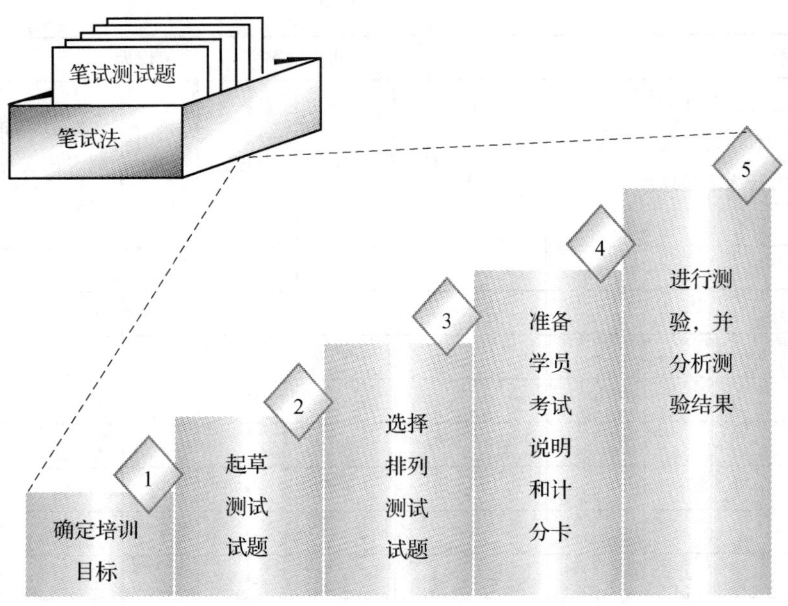

图 8—25　笔试法的运用环节

2. 笔试法的优缺点

笔试法是一种与面谈法相对应的评估方法，其优缺点如图 8—26 所示。

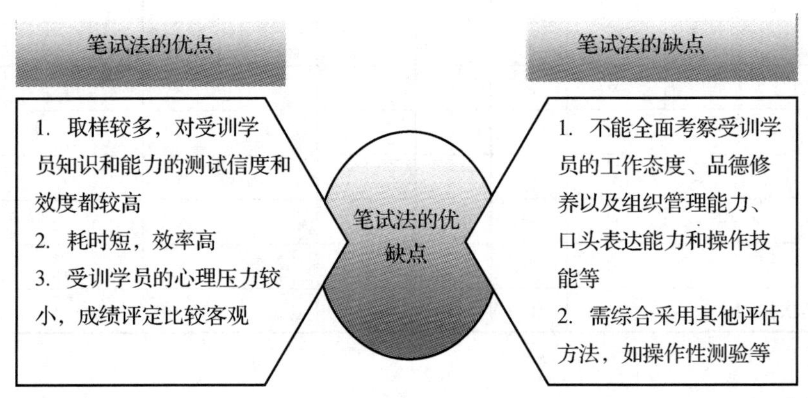

图 8—26　笔试法的优缺点

3. 笔试法运用的注意事项

为了增强笔试法实施的效果，企业应加强对以下四个关键事项的控制，具体如图 8—27 所示。

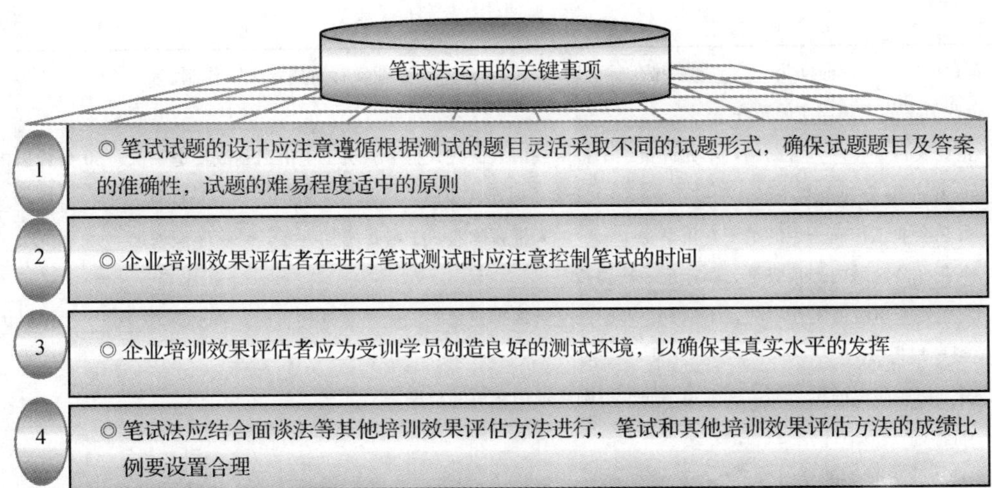

图 8—27 笔试法运用的关键事项

4. 笔试法配套工具

企业安排受训学员笔试通常采用编制笔试试题的方式，以下是××企业针对新员工入职培训效果评估而设计的一套笔试试题，供读者参考。

<table>
<tr><td rowspan="2">试题名称</td><td rowspan="2">××企业新员工入职培训效果评估笔试题</td><td>执行部门</td><td></td></tr>
<tr><td>成绩合计</td><td></td></tr>
<tr><td colspan="4">个人基本信息填写
姓名：________ 所在职位：________ 所属部门：________
工号：________ 入职日期：________
此次笔试测试的目的是为了检验此次入职培训的效果，本次测试的时间为________分钟，请您在规定的时间内认真完成本测试的所有题目。感谢您的参与及合作！
一、填空题
1. 企业成立于________年，是一家以________为主导产品的企业，目前设有________家分公司，分公司的设立地点分别在：________。
2. 企业的经营理念是注重品质，________，创新进取，________。
3. 企业的董事长是________，总经理是________。
4. 企业共有________个部门，部门名称分别是________。
5. 您所在部门负责人是________，您的直接上级是________，与您共同工作的同事主要有________（须填写 6 个）。
6. 您所在部门的电话号码是________，企业人力资源部门的电话号码是________。
7. 企业新员工一般实行________个月试用期。试用期满须进行入职培训考核，考核分数在________分以上者方可申请转正。</td></tr>
</table>

续表

8. 企业的定时工作时间为________，中午休息时间为________，企业实行每周 5 天工作制。

9. 企业员工的工牌均应佩戴在________。

10. 企业实行________考勤制，不允许员工不打卡或请人、代人打卡。员工上班迟到或早退一次，30 分钟以内，罚款________元；30 分钟至 2 小时，罚款________元；2 小时至 4 小时，以本日工资的________计算。

11. 凡在企业工作满一年的员工，可享受________天带薪休假，工龄每增加一年，带薪年假增加________天。

12. 企业办公区域内严禁吸烟，每违反一次罚款________元。

13. 发生安全事故或工伤事故，不论是企业财产受到损害或是职工受到意外伤害时，都必须在________小时内向本部门相关领导报告。

14. 员工离职应提前________天告知企业，否则应承担相应的后果。

二、简答题

1. 企业未来 5 年内的发展规划是什么？

____

2. 请写出本企业竞争对手的名称（至少 3 个）。

____

3. 请描述您所在部门的组织结构及其您所在岗位的具体职责。

____

4. 结合聘用岗位，请谈谈您如何做好工作。

____

8.3.3 操作性测验

1. 操作性测验内涵界定

操作性测验指的是企业对受训学员的技能和技术的熟练程度进行评估的一种方法。

操作性测验通过对受训学员实际操作过程的测验来评估培训效果，其应用的关键在于须事先对受训学员在操作中的动作进行规定，规定的内容包括动作标准、时间间隔和生产定额等。

2. 操作性测验的应用要求

操作性测验应用于培训效果评估之中，具有较高的表面效度，通过操作性测验能够加强受训学员学习的效果，并鼓励受训学员在自身的工作中应用培训内容。为了使讲师和受训学员能够更好地了解培训的效果，企业在进行操作性测验时，应注意达到如图 8—28 所示的要求。

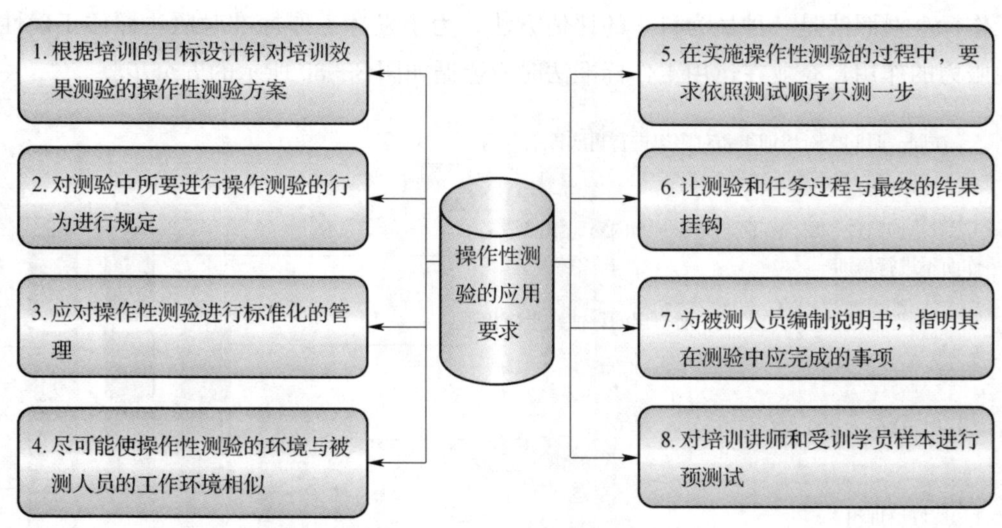

图 8—28 操作性测验的应用要求

8.3.4 行为观察法

行为观察法指的是由观察者选择观察方法，设计并利用观察工具对受训学员进行观察评估的一种方法。

行为观察法能够向受训学员当场反馈学习进展，考核培训后受训学员的能力，并测量和评价受训学员培训前后的行为变化。其运用程序如图 8—29 所示。

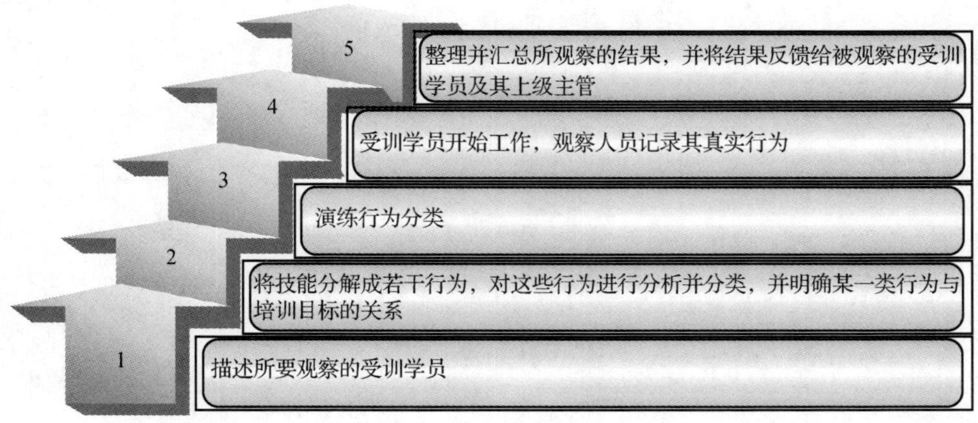

图 8—29 行为观察法的运用程序

8.3.5 工作标准对照法

工作标准对照法指的是培训组织者通过了解培训对象在工作数量、工作质量、工作实效和工作态度等方面能否达到工作标准来判断培训工作是否有效的一种方法。

工作标准对照法是一种最为科学的评估方法，为了发挥工作标准对照法评估正确性较高且有说服力的作用，企业在运用工作标准法时应遵循如图 8—30 所示的五个步骤。

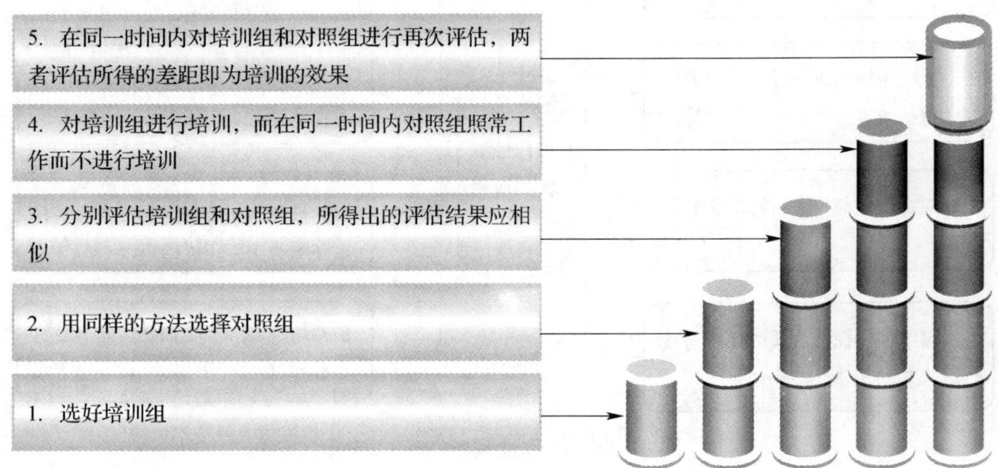

图 8—30　工作标准对照法的实施步骤

第9章 培训效果评估报告的撰写

9.1 培训效果评估报告的内容

9.1.1 报告提要

报告提要是对报告要点的概括，即报告概述，培训效果评估报告的撰写人需要在评估报告的开头简要地写出培训效果评估工作的背景、环境和概况，阐明培训评估的目的、任务和要求，培训效果评估的完成情况等。

报告提要的内容应包含的要素有以下几方面，具体如图9—1所示。

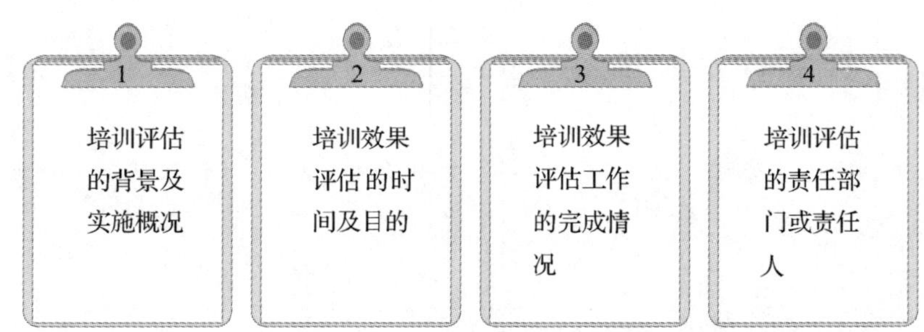

图9—1 报告提要包含的要素

撰写培训效果评估报告时可以根据报告的具体事项及报告的篇幅情况，选择详细叙述或简要撰写报告提要，使报告提要的内容起到对评估报告全文的统领和概括作用。

9.1.2 培训目的

为了更清楚地说明培训评估的重要性，培训效果评估报告的撰写人应明确阐述培训项目开展的目的，培训工作的任务和要求，以及所需达到的培训效果和最终目标。一般而言，企业开展的各类培训有以下几个主要目的：

1. 提高匹配岗位的技能

通过培训提高员工的岗位技能，达到人、岗匹配，是企业挖掘员工潜能、发挥员工积极性的重要途径。随着企业的发展，许多员工都不同程度地存在无法满足岗位要求的情况，因此，企业需要通过培训使员工更好地胜任自己的本职工作，积极发挥岗位作用。

2. 提高员工的能力和技术水平

当企业不断发展时，就会对员工的能力和技术水平不断提出新的要求，只有通过培训才能使员工能力、技术水平的提高与企业发展同步，从而满足企业逐步发展的需要。

3. 提高员工的综合素质

员工的综合素质包括思想素质、知识素质、能力素质，以及心理素质等。员工的综合素质发展情况直接关系到公司的长远发展。因此企业通过培训提高员工的综合素质是保证企业实现发展战略的必要手段。

4. 实现有效沟通、团队协作

员工之间的有效沟通与团队协作对于企业来说至关重要。企业需要通过培训使得各部门之间及员工之间能够有效地进行思想、观念、信息、情感的交流以促进彼此间的了解，形成企业内部和谐的人际关系、高效的工作团队，全体成员之间协调、合作，共同完成企业的目标。

9.1.3　培训对象和培训内容

企业在培训开始前应进行充分的培训需求调查分析，根据培训需求调查分析结果并结合企业发展战略，选择和确定需要接受培训的人员及培训内容。

企业内不同层次、不同部门的员工需要接受的培训内容各不相同。即使是同层次、同部门、同一个员工不同的时间、不同的工作性质，其所需接受的培训也不相同，因此需要针对企业的实际情况及员工的具体需求设计培训内容。

下面给出一些企业中常见的针对培训类别及培训对象设置培训内容的示例，具体见表9—1。

表9—1　　不同培训对象的培训内容举例

培训类别	培训对象	培训内容
入职培训	新入职人员	企业文化培训、企业发展状况及相关制度培训、岗位技能培训
专业技能提升培训	在职人员	生产、制造、研发、营销等专业知识技能的培训
管理能力培训	管理人员	领导能力提升、团队建设能力培训、管理技能培训
外派培训	外派人员	语言培训、异国文化培训、适应能力培训

培训效果评估报告的撰写人在培训效果评估报告中应详细说明培训的对象及培训内容，使读者清楚地了解培训工作的实施是否具有必要性及针对性。

9.1.4　培训方法

在培训效果评估报告中需要对培训实施的过程进行评估，其中重要的一项是对培训方法进行描述与分析。

企业应根据不同的培训对象、培训方式、培训内容选择不同的培训方法。培训方法选择正确与否直接影响企业培训的效果。一般而言，可依据培训对象、培训方式、培训内容的不同采用如下的培训方法：

1. 按培训对象的不同划分

对一般员工的培训方法有演讲法、会议讨论法、案例分析法、专题研讨法、角色扮演法、以师带徒法、工作实践法等。对管理人员的培训方法有会议讨论法、案例分析法、角色扮演法、模拟实验法、头脑风暴法、商业游戏法、工作轮换法、敏感性训练法、工作内培训法、行政培训项目法、管理培训项目法、职权分析训练法等。

2. 按培训方式的不同划分

在职培训的方法有工作分析法、问题分析法、上级指导法、工作实习法、工作轮换法等。脱产培训的方法有讲授法、会议讨论法、案例分析法、角色扮演法、敏感性训练法、商业游戏法、工作内培训法、行政培训项目法、管理培训项目法等。

3. 按培训内容的不同划分

技能培训采用工作实践法、工作内培训法等。改变员工态度培训可使用员工参与法、模拟游戏法、敏感性训练法等。知识培训采取讲授法、案例分析法、专题研讨法等。

9.1.5 培训的综合分析与评估

培训效果评估报告中，对培训的综合分析与评估的概括，应包括评估的方法、评估的内容与评估的结果等方面的内容。

首先，在培训效果评估报告中应阐明培训效果评估所选用的评估方法，是定性评估中的问卷调查法、访谈法、座谈法、跟踪观察法、关键事件评估法，还是定量评估中的内省法、笔试法、操作性测验、行为观察法、工作标准对照法、工作绩效评价法等，或者是选用多种方法相结合进行评估。

其次，培训效果评估报告的撰写人应明确评估的内容，一般来说，衡量培训是否有效的过程中，培训效果评估的内容主要包括以下四方面，具体如图 9—2 所示。

最后，在评估报告中应详细说明评估实施情况及分析结果，从而得出培训评估的最终结论并提出相关建议。

9.1.6 结论和建议

在培训效果评估报告中，对于培训工作的总结和建议，应指出培训工作中做得比较好的

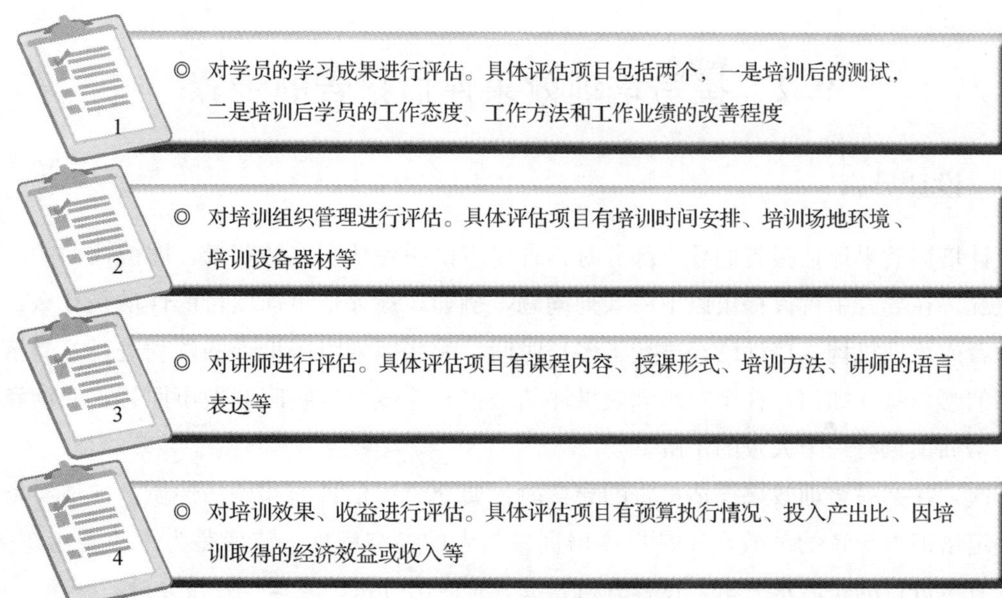

图 9—2　培训效果评估的内容

方面，总结工作经验。同时，应明确需要改进的地方，提出改进措施。应该具体指出存在哪些问题、原因及教训，今后的努力方向，实事求是，同时看到成绩和不足，不夸大成绩和缩小问题。

培训效果评估报告的撰写人在最后的结论和建议中，应主要阐明工作成果、经验做法，以及存在的问题和改善的措施等。如内容较多，应详略分明，抓住重点，大事详细写，小事少写，应概括出规律性的内容，根据实际情况总结有效经验和解决问题的方法，不管是全面总结，还是专题总结，都应该总结经验和成果。

9.1.7　附件

附件是随同培训效果评估报告一同制定的相关文件，添加附件的主要目的在于保证研究者收集和分析资料的科学性，证明结论的合理性。

附件的内容应包括收集和分析资料用的图表、问卷、部分原始资料等。一般来说，包括收集和分析培训效果信息时所用到的相关图表、问卷和部分原始资料，与培训效果评估报告相关的培训体系内的其他报告，以及与培训效果评估工作相关但更新频繁且不需要列入培训需求分析报告的文件。

如果评估报告的内容有附件，要写清附件的名称。如果附件资料很重要或具有保密性，应保留原件，附上复印件，并注明附件复印的份数，以及注明复印件交付了哪些部门或人员。

9.2 撰写培训效果评估报告的步骤

9.2.1 设计导言

设计培训效果评估报告的导言部分时，首先应说明评估实施的背景，即被评估的培训项目的概况。在导言中可以提出以下一系列问题，例如，被评估培训项目的性质是什么，培训的组织者或培训机构，培训已经进行了多长时间，哪些因素阻碍培训的顺利进行，受培训者对培训的参与状况如何，在撰写培训效果评估报告时应该对这些问题做出回答，使读者对被评估的培训项目有一个大致的了解。

其次，在撰写培训效果评估报告的导言时，要介绍评估目的和评估性质。评估实施的目的是评定培训参与者的绩效，还是提高培训参与者的参与程度，或者是为了改善组织关系。评估者着重进行的是需求分析、过程分析，或者是产出分析、成本—效益分析。

在撰写培训效果评估报告导言的最后，必须说明此评估方案实施以前是否有过类似的评估。如果有的话，培训效果评估人员能从以前的培训评估中发现那些缺陷与失误。

9.2.2 概述评估实施过程

评估的实施过程是对培训效果评估过程的概述，是评估报告的方法论部分。培训效果评估报告的撰写人员，应在概述培训效果评估实施过程时交代清楚以下几方面内容，具体如图9—3所示。

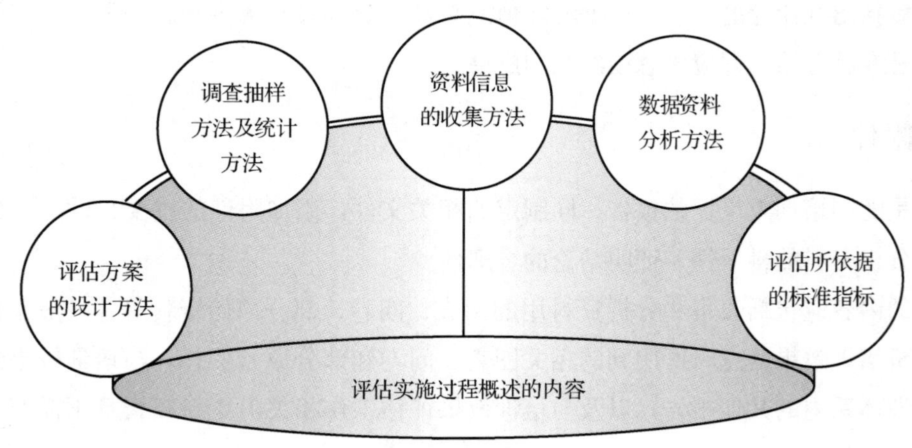

图9—3 评估实施过程概述的内容

培训效果评估报告的撰写人员应在报告中详细说明包括以上内容在内的培训效果评估的实施过程，使读者对整个评估活动有大概的了解，为读者对评估结论的判断提供参考和依据。

9.2.3　阐明评估结果

在培训效果评估报告中，需要阐明培训评估的最终结果。评估结果的内容可以是企业和员工个人从培训中获得的收益，也可以是学员对培训课程的满意度及接受程度。

对员工个人来说，培训收益是学到的新的知识、技能或行为方式的改变；对于企业来说，培训收益是成本的降低、产品质量的改善、销售额的增加、客户满意度的提高等，最终起到使企业效益增加的作用。

在培训效果评估报告中，结果部分与方法论部分是密切相关的，评估报告的撰写者必须保证两者之间的因果关系，根据培训效果评估的实施过程和情况分析得出培训评估的结论，不能出现牵强附会的现象。

9.2.4　解释评论评估结果

培训效果评估报告的最后阶段是解释、评论评估结果并对培训工作提供参考意见，根据评估结果分析培训项目的重要性或培训工作的经验和不足。总体而言，培训效果评估报告的解释、评论部分涉及的范围可以比较宽泛，内容可以包括以下几方面：

例如，可以说明在培训需求评估中，进行培训的理由是否充足；在建设性评估中，应该采取哪些措施改善培训；在成本—收益评估中，报告撰写者应该指明能否用其他培训方案更经济地达到同样的结果。撰写者还可以讨论培训的充分性，如培训是否充分地满足了受训者的多方面需求，满足到什么程度。

或者，可以阐述在总结性评估中，建议继续进行或停止某个培训项目，通过培训效果评估，判断哪些培训项目已经不再适用，应该停止，哪些培训项目还值得继续进行，以及赞成或反对继续培训的理由是什么，等等。

9.2.5　设计报告提要

报告提要是对报告要点的概括，是为了帮助读者迅速掌握报告要点而写的，报告提要的编写要求简明扼要。报告提要的编写在内容上要注意主次有别，详略得当，构成有机联系的整体。

报告提要的内容可以是对培训评估的背景及实施概况、培训效果评估的时间及目的、培训效果评估工作的完成情况，以及培训评估的责任部门或责任人等的概述，也可以是对整个培训评估报告的概括和索引，成为独立于培训效果评估报告的内容提要。

为此，可以作为在撰写前拟就的写作提纲，按照一定的主题及顺序安排整个报告的内容，以及报告提要的形式。有的报告提要根据实际需要也可以置于评估报告的结尾处，作为报告全文概括性的总结。

9.3 撰写培训效果评估报告的要求

9.3.1 划分评估报告周期

不同时间的培训效果评估方案设计，需要撰写和提交的培训评估报告周期和类型有所不同，按照评估报告周期进行划分，可以分为以下几种情况：

对于短期培训项目或培训课程一般、实施评估周期较短的短期评估方案，在培训结束后进行短期的培训效果评估，培训效果评估者在评估结束后需提交培训项目评估报告或培训课程评估报告。

对于一些特殊性的培训项目，如外包培训项目、外派培训项目等，需要实施中长期的培训评估方案，培训效果评估者在评估过程中需要定期提交阶段性培训评估报告、培训项目评估报告等。

当培训评估方案需要实施持续一年以上时间，培训效果评估者需要在评估过程中提交阶段性培训评估报告、中期培训评估报告，以及年终评估报告等。

9.3.2 注意调查样本代表性

培训效果评估人员在调查培训结果时必须注意抽样调查的样本，即接受培训效果调查的受训者的代表性，必须保证他们能够代表整个受训者群体回答评估者提出的问题，避免因调查样本缺少代表性而做出不充分的归纳总结。

在选择培训效果调查的样本时，应排除工作年限、文化程度等差异性因素的影响，使所选取的样本具有一般代表性，而避免抽取具有特殊性的样本进行调查，以免调查结果失去客观性和真实性，对培训效果的评估结果造成影响。

如果受训学员整体差异程度较小，人员较少时，可以采取简单随机抽样的方法。这种方法就是从学员总体中不加任何分组、划类、排队等，完全随机地抽取调查个体。这种方法的特点是，每个样本单位被抽中的概率相等，样本的每个单位完全独立，彼此间无一定的关联性和排斥性。

如果受训学员整体差异较大，总体情况较为复杂，可以采取分层抽样的方法。这种做法就是将学员总体单位按其属性特征分成若干类型或层，然后在各类型或层中随机抽取样本单位。这种方法的特点是，由于通过划类分层，增大了各类型中个体间的共同性，更容易抽出具有代表性的调查样本。

9.3.3 整体效果忌以偏概全

培训效果评估报告中对培训评估结果的说明可以为后续培训提供参考依据。企业可根据培训评估的结果调整或改变培训的内容、方法、时间及培训师等，从而提高以后培训实施的效果。

因此，培训评估报告的撰写者对于培训效果评估的结果要在报告中进行全面、客观、辩证的阐述，评估者必须综观培训工作实施的各个层面，运用科学的分析方法，用辩证的眼光分析问题，排除个人偏见，根据资料和证据下结论，全面体现培训的整体效果，避免对培训效果进行以偏概全的判断和评价。

9.3.4 注意文字表述与修饰

培训效果评估报告的撰写人员要特别注意报告的文字表述与修饰方面的问题。报告的语言不得过于口语化，可以采用叙议结合的写作方法，注意不得出现错别字等语言性的错误。

文字上应力求简明扼要，短小精悍，行文通顺，结构清晰，语言流畅，朴素平实，以事实说话，用数据证实，若有图表则力求清楚整洁，反映真实情况。注重语言的凝练和准确性，在注重文字表述与修饰的同时，也无须对报告文字进行过分的修饰，更要切忌美化和粉饰评估结果。

9.3.5 注意消极方面的论述

组织对培训投入大量的时间和精力，必然力图通过评估来证明培训的价值。在这种情况下，评估者在撰写报告时仍要尽量实事求是，对于培训的成果和不足要全面地描述，在评估过程中同时看到成绩和不足，在评估报告中既不夸大成绩，也不掩饰问题。不得对培训中的消极因素避而不谈。

但是，培训效果评估报告的撰写人员对于培训工作中的不足，以及其他消极方面的描述要加以注意，报告撰写人员必须以圆熟的方式论述培训结果中的消极方面，切忌语言尖锐、具有强烈的指责性，避免打击有关培训人员的积极性。

9.4 培训效果评估报告范例

9.4.1 外派培训评估报告

<table>
<tr><td rowspan="2">文书名称</td><td rowspan="2">外派培训评估报告</td><td>编 号</td><td></td></tr>
<tr><td>受控状态</td><td></td></tr>
<tr><td colspan="4">一、报告提要
（一）评估时间及责任部门
外派培训项目结束后，由培训部组织成立培训效果评估小组，并于______月______日至______月______日开展外派培训效果评估工作。
（二）评估目的
此次评估是对我公司外派培训实施效果的评估，评估的目的是为了确认外派培训的效果是否达到预期目标，评价外派培训的实施是否能增强学员在异地文化环境下的适应能力，培训是否能降低外派人员在异地任职失败的风险。
（三）完成情况
此次外派培训效果评估工作在公司领导的大力支持，以及全体员工的积极配合与培训评估小组的努力之下圆满完成，培训效果评估工作的结论对此次培训的组织实施工作做出了合理评价，并对下一步培训工作的开展提出意见和建议，促进了培训工作的改进与完善。
二、培训目的
此次外派培训项目开展的目的有如下几点：
1. 对不同文化情境与行为，能有效且敏感地感觉与观察。
2. 提升员工外派工作的跨文化处理技能及沟通技能。
3. 减少外派人员在海外工作时的文化冲突。
4. 通过训练了解如何管理文化差异，进而提升工作绩效。
5. 使外派人员了解东道国文化的重要特征，并将这些知识应用在人际关系与组织文化的改善上。
三、培训对象及内容
（一）培训对象
本次外派培训的主要对象是参与此次外派工作计划的相关管理人员、业务人员及技术骨干等外派人员，受训学员共计________人。
（二）培训内容
本次培训时间为______月______日至______月______日，培训的主要内容有以下几方面：
1. 基本语言训练。掌握东道国的基本语言，实现无障碍沟通，通过基本的东道国口语训练，还可以了解当地居民的语言表达习惯、行为方式及其原因，有助于受训者更好地融入异国的工作和生活。
2. 异国文化理解训练。通过东道国的信息简报、文化简报、影片、书籍或网络了解当地的人文地理、政治经济、历史文化、风土人情、文化习俗等。
3. 情景分析训练。通过播放几十部描述外派员工和东道国人民因文化差异造成的跨文化交互作用的短片，使员工熟悉并适应异域文化的行为习惯，学会异域的文化思维方式。</td></tr>
</table>

续表

4. 行为模拟训练。对跨文化沟通发生的文化冲突情景进行模拟，并对模拟情景进行讨论分析，提出积极的应对策略和改进方法。

5. 行为调整训练。通过东道国文化、风俗习惯、礼仪的学习，以角色扮演、模拟训练等调整与训练受训者的行为习惯，使其行为方式符合异国的文化背景。

四、培训方法

本次外派培训的课程主要采取了情景分析法、行为模拟法、文化同化法及敏感性训练法等多种培训方法。

五、培训的综合分析与评估

（一）培训效果评估方法

本次培训效果评估运用的方法主要有考核法、行为观察法等。

（二）考核项目及标准

本次外派培训效果评估实施的考核项目及评估标准见下表。

外派人员培训效果评估

评估项目	评估标准	评分（每项25分）
对异地语言的掌握程度	外派人员应熟练掌握外派地的语言，派往国外的人员应掌握该国家的官方语言，派往国内其他地区的人员应尽量听懂当地的方言	
对异地情况的了解程度	外派人员对外派地的政治法律、文化历史、风土人情、民俗习惯等方面要有一定的了解，能敏感意识到本地与外派地之间的各种差异	
对跨地域文化的适应程度	外派人员能够对外派地的文化背景、文化本质和有别于其他文化的主要特点有一定理性认识，并对外派地文化在知识和感情上具备一定的适应能力	
跨地域管理能力	根据管理的职能分类评估，如营销管理人员是否具备总营销、分销、广告和市场调查的管理技能；财会管理人员是否掌握本国和东道国会计准则差异、会计电算化、财务报表分析和外汇风险分析等方法	

（三）考核结果反馈

考核结果显示，平均得分在91～100分之间的学员占总数的____%，平均得分在81～90分之间的学员占总数的____%，平均得分在71～80分之间的学员占总数的____%，平均得分在61～70分之间的学员占总数的____%，平均得分在60分以下的学员占总数的____%。

六、结论和建议

（一）评估结论

1. 通过笔试考核，外派人员培训考核试卷平均得分的优秀率为____%，证明此次培训对外派人员在语言、文化掌握等方面培训效果良好。

2. 通过行为观察法进行评估的结果表明，外派人员能够对东道国的文化形成多样性的认识，能够更有效地调整在异国文化下生活的压力，建立了良好的人际关系，同时工作绩效得到了提高。

综合以上评估结果，证明此次的外派培训项目工作得到了预期的培训效果。

续表

（二）改善建议 对于本次培训工作的改善建议有如下两点： 1. 可以增加地域模拟、模拟游戏法等多种培训方法，模拟异地环境，使外派人员提早适应外派工作。 2. 应建立外派培训成果考核体系，细化、量化考核指标，提高外派培训效果。 七、附件 （一）外派培训考核评估试卷 （略） （二）外派人员行为观察记录表 （略）					
编制人员		审核人员		审批人员	
编制时间		审核时间		审批时间	

9.4.2 新员工培训评估报告

文书名称	新员工培训评估报告	编号	
		受控状态	
一、报告提要 （一）评估时间及责任部门 在新员工培训项目结束后，培训部组建了培训效果评估小组，于______月______日至______月______日开展了新员工培训效果评估工作。 （二）评估目的 此次评估是关于对我公司新员工入职培训效果的评估，评估的目的是为了确定新员工培训的效果是否达到预期目标，评价企业文化培训、职业技能培训以及岗位培训等对新员工起到的作用和影响。 （三）完成情况 此次新员工培训效果评估工作采用问卷调查法、考核法以及加权分析法等，对培训的组织实施工作以及员工的培训成果进行了评估，并对下一步培训的开展提出意见和建议，促进了培训工作的改进与完善。 二、培训目的 （一）企业概况与文化 1. 使新员工在正式工作前对公司有一个全方位的了解，使其了解并认同企业文化以及发展战略。 2. 使新员工理解并接受公司的文化理念和行为规范。 3. 为新员工提供正确的公司概况介绍。 （二）技能与沟通 1. 提供工作岗位信息的指导，并明确公司对其岗位的期望。 2. 提高新员工解决问题的能力及其寻求帮助的方法。 3. 加强新老员工之间、新员工与新员工之间的沟通。			

续表

三、培训对象及内容

(一) 培训对象

本次培训的主要对象是在______月______日后入职的全体新员工。

(二) 培训内容

培训内容主要有以下几个方面：

1. 与工作环境有关的内容，如企业宏观环境、工作环境与设施等。

2. 与工作岗位有关的内容，如岗位职责培训、技术培训、行为规范培训等。

3. 与工作制度有关的内容，如企业各项人力资源管理制度、财务管理制度、行政办公管理制度等。

四、培训方法

本次新员工培训主要采取讲授法、模拟法、实地观摩法、现场实操法等多种培训方法。

五、培训的综合分析与评估

(一) 培训效果评估方法

本次培训效果评估运用的方法主要有问卷调查法、考核法以及加权分析法等。

(二) 调查问卷设计与反馈情况

1. 培训结束之后，培训部设计并发放了培训效果评估调查问卷，调查问卷主要从讲师授课效果、培训内容设计、培训组织服务工作三大方面进行问题设计。

2. 共发放调查问卷____份，收回____份，其中有效问卷____份，对培训效果的整体满意度为____%。

(三) 培训学员考核情况

1. 公司培训部根据课程内容设计了笔试和实践操作两种考核方式，在此次考试中，____%学员都达到及格水平，其中有____%的学员达到良好（85 分以上）水平。

2. 其中，只有____%的学员没有达到 60 分的及格标准，根据培训制度，没有及格的员工在一周后重新进行了学习和补考，并且全部通过考试。

(四) 加权分析评价结果

1. 在新员工培训结束一周内，员工所在部门主管应按照要求填写“新员工培训效果跟踪表”，对新员工在此期间的培训效果和工作表现做出考核与评估，并交到培训部审核。

2. 培训部人员按照相应的培训效果跟踪表单确立评估指标，按照指标的重要程度确定权重，运用等级加权法对新员工培训的效果进行评估。经过统计评分，加权分析评价的结果见下表。

加权分析评价结果

指标	优	良	较好	一般	差	单项得分
企业概况的了解	30%	20%	25%	15%	10%	3.45
专业技能的掌握	10%	60%	20%	8%	2%	3.68
工作方法的运用	40%	25%	20%	10%	5%	3.85

$$最终评价结果 = \sum(权重 \times 单项指标得分)$$

六、结论和建议

(一) 评估结论

此次新员工培训针对性较强，对提高个人的专业技能和快速适应工作岗位起到了很好的促进作用，学员整体满意度

续表

<table>
<tr><td colspan="6">较高，培训较为成功。培训工作存在的不足之处有以下两点：
1. 培训时间较短，培训课程安排紧张。
2. 岗位培训内容系统性稍差，影响培训效果。
（二）改进建议
相应的培训工作改进建议有如下两点：
1. 下次编制同类型培训项目计划时，可根据内容酌情延长培训时间。
2. 应尽快建立和完善岗位培训体系，提高培训效果。
七、附件
（一）新员工培训评估调查问卷
（略）
（二）新员工培训效果跟踪表
（略）</td></tr>
<tr><td>编制人员</td><td></td><td>审核人员</td><td></td><td>审批人员</td><td></td></tr>
<tr><td>编制时间</td><td></td><td>审核时间</td><td></td><td>审批时间</td><td></td></tr>
</table>

9.4.3 新晋主管培训评估报告

<table>
<tr><td rowspan="2">文书名称</td><td rowspan="2">新晋主管培训评估报告</td><td>编号</td><td></td></tr>
<tr><td>受控状态</td><td></td></tr>
<tr><td colspan="4">一、报告提要
（一）评估时间及责任部门
在本次新晋主管培训项目结束后，由培训部组织成立了培训效果评估小组，并于______月______日至______月______日开展了新晋主管培训效果评估工作。
（二）评估目的
此次评估是对我公司新晋主管培训实施效果的评估，评估的目的是为了确定新晋主管培训的效果是否达到预期目标，评价新晋主管培训的实施是否能帮助新晋管理人员实现角色的转变，是否能够提高其知识理论水平和管理技能，验证培训实施的有效性。
（三）完成情况
此次新晋主管的培训效果评估工作采用了访谈法、问卷调查法，对新晋主管的培训成果以及培训的组织与实施情况做出了合理评价，并对下一步培训工作的开展提出了相应的意见和建议，促进了培训工作的改进与完善。
二、培训目的
此次新晋主管培训项目开展的目的有如下几点：
1. 通过培训使新晋主管快速转变角色，进入工作状态。
2. 提升新晋主管的行动力、领导力、影响力及职业能力。
3. 通过培训使新晋主管学会管理团队、提升管理效率。</td></tr>
</table>

续表

4. 通过培训使新晋主管掌握有效沟通的方法，降低企业内耗，和谐人际关系。

5. 使新晋主管学会控制自己的情绪，找到化解工作压力的方法。

三、培训对象及内容

（一）培训对象

本次新晋主管培训的主要对象是本批次经总经理审批的各部门新晋主管的人员，共计______人。

（二）培训内容

本次培训时间为______月______日至______月______日。培训的主要内容有以下几个方面：

1. 部门介绍。包括主管岗位的职责、部门组织结构、工作流程及工作绩效等。

2. 角色认知。包括主管人员的角色、地位、责任以及对其素质要求等。

3. 管理技能。包括激励员工、自我管理、沟通技能、执行技能等。

4. 管理业务。包括计划的编制与控制、成本管理、质量管理、合理分配任务、培养下属人员等。

四、培训方法

本次新晋主管培训课程主要采取了讲授法、小组讨论法、案例分析法、演讲法、实地工作指导法等多种培训方法等。

五、培训的综合分析与评估

（一）培训效果评估方法

本次培训效果评估采取的主要方法是访谈法、问卷调查法等。

（二）培训评估调查表设计

本次新晋主管培训效果评估调查表的设计样表见下表。

新晋主管培训评估调查表

评估对象		所在部门	
序号	A	B	
1	□ 在工作中担任执行者、行动者	□ 在工作中是个组织者，起规划、协调作用	
2	□ 制定个人工作目标和计划，自我监督完成	□ 制定团队目标和计划，督导下属完成任务	
3	□ 只有自己积极主动，方能取得好的成绩	□ 能够避免对下属施加较重的压力	
4	□ 不是很有耐心	□ 有足够的耐心开展工作	
5	□ 需要别人的肯定和赞美，方能干劲十足	□ 肯定别人，适时退居幕后，不抢功揽功	
6	□ 注重业绩、佣金收入和数据增长	□ 兼顾业绩和后备人才的培养	
7	□ 比较孤傲，不重视别人的言论	□ 能够组建团队，依靠大家的力量达成目标	
8	□ 了解自己的优缺点，并不断改进自己的工作	□ 了解下属，不断发掘下属潜能，予以激励	
9	□ 为客户提供优质的服务，对客户忠诚	□ 兼顾公司与客户的利益，对客户忠诚	
10	□ 锲而不舍，花足够的时间和精力获取客户	□ 懂得放弃，注重机会成本和长远利益	

注：A 项描述侧重于员工的角色，B 项中所有行为的描述侧重于主管人员的角色。

续表

<table>
<tr><td colspan="6">（三）培训评估调查反馈情况
本次培训评估调查中，培训效果评估小组共发放调查表________份，收回________份，其中有效问卷________份。调查结果显示，评估结果中B项多于A项的调查表所占比例为______%。
六、结论和建议
（一）评估结论
通过培训评估调查反馈情况证明，大部分新晋主管已经顺利完成了角色转换，该新晋主管培训工作得到了预期的培训效果。
（二）改善建议
对于本次培训工作的改善建议有如下两点：
1. 对新晋主管的培训可以分为两个阶段。一个阶段是在新晋主管开展工作之前，重点培训其在新岗位所需的基本工作技能；另一个阶段是在新晋主管开展工作之后，结合其在工作中所遇到的实际问题进行相应的培训。
2. 培训中需要注意，新晋主管培训计划中的培训时间应结合企业的实际工作进行制定，保持相对的弹性。
七、附件
新晋主管培训评估调查汇总表（略）</td></tr>
<tr><td>编制人员</td><td></td><td>审核人员</td><td></td><td>审批人员</td><td></td></tr>
<tr><td>编制时间</td><td></td><td>审核时间</td><td></td><td>审批时间</td><td></td></tr>
</table>

9.4.4 领导力开发项目评估报告

<table>
<tr><td rowspan="2">文书名称</td><td rowspan="2">领导力开发项目评估报告</td><td>编号</td><td></td></tr>
<tr><td>受控状态</td><td></td></tr>
<tr><td colspan="4">一、报告提要
（一）评估时间及责任部门
在本次领导力开发培训项目结束后，由培训部组织成立了培训效果评估小组，并于______月______日至______月______日开展了领导力开发项目的培训效果评估工作。
（二）评估目的
此次评估是对我公司领导力开发项目实施效果的评估，评估的目的是为了确定领导力开发项目的效果是否达到预期目标，评价领导力开发培训的实施是否能够发掘学员的领导力，是否符合建立起领导力模型所要求的能力，评价培训的效用。
（三）完成情况
本次领导力开发项目评估通过周密计划，认真执行，最终达到了预期的评估目标。此次培训效果评估工作对培训的组织与实施及培训效果做出了合理评价，同时也对下一步培训工作的开展提出了相应的意见和建议，促进了培训工作的改进与完善。
二、培训目的
本次领导力开发项目的目的有如下几点：
1. 开发和提升参与者的全面领导能力和战略能力。</td></tr>
</table>

续表

2. 使参与者了解企业的发展原则和理念体系，以及每个经营发展中的主要问题、核心能力、面临的挑战和行动计划。

3. 发现并培养企业的高潜能领导人才。

4. 培养参与者的沟通与组织能力，强化组织的学习能力。

三、培训对象及内容

（一）培训对象

本次领导力开发培训项目的主要对象为，根据一定标准选拔出来的关键岗位及管理岗位的业绩优秀人员和高潜力人员，共计______人。

（二）培训内容

本次培训时间为______月______日至______月______日，培训的主要内容有以下几方面：

1. 情绪管理、压力管理、工作礼仪、应变能力、情商管理。

2. 团队建设、识人用人、监督指导、工作授权。

3. 项目管理、目标管理、问题解决、会议管理、绩效管理。

4. 风险管理、危机管理、变革与创新。

四、培训方法

本次领导力开发培训课程主要采取了小组讨论法、案例分析法、演讲法、角色扮演法、情景模拟法等多种培训方法。

五、培训的综合分析与评估

（一）培训效果评估方法

本次培训效果评估采取的主要方法是问卷调查法。

（二）培训评估调查问卷设计

本次领导力开发培训效果评估的调查问卷见下表。

领导力开发培训效果评估调查问卷

评估对象		所在部门	
上级领导填写部分（对参加培训后的评估对象进行评价）			
能够更为清晰地评价复杂的信息，得到合理的结论		□ 非常符合　□ 比较符合　□ 不符合	
能够更好地制定计划和目标，并想办法努力实现		□ 非常符合　□ 比较符合　□ 不符合	
能够从不同的角度看待发生的事情，高瞻远瞩		□ 非常符合　□ 比较符合　□ 不符合	
以合作的方式完成任务，承担适当的责任，适当授权		□ 非常符合　□ 比较符合　□ 不符合	
能够更好地培养并认可下属员工的能力		□ 非常符合　□ 比较符合　□ 不符合	
在变化的工作环境中能更加高效地工作		□ 非常符合　□ 比较符合　□ 不符合	
更加了解自己的长处、不足和需求，并加强自我学习		□ 非常符合　□ 比较符合　□ 不符合	
对影响公司和行业的外部问题有了新的认识		□ 非常符合　□ 比较符合　□ 不符合	
对公司面临的环境变化和市场有了更清晰的认识		□ 非常符合　□ 比较符合　□ 不符合	

续表

续表

下属员工填写部分（对参加培训后的评估对象进行评价）	
可以更好地了解我的工作	□ 非常符合 □ 比较符合 □ 不符合
更加意识到我工作中的成绩	□ 非常符合 □ 比较符合 □ 不符合
能使我有更多机会发挥我的特长	□ 非常符合 □ 比较符合 □ 不符合
让我更加了解领导对我的工作期望	□ 非常符合 □ 比较符合 □ 不符合
更加频繁地和我讨论我的工作表现	□ 非常符合 □ 比较符合 □ 不符合
更多地让我表达我的想法和意见	□ 非常符合 □ 比较符合 □ 不符合
更加关注我的职业发展	□ 非常符合 □ 比较符合 □ 不符合
能够帮助我各方面的提高	□ 非常符合 □ 比较符合 □ 不符合

注："非常符合"选项计 3 分，"比较符合"选项计 2 分，"不符合"选项计 1 分，总分 51 分。

（三）培训评估调查反馈情况

本次培训评估调查中，培训效果评估小组共发放调查问卷______份，收回______份，其中有效问卷______份。调查结果显示，平均得分在 41～51 分之间的学员占总数的______%，平均得分在 31～40 分之间的学员占总数的______%，平均得分在 30 分以下的学员占总数的______%。

六、结论和建议

（一）评估结论

通过培训评估调查反馈情况证明，受训人员在领导力开发项目培训后的学习力、感召力、组织力、决策力、执行力、教导力等领导能力有了不同程度的提高，本次培训项目取得了一定的培训效果，为公司领导人才的发掘和培养打下了良好的基础。

（二）改善建议

对于本次培训工作的改善建议有如下两点：

1. 建立企业特定的领导力模型和领导力开发标准，根据标准评估员工领导力开发的潜质。

2. 拟订详细的领导力开发计划，包括领导力开发方法、开发流程、具体项目设置、课程安排以及时间安排等。

七、附件

领导力开发培训评估调查汇总表（略）

编制人员		审核人员		审批人员	
编制时间		审核时间		审批时间	

9.4.5 绩效改进项目评估报告

<table>
<tr><td rowspan="2">文书名称</td><td rowspan="2">绩效改进项目评估报告</td><td>编 号</td><td></td></tr>
<tr><td>受控状态</td><td></td></tr>
<tr><td colspan="4">
一、报告提要
（一）评估时间及责任部门
在本次绩效改进培训项目结束后，由培训部组织成立了培训效果评估小组，并于______月______日至______月______日开展了绩效改进培训效果评估工作。
（二）评估目的
此次评估是对我公司绩效改进项目培训实施效果的评估，评估目的是为了确定绩效改进项目培训的效果是否达到预期目标，分析培训后的绩效改进情况，评价培训实施的有效性。
（三）完成情况
本次绩效改进项目评估工作按照评估计划逐项有针对性地进行，保证了培训效果评估的有效性，同时通过本次培训效果评估工作也发现了培训组织及实施过程中存在的不足之处，为下一步培训工作改进指明了方向，有效促进了培训工作的进一步完善。
二、培训目的
此次绩效改进项目开展的目的有如下几点：
1. 通过培训改善工作岗位环境，实现对生产现场的有效管理。
2. 通过培训改善工作流程，规范操作程序，使工作衔接流畅到位。
3. 通过培训提高生产人员工作技能和工作效率，提高绩效水平。
4. 通过培训提高生产质量，减少日产废品量，降低企业内耗。
三、培训对象及内容
（一）培训对象
本次绩效改进培训的主要对象是车间主任、班组长，以及生产车间的全体员工，共计______人。
（二）培训内容
本次培训时间为______月______日至______月______日，培训的主要内容有以下几个方面：
1. 生产车间的现场管理、5S改进、布局优化与改善。
2. 生产车间的浪费及成本的管理。
3. 生产工作流程的改进与实行。
4. 生产标准化、规范化操作演示。
四、培训方法
本次绩效改进培训课程主要采取了讲授法、现场演练法等培训方法。
五、培训的综合分析与评估
（一）培训效果评估方法
本次培训效果评估采取的主要方法是考核法、成本—收益分析法。
（二）考核评估结果反馈
培训部根据课程内容设计了笔试和实践操作两种考核方式，考核成绩统计结果见下表。
</td></tr>
</table>

续表

学员培训考核成绩统计表

考试成绩	0～59	60～69	70～79	80～89	90～100
所占比例					

在此次考核中，有______%的学员达到了及格水平，其中______%的学员达到了良好水平。其中没有达到及格标准的学员在一周后重新进行了学习和考核，并且全部通过。

（三）成本—收益分析结果

1. 按照培训成本项目合计，此次培训项目的总成本为______元。

2. 经过统计培训后平均每日产量增加______%，废品率下降______%，预计培训总收益为______元。

3. 培训投资收益率的计算公示，投资回报率（ROI）＝培训收益/培训成本＝______。

六、结论和建议

（一）评估结论

本次培训针对性较强，对改进生产人员的工作技能和工作绩效有很大的促进作用。培训的具体效果有以下几个方面：

1. 岗位责任制和生产操作规程得到有效落实。

2. 参训员工工作技能得到了提升，生产质量得到显著提高。

3. 生产物料的消耗得到有效控制，生产成本得到了一定程度的节约。

4. 生产效率得到了进一步的提高，工作绩效有了大幅度的提升。

（二）改善建议

对于本次培训工作的改善建议有如下两点：

1. 培训形式缺乏创新，讲授方式较枯燥，导致学员注意力不集中，影响了培训的效果，应进一步加强培训课程的改进与创新，采用丰富多样的授课形式。

2. 应当继续开展一系列的相关知识技能培训，以巩固这种工作状态。

七、附件

（一）培训项目成本统计表

（略）

（二）培训收益分析说明表（略）

编制人员		审核人员		审批人员	
编制时间		审核时间		审批时间	

第 10 章 培训成果的转化

10.1 培训成果转化的理论

10.1.1 同因素理论

1. 理论说明

同因素理论是由桑代克（Thorndike）和伍德沃斯（Woodworth）共同提出的。同因素理论认为，培训成果转化取决于培训任务、材料、设备和其他培训学习环境与工作环境的相似性。只有在受训者所执行的工作与培训期间所学内容完全相同时，才会有较好的培训成果转化效果。

同因素理论认为，培训学习环境与工作环境的相似性有两个衡量尺度，物理环境逼真与心理环境逼真。物理环境逼真是指培训中的各项条件，如设备任务、环境等与实际工作的一致程度；心理环境逼真是指受训者对培训中的各项任务与实际工作中的各项任务予以同等重视的程度。

在培训成果转化中，心理环境逼真所起的作用，比物理环境逼真所起的作用更大一些。在培训中对各项任务与实际工作中的各项任务予以时间限制，且该时间与实际工作中的时间限制相近似，这有助于提高培训环境心理逼真的程度。

2. 理论应用

同因素理论可以用于模拟培训的项目设计和进行培训效果转化的实践中，可以采用案例研究、模拟游戏、角色扮演等方法。一般说来，同因素转化理论在企业中应用最广泛的是设备应用或操作程序方面的培训。

为了达到有效的培训成果转化效果，在运用同因素理论实施培训成果转化工作时应注意以下几点，具体内容如图 10—1 所示。

除此之外，还应关注的一个问题是，培训中的知识、技能以及具体的动作、行为方式与实际工作之间的内在联系，即培训中强调的行为或技能是否有益于工作绩效，而不能误导受训者。

10.1.2 认知转换理论

1. 理论说明

认知转化理论认为，培训成果能否转化取决于受训者回忆和恢复所学技能的能力。运用

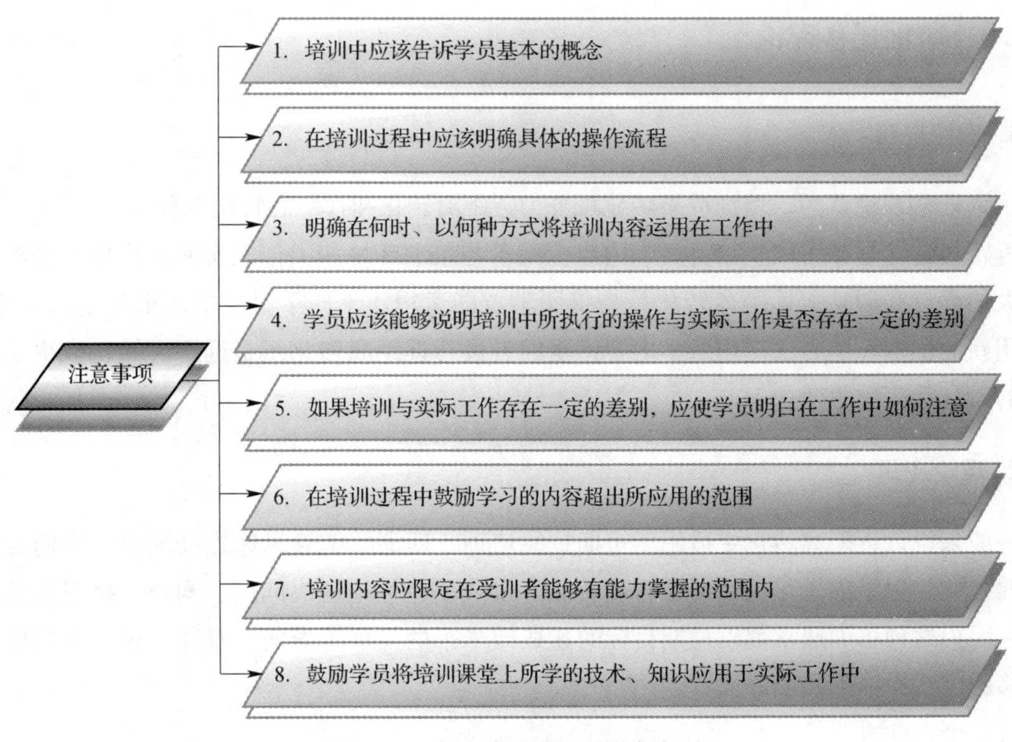

图 10—1　同因素理论运用注意事项

该理论可以通过为受训者提供有意义的学习背景材料以及学习材料，或为受训者提供对所学技能进行编码记忆的技能，并不断对受训人员的学习情况进行监控和反馈等方法提高培训效果的转化率。

认知转化理论是以信息加工模型作为其理论基础的，信息储存和恢复是这一学习模型的关键因素。

2. 理论应用

认知转化理论可以用于培训项目设计和培训效果转化等方面。例如，在培训实施过程中可以让受训者找出工作中遇到的问题或困难，然后讨论培训内容应用的可能性，以增加受训者对知识的储存和记忆。

在培训过程中，培训讲师鼓励受训者思考培训内容可能在实际工作中的应用，这种应用思考练习，可以让受训者在工作环境中发现类似的问题和状况时，提高回忆起培训内容，并将其应用于工作的概率。

培训讲师也可以通过向受训者提供有意义的材料和编码策略，来帮助受训者理解所学内容和实际工作之间的联系，增加受训者将实际工作中的问题与所学技能相结合的机会，使受训者在需要时最快地回忆起所学的技能，从而提高培训成果转化的成功率。

10.1.3 培训迁移理论

1. 理论说明

培训迁移理论认为，培训成果转化可分为近距离转化和远距离转化两种。

近距离转化是指可以直接将所学内容应用于与培训环境相类似的实际工作中，基本不需要太大的修订和调整。远距离转化是指将所学技能运用于不同于最初的培训环境的工作中，需要用新的创造性的方法应用所学内容。受训者进行近距离转化还是远距离转化取决于培训项目的设计和实施方法。

2. 理论应用

一般来说，近距离转化更适用于短期技能培训，即那些能够迅速提高现有工作岗位工作绩效的技能。远距离转化更适用于管理技能开发或创造性地解决问题、沟通、授权等技能培训中，因为这种培训通常都以长期目标的达成或未来的发展为导向。具体来说，影响培训效果迁移的因素有以下几个方面：

（1）个人动机

个人对行为结果的认知、期望以及对这些结果的偏好将对动机产生重要影响。动机水平取决于个人认为他们的行为能够得到的特定结果。

当个人认为他的迁移行为有可能使自己的工作达到某一个期望的绩效水平，而且这个绩效将为他带来有价值的回报时，他就会为达到这个绩效水平而努力；反之，如果迁移与绩效、绩效与回报之间无关或负相关，就不可能很好地促使培训成果迁移行为的发生。

（2）组织学习氛围

组织学习氛围是企业文化的一种重要表现形式，组织的学习氛围直接影响企业员工的学习思想与学习行为。在学习氛围浓郁的组织中，管理者重视企业的可持续发展，关注员工的不断提高，能随时随地对员工进行指导，员工上进心强，能够抓住一切可以利用的机会进行学习提高，并乐于将学习所得迁移到工作中，创新性与协作性高。

但是在缺少学习氛围的组织中，管理者只看中眼前的利益，认为学习是个人的事情，有意无意地扼杀员工学习的积极性。员工在这种感知中也毫无学习动力，更没有将培训成果进一步转化的途径。

（3）培训迁移气氛

培训迁移气氛是指阻碍或促进组织成员将其在培训中的所学运用到实际工作中去的组织环境。它反映的是与培训相联系的员工认知模式，培训迁移气氛必须要拥有用于提醒员工并为其提供机会在工作中应用培训所学的情境因素，如组织对员工运用所学是否有要求和规定、组织是否能提供必需的设备、考核制度如何，等等。

培训迁移气氛还要求能够影响受训者将来应用培训所学的知识、技能和行为，即提供受训者在实际工作中应用所学后能够得到的各种反馈，如员工在工作中运用所学的知识、技能是否能得到薪酬的提高、职位的晋升机会等。如果对这些具体的行为指标加以明确和改进，培训成果迁移就能获得良好的效果。

（4）组织工作节奏

组织工作节奏的快慢能够影响在一段具体的时间内员工完成工作任务的数量和质量。在工作节奏快的组织中，有经验的员工可能很少有时间帮助受训者完成更多、更复杂且有一定难度的工作，于是，受训者就只能被安排去完成那些简单的任务，长此以往，他们就会很少获得在实践中运用培训所学的机会。

一般来说，组织工作节奏越快，受训员工就越可能在比较狭窄的工作范围内频繁地运用培训所学，虽然有执行复杂任务的机会，但是缺乏任务的多样性，培训迁移的范围有限。

10.1.4　激励推广理论

1. 理论说明

激励推广理论认为，促进培训效果转化的方法是在培训中重点强调那些最重要的特征和一般原则，同时，明确这些一般原则的适用范围。当工作环境、工作设备、工作任务等与培训环境有所差异时，受训者具备在工作环境中应用学习成果的能力。

2. 理论应用

激励推广理论广泛应用于管理技能培训的实施与培训效果的转化方面。运用激励推广理论，只要可以针对工作时的一般原则进行培训，培训环境的设计就可以和工作环境不相似。因此，相比于同因素转化方法，激励推广法更好地解决了当工作环境与培训环境不同时，培训效果转化的问题。

运用激励推广理论进行培训成果转化的主要环节是要明确成功处理某一状况所需的关键行为或解决问题的一般原则，这一关键行为或一般原则可以用于处理多种情况。培训讲师应示范演示和讲解这一关键行为或一般原则，让受训者进行练习，最终使受训者能够在各种与培训环境不完全一致的情况下使用这一行为或原则。

为了达到有效的培训成果转化效果，在运用激励推广方法实施培训成果转化时应注意以下几点，具体内容如图 10—2 所示。

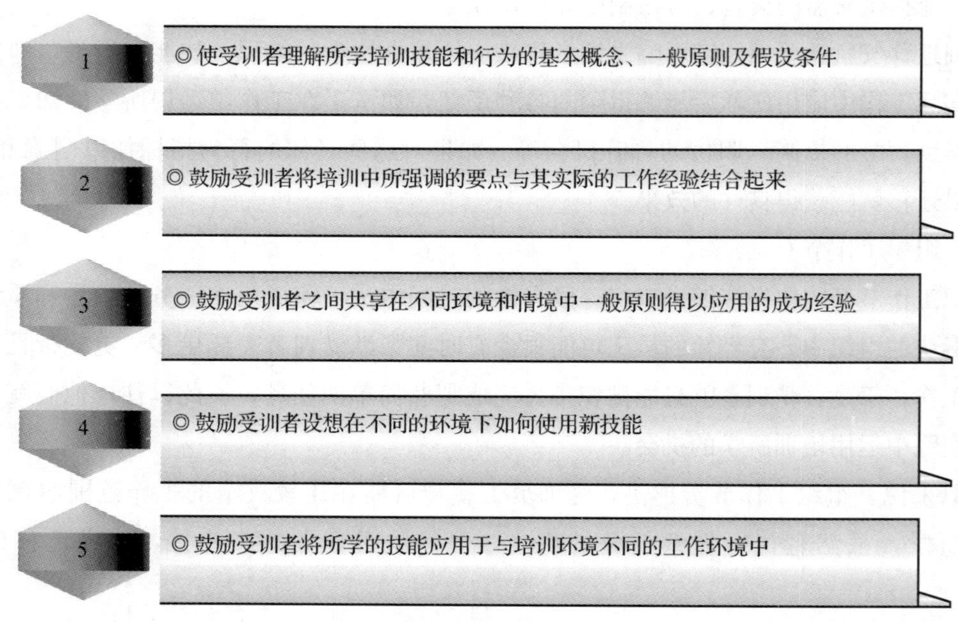

图 10—2　激励推广理论运用注意事项

10.2　培训成果转化的层级

从受训者培训成果转化的角度划分，培训成果转化可以分为五个层级，即高效模仿、举一反三、融会贯通、自我管理和习惯养成。

10.2.1　高效模仿

培训成果转化的第一个层级是受训者对所学知识、技能或行为方式的高效模仿，指的是学员对学习成果的依样画瓢式的运用。比如，在情境模拟培训后，学员在高效模仿层级的培训成果转化程度就比较大。

高效模仿层级的培训成果转化的效果取决于受训者的实际工作环境与培训时环境特点的相似程度。即受训者的工作内容和工作环境条件与培训实施的情况完全相同时，才能较好地完成高效模仿层级的培训学习成果转化。

10.2.2　举一反三

培训成果转化的第二个层级是受训者对所掌握知识、技能或行为方式举一反三的运用。举一反三的培训成果转化层级是指受训者掌握了培训目标中要求的最重要的特征和一般原则，同时也明确了培训中这些一般原则的适用范围，从根本上理解和掌握了培训效果转化的基本方法。

这一层级的培训成果转化的优越性在于，当受训者在工作环境中，如果操作设备、工作任务、实际问题等工作环境条件与培训时的环境特征有所差异时，受训者也能够正确地应用所学知识和技能。

达到这一层级的培训成果转移效果，可以通过培训讲师在培训过程中示范关键行为、强调基本原则的多种适用场合等手段提高培训成果转化效果。

10.2.3　融会贯通

培训成果转化的第三个层级是受训者对培训中所学知识、技能或行为方式等，能够融会贯通地运用。融会贯通的培训成果转化层级是指受训者在掌握培训中的一般原则和基本原理，即使在实际工作环境中遇到的问题或状况完全不同于培训环境和培训过程的特征时，也能够回忆起培训中的学习成果，恰当地运用所学知识、技能。

这一层级的培训成果转化，可以通过培训讲师在培训过程中示范和讲解关键行为或一般原则，让受训者在不同的环境和假设前提下进行练习，最终使受训者掌握能够在与培训环境不一致的情况下运用这一培训成果的方法。

10.2.4　自我管理

培训成果转化的第四个层级是受训者对培训中所学知识、技能或行为方式等培训成果的自我管理式的应用。即受训者能够积极主动地应用所学的知识和技能，解决实际工作中的问题，而且能思考培训内容在实际工作中的应用。

培训成果的自我管理应用具体可以表现在以下几个方面，如图 10—3 所示。

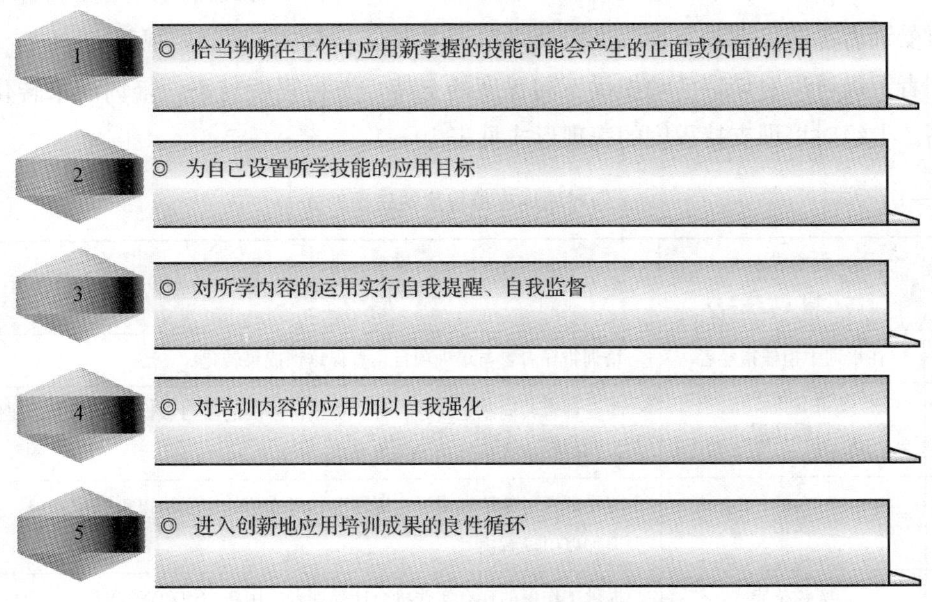

图 10—3　培训成果的自我管理应用

10.2.5 习惯养成

培训成果转化的最后一个层级是受训者对培训中所学知识、技能或行为方式等完全掌握，并通过不断地应用与转化，最后形成新的习惯。自然而然地将所学技能运用于不同于最初的培训环境的工作中，并且能够随着培训成果的不断应用和实践，产生新的创造性的方法应用所学内容。

将培训成果转化为自身的习惯，是一个循序渐进的过程，需要受训者在实际工作中不断地应用培训知识、技能或行为方式，并在不同的工作环境与条件中得以应用，达到培训成果的习惯养成。

达到这一层级的培训效果转化，证明培训成功提高了员工的知识技能，改善了员工的行为方式和工作态度，能够在实际工作中持续不断地进行培训成果转化，形成新的工作方法和习惯，不断提高工作绩效，促进企业的发展。

10.3 培训成果转化的促成

10.3.1 上级支持

1. 获得上级支持

上级支持是促进培训成果转化的非常重要的一项。管理者的支持指的是受训者的上级主管人员对受训者参与培训的重视程度以及对培训内容在工作中应用的重视程度。

受训者上级可以对培训活动提供不同程度的支持，支持程度越高，培训成果转化的程度也就越高。上级对培训支持程度的表现形式见表 10—1。

表 10—1　　上级对培训支持程度的表现形式

序号	支持程度（高支持→低支持）	表现形式
1	在培训中担任指导者	培训指导者参与培训项目，督促培训成果转化
2	目标管理	与受训者共同制定转移目标，提出待解决的项目或课题，提供必要的各种资源，明确培训成果转化的进度要求
3	强化	与受训者讨论培训成果应用情况，对成功的应用加以表扬和提倡，对应用的失误加以引导解决
4	实践技能	提供工作中的现有实践机会让受训者应用新知识和新技能

续表

序号	支持程度 （高支持→低支持）	表现形式
5	参与	全过程关心、了解培训进展，受训者的收获
6	鼓励	通过重新安排工作日程让员工安心参加培训
7	承认与许可	承认培训的重要性，同意员工参加培训
说明：随着序号值的增加，支持程度呈降低趋势		

为了保证培训效果，培训组织者应专门向受训者的上级说明培训的目的，并使管理者能够鼓励员工参加培训、为学员提供实际联系的机会，并对受训学员进行追踪，以评价受训学员运用培训成果的情况。为了获得受训者上级的支持，可以采取以下方法：

（1）培训组织者向受训者上级简要介绍培训项目的目的，以及培训项目与企业或部门经验目标、经营战略间的关系，把受训者上级应该做的、以促进培训成果转化的有关事项的日程发给他们。

（2）培训组织者鼓励受训者，让他们将工作中遇到的难题带到培训中去，并将结果反馈给受训者上级，以引起他们对培训项目的重视，从而相信受训者能够通过培训提高工作能力，使其乐于支持培训成果转化工作。

（3）培训组织者可以聘请受训者上级作为培训讲师，或者让受训者上级先接受培训，然后赋予他们培训下属的责任。

（4）培训组织者可以安排受训者与他们的上级共同完成培训成果转化的行动计划，使受训者上级更大程度地参与其中。

2. 上级支持的方式

在获得了受训者上级的支持后，可以使受训者的上级通过培训支持水平因素评价表进行自评，具体见表 10—2。

表 10—2　　上级对培训支持水平因素自评表

自 我 评 价	是	否
我知道本课程是关于哪方面的内容		
我知道培训是否符合我想要员工做的事情		
有可靠的方法证明培训会对员工有所帮助		
有可靠的方法证明培训会有助于本部门工作绩效的改进		
我明白组织为什么愿意提供培训		

续表

自我评价	是	否
在绩效评估中，我能对员工在培训班上所学的内容进行评价		
我对培训有足够了解，可在员工返回工作岗位时对其提供支持		
我们有用于课堂讨论的工具和技术		
我很高兴员工能参加培训		
我已和将要参加培训的员工讨论了课程的内容		
员工知道我关心培训的内容		

为了进一步确保受训学员培训成果的有效转化，受训者的上级可以通过以下方式提供有效的支持，具体如图 10—4 所示。

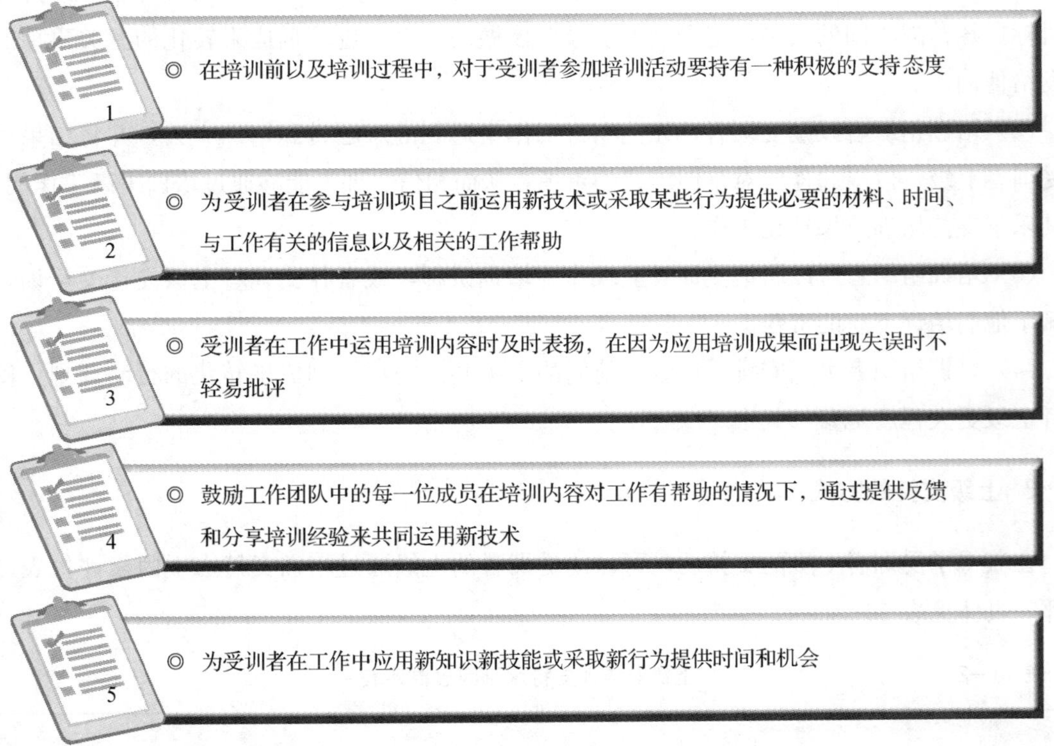

图 10—4　受训者上级提供支持的方式

10.3.2　同事支持

同事支持是指受训者的同事对受训者参与培训的认同程度，以及对培训内容在工作中应用的支持程度，这对培训成果的转化也是很重要的因素。促进受训者同事对培训成果转化支持的方法如下：

1. 建立交互讨论网

培训组织者可以在受训者之间建立提供培训成果转化支持的交互讨论网，以定期讨论、面对面访谈或邮件访谈的方式进行交互讨论和沟通，强化培训成果的转化。

培训成果转化交互讨论网应该由两个或两个以上的受训者组成，小组成员能够在交互讨论网中共同讨论所学知识技能在工作中的应用。在交互培训成果转化交互讨论网中，小组成员还可以讨论如何获得应用培训内容的成功经验、如何获得应用培训内容所需的资源，以及处理工作环境中阻碍培训应用的具体方案。

培训成果转化交互讨论网中的讨论，可以使受训者共享在实际工作中应用培训内容的成功经验，促进整个小组成员的培训成果转化。

2. 刊发内部宣传手册

培训组织者还可以通过刊发内部宣传手册的方法来指导受训者进行培训成果转化，这种内部宣传手册可以刊登与那些成功应用新技能的受训者进行的访谈记录，然后再将它发放给所有的受训者。使受训者人手一本宣传手册，通过企业内部宣传手册的传播力和影响力，促进培训成果的转化。

3. 安排咨询辅导人员

培训组织者还可以向受训者推荐一名咨询人员，或为每位受训者安排一名辅导人员。该咨询人员或辅导人员应该是原来参加过同样培训，并且工作经验更丰富的员工。该咨询人员或辅导人员可能就是受训者的同事。

受训者的咨询辅导人员应该能够提供与培训成果转化问题有关的建议和支持，指导受训者如何寻找将所学知识和技能应用于实际工作中的机会，指导受训者如何进行进一步的培训成果转化。

10.3.3　技术支持

对受训者培训成果转化的促成，还可以通过企业的技术支持来实现。培训成果转化的技术支持系统主要包括电子操作支持系统与 E－learning 教学系统。

1. 电子操作支持系统

电子操作支持系统是一种可以按照要求提供技能培训、信息资料和专家建议的计算机应用软件系统。在运用电子操作系统进行培训成果转化时，当受训者试图在工作中运用培训中所学的技能时，电子操作系统会向受训者提供一种电子信息资源作为在工作中应用所学技能的仿真基础。

培训者还可以监督受训者使用电子操作支持系统的情况。这可以使培训组织者了解受训者在培训转化过程中遇到的难题。这些难题可能与培训项目实际有关，如缺乏对培训过程和程序的理解，也可能与工作环境有关，如受训者没有找到、也找不到完成培训效果转化所需的资源、设备和机会。

2. E－learning 教学

E—learning 教学是近年来随着公司内部局域网络系统的迅猛发展和普及而逐渐在我国企业开始流行的教学方式。E—learning 教学可以帮助员工实现自主学习。案例分析和模拟作为 E—learning 教学学习的一部分可以促进受训者积极参与培训，其中的自我检验可以巩固和提高学习的有效性。

E—learning 教学的基本特性和功能是不同的多媒体组合在一起，从而可以使不同的学员所偏好的不同的学习方式在学习中得到照顾和体现，可以使学习效果事半功倍。在培训成果转化时，受训者同样可以在这一平台上进行学习和成果转化。

10.3.4 自我配合

对受训者培训成果转化的促成，还需要受训者自身的配合，因此会受到受训者特征的影响。受训者特征包括培训动机、文化水平及基本技能。

一方面，受训员工的培训态度、动机极大地影响培训学习的效果和培训转化的程度；另一方面，虽然员工主观上积极参加培训学习，但是由于缺乏培训所要求的基本技能，只能进行初级的转移，依样画葫芦式的照搬照套，当实际工作情况稍有变化时，就不能够灵活应用了。

为了提高培训成果转化时受训者的自我配合程度，培训组织人员可以采取以下方法，具体如图 10—5 所示。

10.3.5 运用机会创造

1. 运用机会包含的内容

影响培训成果转化的另一重要因素是受训者运用所学技能的机会，即受训者得到的或自己努力寻找到的运用培训中所学到的新知识、新技能及行为方式的机会。

运用所学的机会包括适用范围、活动程度和任务类型。适用范围指可用于工作当中的培训内容的数量，活动程度指在工作中运用被培训内容的次数或频率，任务类型是指在工作中

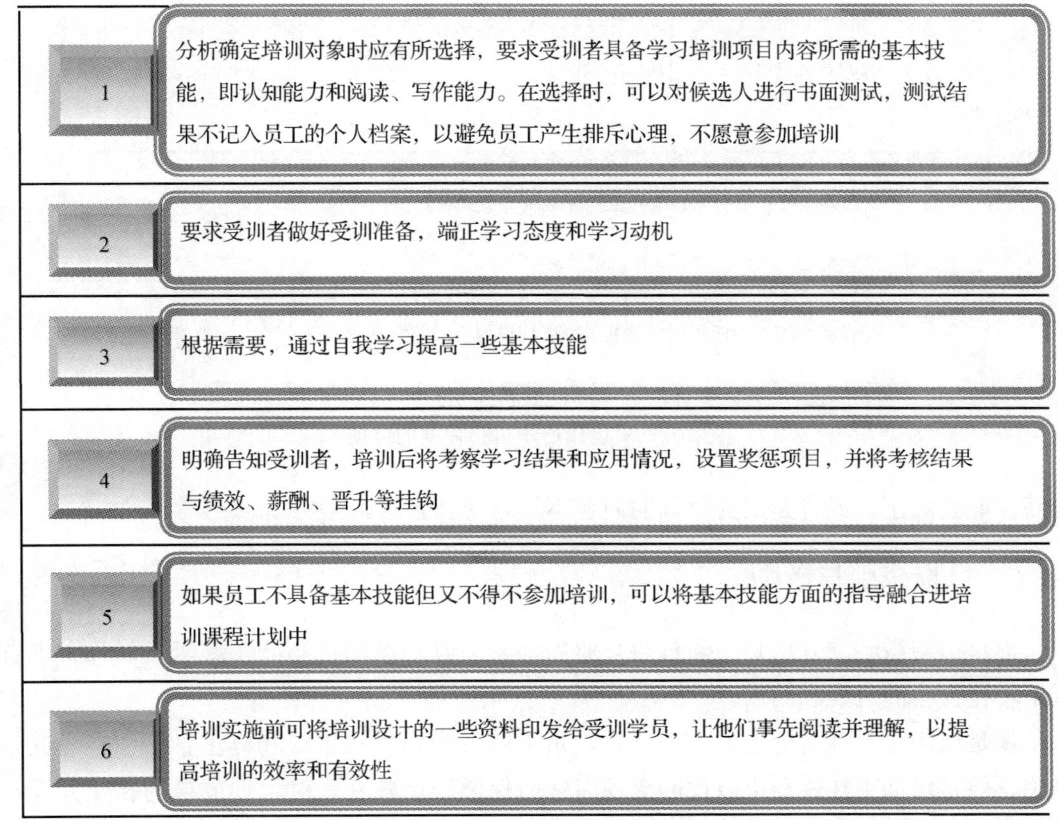

图 10—5　提高受训者自我配合程度的方法

运用培训内容的难度和重要性。

2. 运用所学机会的影响因素

运用所学技能机会多少会受到工作环境及受训者动机等方面的影响。

工作环境的影响指的是受训者被安排从事需要运用所学知识和技能的工作。这就需要受训者的上级管理人员在安排工作时应考虑受训者培训成果的应用问题，为受训者创造应用所学技能的机会。

受训者动机的影响是指受训者是否愿意积极寻找允许自己应用新技能的工作任务，是否愿意承担个人责任的影响。

3. 运用所学机会的具体体现

受训者在实际工作中运用所学机会多少和运用程度具体体现在以下几个方面，如图 10—6 所示。

如果通过以上分析发现受训者应用所学技能的机会很少，有可能是工作环境干扰了新知

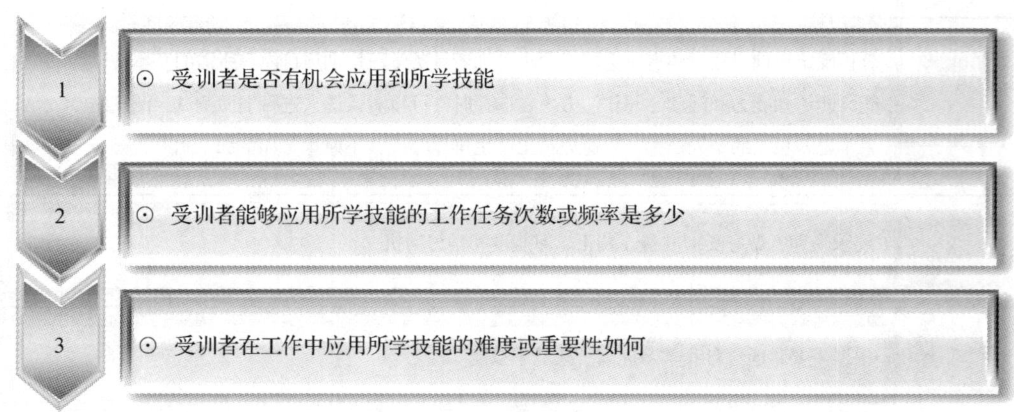

图 10—6 运用所学机会程度的体现

识、新技能的应用，或者是因为培训的内容不符合受训者的工作实际。

10.3.6 目标牵引与激励

目标牵引与激励的方法是指通过与企业内部其他管理激励机制联结起来，强化受训者培训成果转化行为的过程和结果。

培训是组织对受训者个人的一种开发，是企业对受训者的重视和尊重，培训本身就是一种激励。但是培训正在逐渐由以往的激励因素向保健因素转变，对培训成果的转化并没有直接的作用。所以，不管任何形式的培训，培训成果转化中的目标牵引与激励都是非常必要的。目标牵引与激励具体有以下几种方法：

1. 设置目标

为受训者制定一个具体明确的、需要经过努力才能达到的目标比模糊的目标更能调动受训者的积极性。在培训过程中，如果设置的目标具体明确、有挑战性，培训内容和学员的能力、工作经历相关，并能够根据学员的任务完成情况提供反馈，那么培训成果的转化就能够得到保证。

2. 提出期望

每个人产生行为的动力和人的预期密切相关。在企业中，如果员工对自己付出努力能够取得成绩，对取得成绩能够获得奖励，对奖励的效用和价值这三个环节的预期是积极的，那么他们就会得到有效的激励。反过来说，如果员工对于上述三个环节，或者对其中任何一个环节的预期是消极的，那么他们的学习积极性就会受到挫折。

在营造培训成果转化的环境过程中，培训组织者可以向受训人员重点说明培训以后的期望，帮助受训者建立起付出努力、取得成绩、获得奖励之间的依存关系，那么受训者的学习动机和培训成果转化动机就会变得强烈。

3. 激发需求

许多研究表明，如果一个人的主要需求得到满足，那么他的动机和积极性就会被激发出来。在企业组织的培训过程当中，如果能够帮助员工挖掘出自身的成就需求，使员工感知到激发自己的成就需求和日后的职业成功存在密不可分的关系，那么员工的行为就会积极地配合组织培训成果转化的要求。

4. 将培训与成果结合

培训成果转化的关键一环是将教学过程中的具体事件与学习过程、学习成果进行有机结合，赋予培训过程中的每项活动以意义。培训活动的目的在于使学员获得以下几种类型的能力：

（1）智力型技能，如程序性知识、语言知识等。

（2）认知能力，受训者获取知识后具备知道自己应该在何种情况下运用以及如何运用这些信息的能力。

（3）操作技能，如写作、使用工具和态度转变等。

为了保证受训者掌握、保存这些学习成果，在设计培训项目时，必须仔细观察学习条件，设计出相应的培训课程与活动，形成培训活动与成果相结合的方法，对培训成果的有效转化起到指导作用。

10.4　培训成果转化的方法

10.4.1　编制行动计划

在培训课程结束时可要求受训者编制行动计划，明确行动目标，确保回到工作岗位后能够不断应用新学到的技能。

为了确保行动计划的有效执行，参加者的上级应提供支持和监督。一种有效的方法是将行动计划写成合同，双方定期回顾计划的执行情况，培训组织人员也可参与行动计划的执行，给予一定的辅导。

培训成果转化行动计划表可以参考表 10—3 进行设计。

表 10—3　　培训成果转化行动计划表

学员姓名		所属部门		直接上级	
参训课程		培训讲师		培训日期	
培训成果转化行动计划：				改进时限（一月/季度/半年/一年）	
自我评价	一月后计划执行情况：				
	季度计划执行情况：				
	半年期计划执行情况：				
	一年后计划执行情况：				
直接上级评价	一月后计划执行情况：				
	季度计划执行情况：				
	半年期计划执行情况：				
	一年后计划执行情况：				
综合评价	签字： 日期：＿＿年＿＿月＿＿日				

10.4.2　建立学习团队

无论是从学习规律还是从培训效果迁移的过程来看，重复学习都有助于受训者掌握培训中所学的知识和技能，对一些岗位要求的基本技能和关键技能则需要进行过渡学习，如紧急处理危险事件程序等。此外，建立学习小组也有助于学员之间相互帮助、相互激励、相互监督。

最理想的状态是同一部门的同一工作组的人员参加统一培训后成立学习团队，并和培训讲师保持联系，定期复习回顾培训内容，通过学习团队形成学习的氛围，从而提高整个团队或部门的知识技能或改变其行为模式。培训组织人员可以为学习团队准备相关的复习资料，巩固培训成果，促进成果转化。

10.4.3　工具表单监控

运用工具表单是将培训中的程序、步骤和方法等内容用表单的形式提炼出来，便于受训人员在工作中应用。受训者可以利用它们进行自我指导，养成利用表单的习惯后，就能正确地应用所学的内容。

如果培训课程要求在工作中必须运用表单进行工作流程的衔接与检查，相关工具表单如核查单、程序单等的填写，可由其上级或培训人员定期检查或抽查。这种方法比较适合技能类的培训项目。

对于工具表单使用的监控与检查可以使用工具表单跟踪检查表执行，具体见表 10—4。

表 10—4　　工具表单跟踪检查表

员工姓名		岗位名称		所属部门	
培训课程		培训时间		检查人员	
使用工具表单名称		跟踪检查日期		表单使用情况	
备注					

10.4.4　业绩考核评比

为了激发受训者运用培训成果的积极性，促进培训成果的转化，企业应在培训后建立起合理的业绩考核评比与奖励机制。具体可以从以下几个方面入手：

1. 制定配套的合理考核机制

培训组织人员应制定与培训内容相配套的、完善、合理的考核机制，督促受训人员将培训中学到的知识、技能等成果落到实处，产生实际的效果，改善工作的状态，提高工作的质量和效率。

2. 组织配套的评比活动

在培训结束后企业可以组织与培训内容相配套的评比活动，根据培训内容制定业绩评比的标准和流程，在培训结束一段时间后进行业绩的评比活动，对受训人员的业绩进行考核和评比。

通过这种方式能够在工作中以生动形象的方式使受训人员强化对培训内容的掌握程度，帮助受训人员把培训内容中的每一个具体标准变成日常工作的工作习惯，从而提高员工的工作绩效。

3. 提供配套的奖励措施

培训组织人员或管理人员在培训结束后，应针对培训内容在工作中的应用情况制定配套的工作任务奖励措施，这样能够有效地激励受训人员快速且准确地将培训内容用于实践，将培训成果转化成生产力。

除了一般的工作任务完成给予奖励以外，针对上述相应的重点考核内容及各项评比活动，同样要给予不同程度的奖励，提高受训人员的积极性，不仅能保证此次培训能够有效执行，同时还能激发员工自发的培训需求。

10.4.5 创新能力培养

培训成果转化的最终阶段能够使受训者创新地对培训成果加以应用。培养员工的创新能力，可以从以下几个方面入手：

1. 营造创新的环境氛围

创新是一种企业行业或社会行为，其组织内部的组织因素、技术因素、经济因素等均影响创新活动的推进，在创新型企业中，员工的培训成果能够得到更进一步的转化。企业营造创新环境氛围的方法可以有以下几点：

（1）尊重知识、鼓励创新思维，营造集思广益的氛围。

（2）合理设计工作，使工作具有一定的趣味性和挑战性。

（3）重视员工的合理建议，鼓励对工作流程方法的创新。

2. 注重创新品质的锻炼

创新品质是创新能力的基础。人们往往很重视开发智力、提高智商，但常常忽视情商的锻炼和提高。创新能力的很大部分来自非智力因素，如创新个性品质及情感智力。

在创新能力的四项构成中，仅有创新思维、创新技法、创新技能，而缺乏胆识、活力、冒险精神与团队精神等创新品质，是难以开展创新活动的。只有员工具备了创新品质，才能创造性地去学习和工作，才能够掌握和运用创新思维、创新技法、创新技能，实现创新方法的运用。

3. 提供有针对性的培训学习机会

针对创新能力的培养，企业可以增加创新能力培训的比例和内容。员工创新能力的培养可以通过模拟游戏、头脑风暴、户外拓展训练等多种方式进行。通过活动，使员工打破常规，走出思维框架，形成习惯性的创新思维。

4. 建立有效的激励机制

企业还可以通过建立有效的创新激励机制，提高员工创新的主动性和积极性。

一方面可以提供创新的基础资金支持和物质奖励，为创新性研究和试验提供资源和平台，给予必要的帮助和奖励。

另一方面是对有创造成果的员工进行鼓励和提升。企业可以设置员工献言献策奖、最佳创意奖、企业创新贡献奖等，鼓励员工积极创新。

10.5　培训成果转化的模式

10.5.1　内部主导改进模式

内部主导改进模式是指主要通过内部力量进行培训成果转化的一种模式。内部主导改进模式需要一系列的制度和机制等配套支持促成培训的转化，包括导师选聘机制、沟通机制、培训监督、控制和反馈机制等。其中，良好的沟通机制是培训成果转化的前提，健全的导师选聘机制是培训成果转化的关键，培训监督、控制以及反馈机制是培训成果转化的保证。

1. 注重培训讲师的选聘

在实施培训课程之前，企业应建立和健全讲师选聘机制。培训能否给企业和个人带来有效的收益，选聘讲师是关键。一次培训课程，无论组织人员多么精心地安排布置和宣传，都无法取代讲师的选择在整个培训中的核心地位和作用。

因此，不论是企业内部培训或是外部培训，要想取得预期的成效，对讲师的选择是培训成功的关键所在。

企业在选择培训讲师时，需要根据培训课程要求、培训对象、培训需求等制定讲师选聘标准，进行严谨的培训讲师评估分析。不仅要从讲师的从业经历、教育背景、知名度等方面进行考察，更要从讲师的讲课风格、内容的适用性进行衡量。选择符合培训课程要求的培训讲师，是培训成功，也是培训成果转化的最重要保证。

2. 建立高效的沟通机制

在培训实施与成果转化过程中，畅通的沟通渠道以及良好的信息反馈渠道会大大提高培训成果的转化效率。

比如，培训组织者如果能够使受训者的上级主管在培训实施前就了解到培训的主要内容、目的、预期的效果，那么受训者的上级主管就会对培训活动有一个全面的认识，并将此次培训与自己的日常管理结合起来。这样一来，管理者对培训的认同度就会提高。

在培训结束后，培训组织者同样应该与受训者的上级主管进行沟通，告知他的下属在什么时间参加了一个什么样的培训，员工有什么样的收获，并承诺做出什么样的改变，拟订了什么样的行动计划，请上级主管与员工进行沟通，协助员工做好培训成果跟踪转化和绩效反馈工作。

10.5.2 外部牵引改进模式

外部牵引改进模式是指主要依靠外部力量进行培训成果转化的一种模式，通过引入培训实施的战略合作者，例如一些培训机构、高校或科研院所，来负责企业的员工培训工作，促成培训成果的转化，而企业退居次要地位。这种做法类似于培训项目的外包工作。

外部牵引改进模式具有一些企业内部不具备的优势，主要体现在以下几个方面：

首先，外部培训机构具有较强的专业优势。企业在选定培训方面的合作方时，需要对合作伙伴的专攻领域或优势领域、从业资历背景、组织人员构成、培训项目经验等方面进行较深入细致的分析调查和比较，选择合适的合作机构。还需要与合作方进行充分的沟通与洽谈，明确培训需求，使合作机构能够针对企业的专业领域提供有针对性的服务。

其次，外部培训机构的培训系统完善。专业的培训机构能够提供完善的培训效果评估与培训成果转化的跟踪服务，拥有一整套运作相关培训成果转化的过程控制体系，能够在培训结束后提供科学的评估和跟踪服务，促进培训成果的转化。

最后，外部培训机构的经验丰富。专业培训机构通常具有丰富的培训经验和应对培训问题的处理经验，在处理培训转化问题和提升培训绩效方面能够驾轻就熟、游刃有余。

10.5.3 内外结合改进模式

内外结合改进模式是通过企业内部与外部相关机构共同主导，形成的一种持久稳定的培训成果改进模式。内外结合改进模式依靠内部、外部力量的共同作用，主导企业的培训成果转化，促进员工知识技能与行为方式的改善，提升培训绩效。

内外结合模式与外部牵引模式在合作方式、服务的内容形式上具有很多相似之处，两者的主要区别在于，内外结合模式的主导方面是企业而不是外部合作机构，外部合作机构充当的是一种顾问和辅导者的角色。内外结合改进模式也是目前一些企业正在积极尝试的培训转化模式之一。

三种培训成果转化模式各有其优势和不足，并没有最优方法，企业具体采取哪种培训成果转化模式来实现企业的培训成果转化与改进绩效，需要结合企业的实际需要，最终选择最适合企业发展情况和培训转化需要的模式。